WESTEND

JOCHEN DIECKMANN

Ferner Osten auf der Überholspur

Ich, der Camper und meine Abenteuer
auf der neuen Seidenstraße

WESTEND

Mehr über unsere Autoren und Bücher:
www.westendverlag.de

Die Deutsche Nationalbibliothek verzeichnet diese Publikation in
der Deutschen Nationalbibliografie; detaillierte bibliografische Daten
sind im Internet über http://dnb.d-nb.de abrufbar.

ISBN 978-3-86489-131-1
© Westend Verlag GmbH, Frankfurt/Main 2020
Umschlaggestaltung: Buchgut, Berlin
Satz: Publikations Atelier, Dreieich
Druck und Bindung: CPI – Clausen & Bosse, Leck
Printed in Germany

Inhalt

Jochen: »Sollen wir dem Auto einen Namen geben oder machen so was nur Frauen?«

Pablo: »Emma.«

Jochen: »Wieso Emma?«

Pablo: »Ist doch logisch: Ich bin Jim Knopf und wohne auf der Insel, Du bist Lukas und wir fahren mit Emma nach China.«

Einleitung

Mit dem Auto nach China! Diese fixe Idee hat sich bei früheren China-Besuchen in meinem Kopf festgesetzt. Das sind zwei Abenteuer in einem: der Weg dorthin als das erste Abenteuer und dort mit dem Auto unterwegs zu sein als das zweite. All die Jahre habe ich mal ein wenig recherchiert und die Ohren gespitzt, wenn es um das Thema ging. Eines Tages, als ich beruflich, gesundheitlich und menschlich einen Durchhänger hatte, fiel mir auf, dass es weder mir noch irgendjemand anderem etwas bringt, mit der Realisierung dieses Plans noch weiter zu warten. In diesem Moment war der Durchhänger vorbei.

Die Planung einer solchen Reise stellt sich als das dritte Abenteuer heraus, für mich ist sie völliges Neuland. Die grobe Planung vorab: Reisepartner finden, Zeitrahmen abstecken, sich diese Zeit zu Hause freischaufeln und die Finanzierung sichern; dann kann die Feinplanung beginnen. Ich habe gelernt, dass man für die Feinplanung einer solchen Reise mindestens genauso viel Zeit einplanen sollte, wie die Reise selbst dauert – man wird sie brauchen. Es ist überraschend, an welchen Stellen Probleme aufploppen. Ich rate, noch nicht allzu vielen Leuten von den Plänen zu erzählen, denn die Rückfragen mögen lieb gemeint sein, aber sie sind auf Dauer anstrengend.

Und noch eine Bemerkung vorab: In einem Punkt bin ich kein besonders typischer Deutscher: Ich rede recht offen über Geld. Ich wüsste nicht, wieso ich daraus ein Geheimnis machen sollte, zumal es inzwischen ja längst ausgegeben ist.

Die Vorfreude auf die Reise ist die beste Motivation, um die lästigen Vorarbeiten durchzuführen. Aus dem gleichen Grund möchte ich hier die geneigte Leserschaft nicht allzu lang auf die Probe stellen und möglichst bald losfahren.

Einige Vorbereitungen seien hier aufgeführt, weil sie wichtig für den weiteren Verlauf sind. Die Eckpunkte sind schnell geklärt: Ich möchte nicht alleine fahren, es ist schöner, Erlebnisse und Abenteuer mit jemandem zu teilen, mit dem oder der man sich gut versteht. Als Mitfahrer steht schnell Pablo, mein 29-jähriger auf der Kanarischen Insel La Palma lebender Neffe, fest.

Als Zeitfenster haben wir ein halbes Jahr festgelegt und das soll sich als der größte Reichtum herausstellen. Man braucht für eine solche Reise eben nicht nur Geld und Willen, sondern vor allem genügend Zeit. Mit dem LKW war ich oft an Plätzen, die mir gefielen, oder traf Leute, die ich mochte, dennoch musste ich spätestens am nächsten Morgen weiterfahren. Es ist ein Geschenk, diesen Zeitdruck einmal nicht zu haben.

Die Abfahrt planen wir für die zweite Aprilhälfte.

Es muss organisiert werden, dass jemand nach der Post schaut, es braucht eine Krankenversicherung für die Zeit, eine Ersatzbrille und vor dem Losfahren einen Kontrollbesuch beim Zahnarzt, Dollar wechseln, zweite Gasflasche besorgen – tausend kleinere und größere Hürden. Meine Wohnung kann ich leider nicht untervermieten für diese Zeit, da die Vermieter wegen Renovierungsarbeiten zwischenzeitlich in die Wohnung müssen. Schade, das hätte meiner Reisekasse gutgetan. Wenigstens gibt es dort keine zu versorgenden Pflanzen.

Eine solche Reise ist übrigens kein Hexenwerk. Jeder kann beziehungsweise könnte sich einfach ins Auto setzen und losfahren. Schon 1907 gab es die erste Rallye von Peking nach Paris.

Ich lerne in diesem Zusammenhang ein neues Wort: Menschen, die längere Reisen mit Auto, Motorrad oder Fahrrad antreten, nennt man »Overlander«. Sie schildern ihre Erlebnisse in zahlreichen Blogs, YouTube-Kanälen und in den sozialen Medien. Das ist für mich eine große Hilfe in der Vorbereitung. Die interaktive App IOverlander wird uns zahlreiche gute Standplätze zeigen und andere wertvolle Tipps geben.

Obwohl das alles zeitgleich verläuft, gliedere ich die Planung mal in drei Teile ein. Erstens Fahrzeug und Ausstattung, zweitens Route und Visa und drittens China. Weil es bei China nicht nur um die Route geht, wird der Abschnitt etwas länger, aber danach fahren wir los, versprochen ist versprochen.

Planung

Fahrzeug und Ausrüstung

Zum Jahresanfang begebe ich mich auf die Suche nach einem geeigneten Fahrzeug.

Deutschland ist eigentlich das Schnäppchenland für Gebrauchtwagen. Das gilt aber offensichtlich nicht für Wohnmobile, die sind selbst dann noch gebraucht sehr teuer, wenn sie modrig und reparaturbedürftig sind. Ich hatte gedacht, in der Nebensaison bekomme ich günstigere Preise. Aber in der Nebensaison werden kaum Wohnmobile angeboten.

Ich suche kein Allradfahrzeug, die erscheinen mir alle zu teuer. Das Fahrzeug soll folgende Bedingungen erfüllen: zwei große voneinander unabhängige Betten, vier Sitzplätze, Diesel und eher alt. Alt, weil es dann nicht so leicht geklaut wird und leichter zu reparieren ist beziehungsweise gute Autoschrauber noch mehr reparieren können. Nach wochenlanger Suche habe ich einen 28 Jahre alten Ford Transit in Bonn gefunden. Im Nachhinein muss ich sagen, dass uns der Verkäufer nach Strich und Faden ausgetrickst hat. Ein seriös wirkender Rentner, der eine akribisch geführte Liste vorzeigte, in die jedes ausgewechselte Birnchen eingetragen war. Da kommt man nicht so leicht drauf, dass das alles Schwindel ist. Der laut dieser Liste vor einigen Monaten ausgetauschte Luftfilter sah aus, als stamme er aus einer Epoche kurz vor dem Paläolithikum. Zwei Dinge hätten mich stutzig machen müssen: Erstens, dass der Wagen unter einer Brücke geparkt war. Und zweitens, dass der Verkäufer sofort und ohne jedes Handeln beim Preis von 7500 auf 5000 Euro runterging.

Später fanden wir heraus: Er hatte sich mal in der Höhe verschätzt und ist mit der oberen Ecke des Fahrzeugs irgendwo gegen gefahren. Das wurde notdürftig repariert, aber seitdem ist dort eine undichte Stelle gewesen, sodass Wasser hereingelaufen war und Teile des Holzbodens vergammelt waren. Damit man das nicht sieht, hat er Bleche drunter schweißen lassen an den entsprechenden Stellen. Als wir das rausfanden, hatten wir aber schon zu viel Geld und Arbeit in das WoMo gesteckt, also Flucht nach vorn. Wir, das sind in dem Fall mein Kumpel Ülle und ich. Wobei die Aufteilung meistens die ist, dass er die Arbeit und ich das Geld in die Karre reinstecken. Also reisefertig machen: alle Flüssigkeiten austauschen, Motoraufhängung erneuern, Zahnriemen wechseln, neue Batterien, zwei Reifen als Ersatz. Ersatzteile besorgen, die wir nie brauchen werden: Lichtmaschine, Dieselfilter, Thermostat, Zylinderkopfdichtung.

Es ist nicht weiter verwunderlich, dass wir diese Ersatzteile alle nicht brauchen werden. Das Geheimnis liegt darin: Diese Fahrzeugteile werden nicht kaputt gehen, weil wir die Ersatzteile dabeihaben, ich möchte gar nicht genauer wissen, wie es andernfalls laufen würde.

Leider stellt sich heraus, dass die Ersatzteilversorgung für alte Ford Transits in Deutschland von Seiten der Firma Ford grottenschlecht ist. Da habe ich bei anderen Marken wesentlich bessere Erfahrungen gemacht. Auf der Reise wird es allerdings anders herum sein: »Unseren« Transit gibt es in überraschend vielen Ländern und dementsprechend auch überall die nötigen Ersatzteile. Als alles fertig zu sein scheint, melden sich die Radlager. Einerseits ärgerlich, andererseits gut, dass das schon vor dem Losfahren passiert.

So kommt es, dass wir das Auto erst 48 Stunden vor der Abfahrt aus der Werkstatt holen können. In der Zwischenzeit entsteht in der Wohnung ein großer Stapel mit Sachen, die mitsollen. Kanister, weil es in Usbekistan keinen Diesel zu tanken gibt,

Werkzeug, Wagenheber, rudimentäre Ausstattung für »Küche« und »Bad«, Bettzeug, Kissen, Lampen, eine gut sortierte Reiseapotheke (Achtung, Monate vorher muss man mit den Impfungen anfangen!), Micropur zum Desinfizieren für den Frischwassertank und Sonnenschutz. Bei den Geräten, die irgendwie Strom brauchen, von der Taschenlampe bis zum Fotoapparat, achten wir darauf, dass sie mit einem USB-Stecker aufgeladen werden können, also während der Fahrt auch im Zigarettenanzünder zu laden sind. Mit Ausnahme des Laptops und der elektrischen Zahnbürste trifft das letztlich auf alles zu.

Ich habe auch noch Adapter besorgt für die chinesischen Steckdosen, aber das wird in den Hotels letztlich gar nicht erforderlich sein.

Ich kaufe für 60 Euro möglichst viel Spielzeug, darunter Knicklichter, Seifenblasen, Luftballons, Murmeln und Flummis. Ursprünglich habe ich das als Schmiermittel bei Kontrollen gedacht. Damit habe ich als LKW-Fahrer früher gute Erfahrungen gemacht: Man fragt den Kontrolletti, ob er Kinder hat, und er sagt, wie viele und wie alt, und man zieht Spielzeug für sie hervor.

Straßenkarten bekommt man nirgendwo so gut wie in Deutschland. Und in Wuppertal bekommt man sie doppelt gut, denn es gibt die Buchhandlung Baedeker. Hat zwar nichts mit den Reiseführern zu tun, wurde aber vor fast 200 Jahren von dem Autor und Verleger Karl Baedeker gegründet, der später durch seine zahlreichen Reiseführer berühmt wurde. Dieser Buchladen ist spezialisiert auf Reiseliteratur und Landkarten und genau die besorge ich mir über all die Länder, durch oder in die wir fahren wollen.

Route und Visa

Im letzten halben Jahr vor der Abfahrt gibt es so gut wie keinen Tag, an dem ich nicht irgendwann in Google Maps reingucke. Die geplante Reiseroute ändert sich ständig, zum letzten Mal ein oder zwei Wochen vor der Abfahrt.

Schnell ist klar, was ich nicht will. Ich will nicht nur durch Russland und dann nach China, um möglichst wenig Grenzen zu haben, im Gegenteil. Ich will möglichst viele verschiedene Länder sehen und entscheide mich daher für die Südroute.

Außerdem will ich nicht durch die Erdogan-Türkei. Ich war oft mit dem LKW dort, aber eben auch zwei Mal mit Menschenrechtsdelegationen, die sich kritisch zur Politik der Regierung geäußert haben. Das ist zwar schon viele Jahre her, aber so wie der Pascha vom Bosporus da rumtrollt, trau ich dem alles Mögliche zu. Er möchte nicht so viele Zeugen bei seinem Krieg gegen Kurden und Oppositionelle im Osten des Landes haben. Das ist noch mal etwas anderes als eine Stadtrundfahrt durch Istanbul. Immerhin sitzt der Gießener Tourist Patrick Kraicker bereits seit zwei Jahren im Knast. Und das nur, weil er in der Osttürkei wandern wollte. Ihm werden nicht einmal konkrete Taten vorgeworfen, sondern lediglich das Sympathisieren mit kurdischen Gruppen, was er jedoch bestreitet.

Als Nächstes gilt es zu klären, für welche Länder wir ein Visum oder weitere Papiere brauchen, um mit dem eigenen Auto einzureisen. Gibt es Fähren über das Schwarze und über das Kaspische Meer? Kann man mit einem Ford in den Iran einreisen? (Antwort: ja, ist zwar eine amerikanische Marke, wurde aber in Deutschland produziert). Wie versichert man das Auto außerhalb von Europa? Welche Grenzen sind passierbar, Ukraine-Russland, Georgien-Russland, innerhalb der Stan-Länder, Vietnam? Was kostet ein Rücktransport des Fahrzeugs ab Fernost? Alles hängt irgendwie mit allem zusammen, das macht es nicht einfacher.

Kasachstan und Kirgistan sind seit knapp zwei Jahren visafrei und Usbekistan seit Kurzem ebenfalls. Iran streiche ich, weil es das einzige Land wäre, in dem man ein Avis de Passage für das eigene Fahrzeug bräuchte. Das ist ein offizielles Dokument, das bescheinigt, dass man eine Bürgschaft hinterlegt hat, die fällig wird, wenn man sein Fahrzeug aus einem Land nicht wieder ordnungsgemäß ausführt oder stattdessen den dortigen Importzoll bezahlt. Viele Länder verlangen diese Bürgschaft, darunter Indien, Pakistan, Myanmar, die Länder auf der arabischen Halbinsel sowie der Irak und Iran. Man muss nicht nur die Bürgschaft, sondern obendrein eine Gebühr bezahlen, beim Iran kämen dann auch noch die Visakosten hinzu. Neben den Kosten haben die Visa noch einen anderen Nachteil: Sie machen einen unflexibel, wenn man zu bestimmten Daten einreisen muss.

Außerdem gibt es in vielen Ländern die beknackte Regel, dass der Pass noch mindestens ein halbes Jahr gültig sein muss, deswegen muss Pablo einen neuen beantragen beim für ihn zuständigen Konsulat in Las Palmas. Diesen neuen Pass schickt er mir mitsamt einer Vollmacht nach Deutschland, damit ich für uns beide zusammen die Visa beantragen kann. Weil er aber einen Pass braucht, um dann einige Wochen später selbst nach Deutschland zu fliegen, vereinbart er mit dem Beamten im Konsulat, dass er seinen alten Pass noch behalten darf und diesen dann von Deutschland aus per Post nach Las Palmas an das deutsche Konsulat zurückschickt, damit die ihn einziehen. Das klappt auch alles ganz prima, Pablo ruft sogar von Wuppertal aus noch bei der Botschaft an, ob der Pass auch angekommen sei, und das wird bestätigt. Diese Episode wird Monate später noch mal eine Rolle spielen.

Nachdem die Eckdaten klar sind, gehe ich mitsamt Pässen, Passfotos und Vollmacht zu einer Visa-Agentur. Mir wurde eine in Brühl empfohlen, aber genau wie bei dem Auto habe ich bei dieser Wahl großes Pech, denn die Agentur verbaselt so ziemlich alles, was man nur verbaseln kann.

Ich berichte von meinem Plan, die Länder, für die ich ein Visum beantrage, mit dem Auto zu bereisen, und fahre für ein Beratungsgespräch nach Brühl. Es sind jetzt noch gute sieben Wochen bis zur geplanten Abreise. Ich brauche Visa für Aserbaidschan, Turkmenistan, China und Vietnam einschließlich Formularen, Gebühren und so weiter (einmal Pizza mit allem) für zwei Personen und zahle dafür gleich fast tausend Euro. Hätte ich mir mit diesem Geld eine Zigarre angezündet, dann hätte ich mehr davon gehabt.

Das Aserbaidschan-Visum kann man elektronisch bestellen, das hätte ich selbst zuhause am Computer erledigen können. Das wusste ich nicht und natürlich haben sie mir das auch nicht gesagt. Schön blöd, selbst schuld – Lehrgeld bezahlt. Zwei Tage nach dem Besuch bei dem Reisebüro in Brühl telefoniere ich mit Hendrik von der Agentur Tibetmoto, die mir bei der Einreise nach China mit dem Auto hilft. Er sagt mir, dass es noch schwerer sei, nach Vietnam mit dem eigenen Auto einzureisen als nach China, eigentlich eher unmöglich. Außerdem weist er mich darauf hin, dass man ein Touristenvisum für China frühestens drei Monate vor der Einreise beantragen kann. All das wusste die Brühler Agentur nicht, aber den Auftrag für das Vietnam-Visum wollen sie nicht mehr stornieren, das sei beantragt. Das Geld für das China-Visum würden sie zurückbezahlen. Unsere Pässe lassen sie wochenlang rumliegen, ohne dass irgendetwas geschieht. Als das Transit-Visum für Turkmenistan beantragt werden soll, ist es zu spät, denn die Botschaft hat wegen hoher Feiertage ein oder zwei Wochen geschlossen. Als die Agentur per Mail mitteilt, dass wir unsere Pässe mit den Turkmenistan-Visa irgendwann Mitte Mai bekämen, kann ich alle westfälischen Volkstänze gleichzeitig. Das Geld für das nutzlose Vietnam-Visum und das verbaselte Turkmenistan-Visum hat die Agentur bis heute nicht zurückbezahlt. Aber wenigstens bekommen wir unsere Pässe irgendwann zurück. Das war knapp, denn in gut einer Woche wollen wir abreisen.

Zwischenzeitlich habe ich rausgefunden, dass es von Baku aus auch eine Fähre gibt, die einen Hafen weiter nördlich in Kasachstan anläuft.

Das China-Visum werden wir irgendwie von unterwegs aus beantragen müssen. Leider ist es nun zu spät, zweite Pässe für uns beide zu beantragen, für Pablo in Deutschland mit Wohnsitz in Spanien erst recht. Ich plane unterwegs bei einer deutschen Botschaft vorübergehende deutsche Ausweise zu holen, um sie für die

Beantragung des chinesischen Visums weggeben zu können. Denn obendrein möchte China, dass Deutsche das Visum in Deutschland beantragen und nicht in einem anderen Land. Warum müssen die das alle nur immer so kompliziert machen?

Turkmenistan machen wir ein anderes Mal und Tadschikistan wahrscheinlich auch, aber das wäre für unser altes Murkelauto eh nicht gut gewesen.

Aber wo verläuft sie denn nun eigentlich genau, die Seidenstraße? Antwort: Überall. Der Begriff Seidenstraße meint keine ganz bestimmte Strecke, sondern ein weit verzweigtes Netz von Handelswegen zwischen China und Europa. Wenn man von China aus startete, war es sozusagen egal, ob man den Weg über die Mongolei oder über Samarkand wählte, es führen bekanntlich alle Wege nach Rom. Bei der sogenannten neuen Seidenstraße ist der geographische Begriff noch weiter gefasst, denn China lässt auch seine Investitionen in die Infrastruktur in Afghanistan, Laos und Kenia unter der Rubrik neue Seidenstraße laufen.

Die ersten Straßen, die heute zur alten Seidenstraße gerechnet werden, entstanden schon um 500 vor unserer Zeitrechnung. Dabei ging und geht es sowohl bei der alten als auch bei der neuen Seidenstraße nicht um eine Tour von A nach B, sondern in erster Linie um viele Teilstrecken. Die wenigsten Karawanen gingen damals von China nach Rom, viele hingegen zum Beispiel von Samarkand ans Schwarze Meer oder von der kasachischen Steppe bis in den Kaukasus.

Über die alte Seidenstraße wurden aber nicht nur Waren in beide Richtungen transportiert, sondern auch Ideen, Erfindungen, Philosophien, Religionen und Revolutionen. Auf der neuen Seidenstraße hingegen werden nur noch Waren transportiert und das meistens auch nur in eine Richtung, nämlich von Ost nach West.

Doch wir drehen den Spieß nun um und fahren von West nach Ost. Unser Weg führt über folgende Stationen: Deutschland, Österreich, Ungarn, Ukraine, Schwarzes Meer, Georgien, Aserbaidschan, Kaspisches Meer, Kasachstan, Usbekistan, Kirgistan, China, Laos.

China

Die Mehrheit der Deutschen weiß sehr wenig über China, und wenn ich ehrlich bin, gehöre ich dazu. Und das Wenige, was sie wissen, ist meistens noch falsch, veraltet oder mit Japan verwechselt – da gehöre ich dann eher nicht mehr dazu. Die Medien zeichnen leider ein äußerst einseitiges Bild: China wird reduziert auf die Menschenrechtsfrage. Das fällt vor allem deswegen auf, weil das bei vielen anderen Ländern so gut wie gar nicht thematisiert wird. Wieso sind Polizeiübergriffe in Hongkong hierzulande berichtenswerter als in Saudi-Arabien, Ecuador und Chile oder in unserem Nachbarland Frankreich?

Aber die Saat geht auf: In Deutschland fühlen sich Menschen sogar von China bedroht. Warum eigentlich? Sicherlich weniger wegen der Menschenrechtslage in Hongkong, sondern wegen der boomenden Wirtschaft in einem Land, was in den letzten 20 Jahren so frech war, nicht Entwicklungsland zu bleiben, sondern sich zu entwickeln. Chinesen machen Geschäfte auf die Art, wie Amerika das seit 100 Jahren macht und Europa sogar seit mehreren hundert Jahren. Deutsche und Europäer verdienen in oder mit China schon wesentlich länger Geld als umgekehrt. Jetzt, wo das auch umgekehrt läuft, werden plötzlich Menschenrechte interessant und Schaumschläger wie Ai Weiwei hofiert, ein Polit-Clown, der regelmäßig nach China fährt, um seiner dort lebenden Frau beim Zählen des Geldes zu helfen, das seine chinesischen Immobilien abwerfen.

Als Zeitungsleser in Deutschland bekommt man den Eindruck, unsere Regierung möchte gegen China einen Kalten Krieg beginnen, nur weil China in der Businesswelt mittlerweile auf gleicher Augenhöhe angelangt ist. Die Verteidigungsministerin forderte im November 2019 in einer Grundsatzrede an der Universität der Bundeswehr in München, Chinas »Machtanspruch« einzudämmen, und möchte am liebsten Militär nach Fernost schicken und dass sich Deutschland als Gegenmacht zu China im Einflussgebiet dieses

Landes an der Durchsetzung internationaler Regeln beteiligt. Mit Militär? Wieso das denn? China war in den letzten 40 Jahren nicht in einen einzigen Krieg involviert. Also in meinem Namen hat die Bundesverteidigungsministerin da jedenfalls nicht gesprochen.

Es ist überraschend, dass genau die politischen Kräfte, denen normalerweise die Freiheit der Märkte fremder Länder wichtiger ist als die Freiheit der Menschen dort, in China am liebsten wieder die Marktwirtschaft abschaffen würden, wenn sie das könnten. Säbelrasseln, anstatt selbst am Geschäft teilzunehmen, das hört sich nach doppelt schlechten Verlierern an.

Ich weiß nicht, wieso es Deutsche stört, wenn Chinesen hierzulande Geschäfte machen, umgekehrt gibt es das doch bereits seit Jahrzehnten. Und es gibt auch einen Austausch. Seit zehn Jahren gibt es regelmäßige Zugverbindungen von chinesischen Städten nach Duisburg, Hamburg, München und Leipzig. Von Leipzig rollt alleine schon im Auftrag von BMW täglich ein Containerzug ins dortige Werk Shenyang.

Im Bereich des Straßengüterverkehrs hat die europäische Politik allerdings völlig versagt und den Markt bisher ausnahmslos den Chinesen überlassen. Seit Jahren fahren chinesische LKW regelmäßig nach Italien, erste Fotos gibt es sogar schon von 1915.

Letztes Jahr war in der EU-Politik die sogenannte EU-Asien-Konnektivitätsstrategie im Gespräch. Die EU-Kommission wollte in einem ganz großen Wurf Europa und Asien miteinander verbinden: »Verkehrsnetze, Energienetze und digitale Netze, aber auch die Beziehungen zwischen den Menschen.« Haben sie jedenfalls gesagt und geschrieben, aber es war nur ein Papiertiger, heute hört man davon nichts mehr. Stattdessen gibt es auch in diesem Bereich eine einseitige verbale Aufrüstung des Westens. Europa möchte der neuen Seidenstraße »etwas entgegensetzen«. Schon im Sommer 2017 verdächtigte der damalige Außenminister Sigmar Gabriel China, mit der neuen Seidenstraße militärische Interessen zu verfolgen, denen Europa etwas entgegensetzen müsse (Handelsblatt, 30. August 2017). Viele haben sich seitdem dieser Forderung angeschlossen. Zum Beispiel im Jahr 2019 der damalige EU-Kommissionspräsident Jean-Claude Juncker und seine »Außenbeauftragte« Federica Mogherini.

Einer der letzten deutschen Transportunternehmer, der noch große Entfernungen bedient und dennoch nicht ausgeflaggt hat, berichtet, er könne sofort Aufträge für mehrere hundert LKW-Ladungen nach China an Land ziehen, wenn er nur wüsste, wie er mit seinen LKW nach China reinfahren könne. Auch ein österreichischer Transportunternehmer aus Wels versucht seit Jahren das Unmögliche.

Anfang 2019 meldete die Fachpresse (zum Beispiel *Deutsche Verkehrszeitung, Verkehrsrundschau, Eurotransport, trans.info*) von dem ersten LKW-Linienverkehr von Europa nach China, beteiligt seien die Logistikunternehmen CEVA und Alblass. Die *Verkehrsrundschau* berichtete, nun seien die ersten LKW in der chinesischen Hafenstadt Korgas eingetroffen. Das Ganze war eine große Zeitungsente und niemand hat es bemerkt. Denn Korgas ist lediglich der kasachisch-chinesische Grenzort, der von den Chinesen in jüngster Zeit groß ausgebaut wurde. Es gibt kaum einen Ort auf der Welt, der weiter von allen Meeren und Häfen entfernt ist als Korgas. Diese LKW sind also nur bis Kasachstan an die chinesische Grenze gefahren, doch das geht seit vielen Jahrzehnten und ist absolut und überhaupt nichts Neues. Der Neuigkeitswert dieser Falschmeldung schrumpfte schließlich darauf, dass die an der Grenze von europäischen auf chinesische LKW umgesetzten Container erstmals nach dem TIR-Verfahren verzollt wurden. Das ist ein internationales Abkommen, bei dem eine Bürgschaft für die Ladung hinterlegt wird, ähnlich wie die schon erwähnte Bürgschaft für das Fahrzeug beim Avis de Passage. Das Abkommen existiert seit vielen Jahrzehnten, neu ist lediglich, dass China da jetzt ebenfalls daran teilnimmt

Es ist also nach wie vor so, dass kein einziger LKW von Europa nach China fahren darf, umgekehrt ist das ganz einfach möglich und diese Möglichkeit wird auch wahrgenommen.

Auch mit dem PKW können Chinesen spielend leicht nach Europa reisen. Im Jahr 2017 lernte ich über meinen Facebook Freund Riccardo den Chinesen Wenfeng Ni kennen. Die beiden hatten sich auf der Autobahnraststätte Holmmoor nördlich von Hamburg getroffen. Wenfeng Ni wohnt in Shanghai und war unterwegs von dort nach Gibraltar, allerdings mit dem Umweg über das Nordkap.

Ich habe ihn gefragt, was er braucht, um nach Europa einreisen zu können. Er braucht einen internationalen Führerschein und für das Fahrzeug ein Carnet ATA. Das ist ein Zolldokument ähnlich dem Avis de Passage. Kostet letztlich unterm Strich nur eine Gebühr und das war's.

Leider konnte ich Wenfeng Ni in China nicht treffen, da er zeitgleich mit dem Motorrad die Panamericana von Alaska bis Feuerland gefahren ist.

Üblicherweise werden Bedingungen zum Befahren fremder Länder auf Gegenseitigkeit geregelt. Man hat das bei den Visa gesehen: sobald die Deutschen irgendeine neue Hürde für die Chinesen eingebaut haben, gab es gleich eine Retourkutsche. Wenn es also heute umständlich ist, ein chinesisches Visum zu beantragen, dann haben wir das nur zur Hälfte den Chinesen zu verdanken und zur anderen Hälfte »unseren« Leute. Und was die Genehmigungslage betrifft, über die Straße einzureisen, hat die EU bisher tief und fest geschlafen. Daher ist es für europäische Transportfahrzeuge unmöglich und für PKW äußerst schwierig und extrem teuer, nach China einzureisen. Das kann man nicht einmal der Bräsigkeit autoritärer chinesischer Behörden anlasten, nein, Brüssel hat bisher nicht einmal angefragt. Die bräuchten doch nur einmal anzumelden, dass die Chinesen selbstverständlich gerne weiterhin unsere Straßen befahren dürfen, wir im Gegenzug aber gerne genauso selbstverständlich auch auf ihren Straßen fahren möchten.

Denn umgekehrt erkennt China unsere Führerscheine genauso wenig an wie unsere Fahrzeugzulassungen und Autonummernschilder. Mittlerweile gibt es einen vorübergehenden chinesischen Führerschein für die Zeit von maximal drei Monaten. Man muss aber während der gesamten Zeit einen Guide dabeihaben, den man natürlich obendrein noch bezahlen muss. Für das Fahrzeug muss eine Kaution hinterlegt werden und überhaupt ist das Ganze so kompliziert, dass man es ohne Zuhilfenahme einer Agentur überhaupt nicht schaffen kann.

Es gibt etwa ein Dutzend Agenturen, die einem Hilfe anbieten. Ich habe mich für Tibetmoto entschieden, weil ich mit Hendrik Heyne am anderen Ende auf Deutsch schreiben und telefonieren konnte. Sie sind nicht die Günstigsten, ich war mit ihrer Arbeit aber sehr zufrieden. Für die Durchquerung Chinas innerhalb von 20 Tagen hätte es 5500 Euro gekostet. Das sind 7000 Kilometer und in dem Preis sind auch der Führerschein, das Kennzeichen und alles Weitere enthalten. Ich entscheide mich für 30 Tage und bin mit 6700 Euronen dabei. Der Guide muss die gesamte Zeit gebucht werden, obwohl ich in Chengdu fünf Tage Pause machen will. Ich muss dieses Geld bezahlen, weil ich nun mal die fixe Idee habe, mit dem Auto nach China zu fahren. Den allermeisten Overlandern ist das zu teuer, sie biegen vorher links ab und fahren in die Mongolei oder bis nach Wladiwostok, aber nach China fährt kaum jemand. Den Vorwurf muss man dabei weniger an die chinesische Regierung richten als an die EU und die einzelnen EU-Länder. Dass chinesische Wirtschaftsbetriebe sich hier zu 100 Prozent einkaufen dürfen und deutsche umgekehrt nur zu 49 Prozent, mag ungerecht sein, aber ich kann es mir immerhin noch gut erklären mit der unterschiedlichen Wirtschaftsmacht. Europäische Länder haben das im Rest der Welt jahrzehntelang vorgeführt. Aber warum die EU in Bezug auf diese Genehmigungslage nicht auf Gegenseitigkeit besteht, kapiere ich nicht. Italien geht jetzt eigene Wege und beginnt bilaterale Verhandlungen, ähnliche Überlegungen gibt es in Österreich.

Aber warum verpennt die EU das? In wessen Interesse ist das? Ich bin skeptisch, wenn Politikern Unfähigkeit vorgeworfen wird, wie es derzeit populär und populistisch ist. Normalerweise ist es so, dass sie einfach nur andere Interessen vertreten, wenn sie diesen Vorwurf ernten. Doch in diesem Fall verstehe ich es nicht. In wessen Interesse ist es, China die Straße – die buchstäbliche Seidenstraße – alleine zu überlassen?

»Herausforderungen begegnen, Chancen nutzen – freidemokratische Leitlinien für den Umgang mit China« ist das Motto des FDP-Bundesparteitages genau an dem Wochenende, bevor wir losfahren. Christian Lindner beginnt seine Parteitagsrede doch tatsächlich auf Chinesisch. Hört sich zwar nicht sehr chinesisch an, aber was es heißen soll, schiebt er gleich hinterher: »Die Gesellschaft und die Wirtschaft ändern sich beständig, wir müssen mit den Zeiten Schritt halten.« Daraufhin schreibe ich ihn an – immerhin kenne ich ihn aus alten Zeiten. Ich spreche ihn auf diese 6 700 Euro an, die ich zahlen muss, um nach China fahren zu dürfen. Ich finde, das ist prima Munition für seine nächsten Reden, aber er lässt mich total abblitzen.

Dann wende ich mich über einen Mittelsmann aus Bielefeld an den scheidenden Europaabgeordneten Elmar Brok, CDU, und an einen SPD-Bundestagsabgeordneten. Die Europawahlen rücken näher und ich fürchte, dass man sie nach den Wahlen nicht mehr gut für neue Themen interessieren kann.

Von CDU und SPD höre ich nie wieder etwas dazu. Und von dem angeblich so chinafreundlichen Christian Lindner kommt nach zweimaligem Nachfragen eine geschmeidige Abfuhr: »Für die Informationen zu den Bürokratiehürden beim Waren- und Personenverkehr bedanke ich mich. Ich leite sie gerne an die Fachebene weiter. Diese wird sich gegebenenfalls noch mal bei dir melden, wenn es zu Nachfragen kommen sollte, ich hoffe, das ist in deinem Sinne.« Ja, das wäre in meinem Sinne gewesen, aber natürlich habe ich nie wieder was davon gehört.

Also bleibt meine Frage unbeantwortet: Wieso wollen Politiker von CDU-SPD-FDP sich nicht dafür einsetzen, dass europäische LKW genauso nach China fahren dürfen, wie das umgekehrt seit Jahren funktioniert? Wieso soll die neue Seidenstraße eine Einbahnstraße bleiben? Wessen Interessen vertreten sie da?

Noch eine Bemerkung, bevor wir dann endlich losfahren können:

Ich schrieb vorhin, dass ich den Eindruck habe, dass hierzulande zwar nicht das Kriegsbeil, aber immerhin das Kalter-Krieg-Beil ausgegraben werden soll. Egal, was China macht, es wird in Westeuropa anders bewertet, als wenn andere das Gleiche machen. »China missbraucht Hochgeschwindigkeitszüge für Strukturpolitik« heißt es zum Beispiel in einer Zeitungsüberschrift der *Neuen Zürcher Zeitung* vom 3. Januar 2020. In dem Artikel geht es darum, dass China in kürzester Zeit das dichteste Netz an Hochgeschwindigkeitszugstrecken weltweit errichtet hat und ständig weiterbaut. Ich fände es sehr genial, wenn auch die deutsche Regierung den Bau von Bahnstrecken für Strukturpolitik »missbrauchen« würde.

In vielen Artikeln wird China als Umweltverschmutzer dargestellt. Zum einen wird dieses Attribut nur an Länder vergeben, die man schlecht dastehen lassen möchte, oder hat man jemals Artikel darüber gelesen, wie viel Umweltschäden beispielsweise Japan oder die Niederlande in dem letzten halben Jahrhundert durch ihre Massenmobilisierung erzeugt haben, wie viel Atommüll Jahr für Jahr in Frankreich oder den USA produziert wird oder wie umweltschädlich die Ölförderung in Saudi-Arabien ist? Zum anderen gibt es weltweit kein Land, das sowohl in absoluten Zahlen als auch im Verhältnis zum Bruttoinlandsprodukt so viel Geld in Umweltschutz und neue Technologien investiert wie China.

Die Berichterstattung in Deutschland über das Corona-Virus erweckt den Eindruck, dass die Seuche benutzt wird, um Stimmung gegen China zu machen. Haben wir es nicht schon immer gesagt: Die gelbe Gefahr! *Der Spiegel* hatte in seiner Ausgabe 6/2020 ein so reißerisches Titelfoto mit der Aufschrift »Made in China«, dass laut einem Artikel der halbamtlichen *Beijing-Rundschau* vom 2. Februar 2020 sogar die chinesische Botschaft in Berlin offiziell dagegen protestierte: »Panikmache, Schuldzuweisungen und sogar Rassendiskriminierung nützen niemandem. Wir verachten solche Aktionen.« In Düsseldorf demonstrierten chinesische Wissenschaftler und Studierende gegen die Diskriminierung mit Transparenten: »Fight against the Virus not against the Chinese« und »Wir sind Chinesen – kein Virus«.

Besonders auffallend ist auch die Berichterstattung über den Tod des Arztes Li Wenliang, der als Erster vor dem Virus gewarnt hatte. Ich habe den Eindruck, hierzulande wird sein Tod ausschließlich dazu missbraucht, die chinesische Regierung in Misskredit zu bringen, das erste Gefühl aller Chinesen, die ich kenne, war hingegen Trauer und Anteilnahme.

Die chinesischen Offiziellen vor Ort hatten anfangs einige Tage versucht, die Seuche zu verharmlosen und zu vertuschen. Ich bin nicht mal sicher, ob das hierzulande nicht auch so wäre. Danach hat die Regierung aber diesen Fehler eingestanden und um Entschuldigung gebeten. Seitdem arbeiten sie mit aller Kraft daran, die Seuche einzudämmen, koste es die Volkswirtschaft, was es wolle. Eine Region, in der 59 Millionen Menschen leben, wurde isoliert und über eine Milliarde Menschen auf konsequente Seuchenabwehr eingeschworen. Anstatt das anzuerkennen, produzieren unsere Zeitungen reißerische Titel und China-Restaurants müssen dichtmachen, weil die China-Phobie zum Massenphänomen wird.

Neulich in Kirgistan …

Dagegen verhalten sich die Menschen in China äußerst diszipliniert. Die allermeisten halten sich an die Auflagen und versuchen aktiv, sich und andere zu schützen. Kaum jemand neigt zu Hysterie oder übertriebenen Hamsterkäufen. Auch wenn das Wirtschaftsleben ansonsten fast völlig brachliegt, funktioniert die gesamte Versorgung und die Regale in den Supermärkten werden täglich neu gefüllt.

Leider bekommt man in Deutschland im Mainstream sehr selten Berichte aus China, die ein positives Licht auf dieses Land werfen oder zumindest neutral berichten, ohne gleich zu (ver)urteilen und abzuwerten. Bis heute wird beispielsweise von dem Massaker auf dem Tiananmen-Platz gesprochen, obwohl seit Jahren bekannt und erwiesen ist, dass es auf diesem Platz bei der Niederschlagung des Aufstandes nicht einen einzigen Toten gab. Das kann man sogar in Wikipedia nachlesen und mehrere Quellen dafür finden.

Auf diesen Einwurf wird gelegentlich erwidert, dass die Niederschlagung des Aufstandes ja andernorts zu Toten und Verletzten führte. Aber das rechtfertigt doch keine Fakenews! Sie führen doch nur dazu, dass diejenigen Journalisten, die von besagtem »Massaker« sprechen, jegliche Glaubwürdigkeit verlieren.

Diese Pseudodebatten erinnern mich an DDR-Besuche durch Reisegruppen aus dem Westen. Damals wurde jede Polizeikontrolle als Beleg für die unmenschliche Diktatur des Sozialismus wahrgenommen und jede Mülltonne am Straßenrand als Beleg für sein Versagen.

Angesichts einer China-Debatte, deren Teilnehmer alle viel Meinung und wenig Ahnung vom Thema haben, möchte ich mich bei meiner Beschreibung von China und der neuen Seidenstraße mit Urteilen zurückhalten. Ich schildere ehrlich das, was ich erlebe, natürlich ein wenig gefiltert durch meine subjektive Brille, aber ich möchte das Einordnen und Urteilen der geneigten Leserschaft größtenteils selbst überlassen.

Reise

Ukraine

Hauptstadt: Kiew
Bevölkerungszahl: 44 623 000
Fläche: 579 290 km²
Amtssprache: Ukrainisch
Religionen: orthodox, katholisch, jüdisch, muslimisch

Währung: Hrwnja
BIP (insg.): 125 Mrd. US-Dollar
Dircktinvestitionen China: 18 Mio. US-Dollar jährlich
Wichtigster Exportpartner: Russland
Wichtigster Importpartner: Russland
Warenimporte aus China: 11,4 Prozent

Unnützes Wissen: In der Ukraine gibt es 40 Wodka-Hersteller.

3. Mai, 0.30 Uhr: Zahony, ungarisch-ukrainische Grenze

Reiseabenteuer beginnen für mich an der EU-Außengrenze, alles davor läuft beruflich unter Nahverkehr und privat unter Freizeitausflüge. Und über diese Grenze sind wir gerade gefahren, denn wir haben soeben Ungarn verlassen. Es gab keine Schlange, nur zwei bis drei Autos vor uns und wir waren in weniger als zehn Minuten durch. Mit dem LKW dauert das alleine hier auf der ungarischen Seite einschließlich Wartezeit immer mehrere Stunden.

Warten wir mal die ukrainische Seite ab, da hat sich meine Wartezeit mit dem LKW immer in Tagen bemessen, nicht in Stunden. Aber auch hier stehen nur ein paar Autos vor uns, wir sind ratzfatz dran. Der Grenzer fragt, wo ich hinwill, ich sage Kiew und dann hierher zurück. Das scheint mir das Einfachste. Hier passieren wir die letzte Grenze, an der ich mich auskenne, an der ich also zum Beispiel weiß, was ein Grenzer hören will. Hinten rechts haben wir eine Tür in den kleinen Wohnraum des Mobils. Da möchte er reingucken und das war's dann auch schon, gute Reise!

Ich wusste ja, dass Grenzen mit PKW einfacher sind als mit LKW, aber dass der Unterschied so krass ist? Ich bin ziemlich verdattert, beide Seiten haben zusammen nicht mal 20 Minuten gedauert. Das fängt ja gut an.

Wir halten noch an der Grenzstation, um uns SIM-Karten zu besorgen. Die sind in allen Ländern der Welt, die ich bisher mitbekommen habe, günstiger als in Deutschland.

An der Grenze gibt es auch Tankstellen, die sogar um diese Uhrzeit noch geöffnet haben, denn ansonsten ist hier und an der gesamten Strecke um diese Uhrzeit ziemlich wenig los. Diesel ist in der Ukraine spottbillig, er kostet unter 60 Cent. Wir fahren noch etwa 20 bis 30 Kilometer weiter. Ich kenne die Strecke im Hellen – hier ist der Hund verfroren. Wo wir gerade von verfroren reden: Es ist immer noch saukalt für diese Jahreszeit, Temperaturen im unteren einstelligen Bereich. Irgendwann geht links ein nicht asphaltierter Feldweg in die Pampa, da biegen wir ab, um einen Schlafplatz zu suchen. Wir ruckeln noch ein paar Kilometer und halten dann in einer Ausbuchtung, jedoch nicht ohne vorher zu drehen, das ist der alte Truckerreflex.

Vor dem Schlafengehen »im Feld« ist Zeit und Ruhe, ein Bierchen zu trinken und Rückschau zu halten. Unsere Reise hat gerade sozusagen zum dritten Mal begonnen, jetzt beginnt das echte Abenteuer. Zum ersten Mal begonnen hat sie vor ein paar Tagen in Wuppertal. Wegen der fehlenden Umweltplakette hatten wir wenig Zeit, das Fahrzeug einzurichten. Ich habe es einen Tag ins Wohngebiet gefahren und am nächsten Vormittag wollten wir das erste Mal starten. Wie üblich kamen wir an dem Tag zu spät los, wie üblich hat es sich auf der A3 gestaut, wie üblich kamen wir nicht so weit wie vorher geplant. Aber das macht nichts, wir haben uns noch das auf dem Kopf stehende Haus bei der Autobahnausfahrt Wertheim angesehen und sind dann in Geiselwind am größten Autohof Deutschlands rausgefahren. Wir sind gut essen gegangen, doch für die Übernachtung sind wir noch ein Stück weiter auf der kleinen Landstraße. Man ist sofort am Ärmel der Welt, das kannte ich schon von früher. Zwei Kurven weiter, rechts rein ein Waldweg, 200 Meter und man steht mitten in der Natur. Erstaunlicherweise ist es nicht mal verboten, hierhin zu fahren. Man steht wenige hundert Meter oberhalb des Autohofs auf der Höhe des großen Leuchtschildes, hört die Autobahn kaum noch, dafür aber die Geräusche des Waldes.

Auf der Fahrt haben wir gemerkt, dass etwas mit den Stoßdämpfern nicht stimmt, und so sind wir gleich am nächsten Morgen in Nürnberg zum ADAC Stoßdämpfertest. Es half nichts, wir brauchten vorne neue. Die haben wir in Wien besorgt und einbauen lassen. Wir haben liebe Verwandtschaft in Wien und durften unser Wohnmobil zum Glück tagelang im Garten »parkieren« (so nennen die das dort). Pablo hat im Haus geschlafen, es war ckclig kalt für Ende April, teilweise bis an die Frostgrenze.

Als wir in Wien losfahren, ist es wie ein zweiter Start. Jetzt fahren wir aber wirklich los nach China!

Auf der Weiterfahrt haben wir uns dann noch Budapest angesehen. Das ist eine dieser Städte, an denen ich bisher gefühlte hundert Mal mit dem LKW vorbeigebraust bin, ohne je reinzukommen. Komischerweise habe ich auf Anhieb mitten in der Innenstadt einen Parkplatz bekommen. Wir haben einen schönen Stadtspaziergang gemacht in der kalten Frühlingssonne, haben die Straßenmusiker bewundert, sind durch die Fußgängerzone geschlendert und mit der Straßenbahn gefahren. Weiter ging es Richtung Osten. Je weiter man nach Osten kommt, umso dünner ist die Gegend besiedelt.

Mit dem LKW habe ich die Nachtfahrten bevorzugt, mit diesem Wohnmobil hingegen überhaupt nicht. Nie wieder werden wir bis so spät abends fahren. Aber ich wollte die ungarisch-ukrainische Grenze lieber nachts passieren, weil ich hoffte, dass dann bei den PKW viel weniger los ist. War ja dann auch so.

Und jetzt stehen wir hier, in einem Feldweg irgendwo in Transkarpatien, und das Abenteuer hat begonnen. Es ist zwei Uhr nachts und man hört keinen Straßenlärm, dafür aber umso deutlicher eine Nachtigall. Die Vogelvielfalt ist uns in den letzten Stunden ohnehin aufgefallen. Zudem haben wir noch einen anderen, etwas makabren Indikator für eine gesunde Umwelt: Früher hatten in Deutschland die Lokomotiven von schnellen Zügen oder Autos nach einer längeren Überlandfahrt viele tote Insekten an der Frontpartie. Heute muss kaum jemand mehr an der Tankstelle zum Schwamm greifen, um die Scheibe wieder zu reinigen. Nach Untersuchungen des Naturschutzbundes NABU in NRW ist die Biomasse der Fluginsekten in den letzten 30 Jahren um ganze 80 Prozent zurückgegangen. Nicht nur die Anzahl der Arten, sondern auch die Anzahl der Individuen befindet sich in einem dramatischen Sinkflug. Das liegt an der zunehmenden Versiegelung großer Flächen, den Monokulturen und der Pestizidkeule. Hier in der Ukraine ist das anders. Leider gibt es viele tote Insekten auf der Windschutzscheibe unseres Autos, aber das bedeutet zugleich, dass Vögel hier ausreichend Nahrung finden, daher hört und sieht man hier auffällig viel mehr Vögel jeder Art und Größe

Mit dem Gesang der Nachtigall schlafen wir ein, bis jemand heftig an den Wagen klopft. Ich schiebe den Vorhang beiseite und sehe, wie jemand erst mein Gesicht, dann sein Gesicht und dann seinen Dienstausweis mit einer Taschenlampe anleuchtet. Zwei Grenzpolizisten in Zivil mit einem uralten, auch sehr zivil aussehenden Auto, die die grenznahen Pfade und Wege kontrollieren, wollen unsere Pässe sehen. Ich habe mich immer gefragt, wieso die EU-Anrainerstaaten eigentlich die Aufgabe so eifrig übernehmen, die Festung Europa zu bewachen, denn ihnen könnte das ja eigentlich egal sein.

Ich kann es mir nur damit erklären, dass sie sich das von Brüssel sehr gut bezahlen lassen. Die Kontrolleure sind freundlich und fahren bald auch weiter. Irgendwann später, während der Morgendämmerung, klopfte es noch mal. Ein Besoffski ist mit einem extrem verrosteten Moskvich gekommen. Ich bin total verpennt, er drückt mir einen verpackten Schokoriegel in die Hand und fragt, ob ich Wodka habe. Auf Deutsch hätte ich dem jetzt ganz gewaltig die Meinung gegeigt, mich deswegen zu wecken. So aber sage ich nur Nein, aber ich habe noch eine Dose Paderborner Pilsener, die biete ich ihm an. Er nimmt sie, lallt einen Dank, nimmt einen tiefen Schluck, torkelt zu seinem Auto und fährt weiter. So kenne ich die Ukraine.

Wir starten am späten Vormittag. Unterwegs kaufen wir Honig, der an vielen Ständen am Straßenrand feilgeboten wird. Der Honig ist hier sehr gut und sehr günstig. Alles blüht, die Landschaft ist in dieses frische junge Grün getauft, aber es ist schneidend kalt. Zwei Autos vor uns flattert plötzlich ein Fasan vom Straßenrand auf und wird von dem Auto erlegt. Das hat dem garantiert die Windschutzscheibe zerdeppert, aber er fährt weiter. Das Auto vor uns hingegen hält an, der Fahrer steigt aus und packt den Fasan in seinen Kofferraum.

Bei einer Kaffeepause zeigt mir die Wirtin ein uraltes Formular eines Verwandten. Das Formular ist auf Deutsch, es ist eine Identitätsbescheinigung, ausgestellt in einem »Stalag«.

Eine weitere Pause legen wir ein an einem Stau wegen eines umgestürzten LKW, da ist zufällig grad ein Restaurant in der Nähe. Es gibt ukrainischen Borschtsch, eine Suppe mit Rote Beete, Weißkohl und sieben Konsonanten ohne Vokal dazwischen.

Abends schaffen wir es bis Rivne. auf dem Sicherheitsparkplatz eines großen Hotels hier an der Umgehungsstraße habe ich schon oft über Nacht gestanden.

4. und 5. Mai: Kiew

Sowohl die autobahnähnliche Straße von Lviv nach Kiew als auch die von Kiew nach Odessa wurde für die Fußballeuropameisterschaft 2012 gut ausgebaut. Sobald man von diesen Straßen abkommt, gibt es nur noch bessere und schlechtere Feldwege. Daher führt der Weg nach Odessa über den Umweg Kiew, alles andere würde viele Stunden länger dauern.

An allen Überlandstrecken sieht man aber noch etwas anderes, ein Relikt aus Zeiten der Sowjetunion: Es gibt hier regelmäßig Parkplätze mit einer kleinen Rampe, auf die man das Auto fahren kann, um es von unten zu begutachten oder zu reparieren. Man sieht diese Rampen in allen postsowjetischen Ländern beziehungsweise da, wo man sie noch nicht abgebaut hat.

Die Ukraine ist das einzige Land, durch das wir gefahren sind, in dem man nichts von der neuen Seidenstraße zu spüren bekommt. Es sind keine neuen Investitionen in die Infrastruktur zu sehen, weder bei der Straße noch der Schiene. Die Ukraine hat zwar wiederholt Interesse an der chinesischen Seidenstraßen-Initiative bekundet, aber das Interesse ist bisher nur einseitig, obwohl China zu einem der wichtigsten Handelspartner der Ukraine gehört. Für das Infrastrukturprojekt neue Seidenstraße setzt man in Beijing auf Russland und Weißrussland und lässt die Ukraine buchstäblich links liegen. Das liegt zum einen daran, dass der vorige ukrainische Präsident Poroschenko jahrelang China die kalte Schulter zeigte, und zum anderen daran, dass man Moskau nicht verärgern möchte.

In Schitomir machen wir kurz Pause, um eine Blinkerbirne zu tauschen und einen Geldautomaten zu suchen. Hier ein Tipp, wenn man in der Ukraine Bargeld vom Automaten holen möchte und das nicht funktioniert: einfach einen kleineren Betrag ausprobieren. Viele Geldautomaten spucken nur maximal 60 Euro pro Buchung aus, verraten das aber nicht. Dann muss man mehrere Male abheben.

Am Stadtrand von Kiew kommen wir pünktlich um 17 Uhr zum Feierabendbeginn an. Daher braucht es weitere zwei Stunden, bis wir endlich den mit Wladimir vereinbarten Treffpunkt erreichen. Die Zusammenarbeit »Pablo navigiert und Jochen fährt Ford« hat sich bewährt.

Wladimir kenne ich aus meiner Zeit als Lastwagenfahrer, ich traf ihn erstmals 2009 am Kiewer Flughafen (mehr dazu in meinem letzten Buch *Geschlafen wird am Monatsende*). Mittlerweile ist er Rentner. Seine deutlich jüngere Ehefrau ist Englischlehrerin. Sie hat sich selbstständig gemacht und leitet eine kleine Privatschule. Viele Eltern, die ihren Kindern eine bessere Zukunft wünschen, schicken sie in solche privaten Sprachschulen zum Englischlernen. Sie sagen, der Unterricht an den staatlichen Schulen sei weder gut noch ausreichend, und erklären ihren Kindern, wie wichtig Fremdsprachenkenntnisse für ihre Zukunft seien.

Wladimir bringt uns zu einem Hotel in diesem Wohnviertel und das ist Ostalgie pur. Jemand hat zwei Etagen in einem großen Plattenbau angemietet und das dann »Freedom Hotel« genannt. Am nächsten Tag bekommen wir von Wladimir und seiner Frau Ivanka eine Stadtführung. Wir fahren mit der U-Bahn und steigen bei der Station »Arsenalna« aus, der tiefsten U-Bahn-Station der Welt. Die Rolltreppen laufen wesentlich schneller als bei uns, dennoch braucht man vier Minuten, bis man oben ist.

Mit Ivanka und Wladimir reden wir auch über Politik. In der Ostukraine herrscht nach wie vor Krieg. Die beiden erzählen, dass dort täglich geschossen wird. In der Hauptstadt bekommt man das nicht mit, doch man müsse sich das immer wieder ins Gedächtnis rufen, um es nicht zu vergessen. Die Ukraine ist flächenmäßig das größte Land Europas und die Front ist weit entfernt.

Vor Kurzem waren Präsidentschaftswahlen. Als Newcomer gewählt wurde der Schauspieler Wolodymyr Selenskyj, in den jetzt alle sehr große Hoffnungen setzen. Der bisherige Präsident, der Schokoladenkönig Petro Poroschenko, hat keines seiner Wahlversprechen später auch nur annähernd eingehalten. Dafür kann man seine Produkte – Roshen-Schokolade – in den zahlreichen Niederlassungen seiner Ladenkette kaufen.

In der Nähe der barocken St.-Andreas-Kirche ist ein Touristenmarkt mit Devotionalien nicht nur aus der Sowjetzeit, sondern auch aus der Zeit der deutschen Besatzung. Man kann SS-Mitgliedsausweise, Orden und alte Taschenuhren mit Hakenkreuz kaufen. Und es gibt viel militärisches Kinderspielzeug, Panzer aus Holz und Plastik, Puppen in Uniform und so weiter.

In Kiew geht die Schere zwischen arm und reich immer weiter auf. Man sieht protzig reiche Leute und arme zerlumpte Alte, die den Müll nach brauchbarem durchsuchen.

Eines fällt auf und das soll auch in den folgenden Ländern so bleiben: Es gibt wesentlich mehr Skulpturen und Denkmäler im öffentlichen Raum als in Deutschland. Bronzeplastiken, über die man geteilter Meinung sein darf, die handwerklich aber immer sehr gut gemacht sind. Diese Denkmäler stammen zum großen Teil aus der Sowjetzeit, aber auch in jüngerer Zeit wurden noch welche aufgestellt.

6. Mai: von Kiew nach Odessa

Das Sprachproblem beginnt in der Ukraine schon beim Tanken. Es gibt keine Selbstbedienung, sondern immer einen Tankwart. In vielen anderen Ländern kann man irgendwie mit einer Geste anzeigen, dass sie bitte volltanken mögen. In der Ukraine wollen sie aber erst mal sehen, ob du genug Geld dabei hast. Da man aber vor dem Tanken natürlich nicht genau weiß, wie viel in den Tank reinpasst, sie aber vor dem Tanken eine Summe genannt und bezahlt kriegen möchten, schafft man es tatsächlich oft nicht, an den Tankstellen vollzutanken.

Heute fahren wir knapp 500 Kilometer nach Süden, nach Odessa. Ich war letztes Jahr hier mit einem Hilfstransport für ein Krankenhaus. Da habe ich Vitali, Leiter einer Hilfsorganisation, kennengelernt, den ich wieder treffen möchte. Er hat die gleiche Unterkunft organisiert wie letztes Jahr, in einem kleinen privaten Hotel mitten in der Stadt und dennoch zu einem guten Preis. Odessa ist teuer geworden und die Preise steigen weiter. Der Tourismus hat in Odessa in den letzten Jahren so stark zugenommen, weil die Krim als Urlaubsziel weggefallen ist. Alle, die vorher dorthin in den Stranduslaub fuhren, kommen jetzt in die Region Odessa.

Als wir das Auto abends in der Stadt parken, nehmen wir die Reifen vom Dach und verstauen sie vorsichtshalber im Fahrzeug, genauer gesagt in der Dusche. Gelegenheit macht Diebe, immerhin befinden wir uns in einer großen Hafenstadt einschließlich Drogenproblem, Armut und korrupter Polizei. Morgen kümmern wir uns um einen bezahlten Sicherheitsparkplatz.

7. bis 9. Mai: Odessa

Wir haben einen kleinen Zeitpuffer eingebaut in Odessa, weil vorher nicht rauszukriegen war, wann die Fähre nach Batumi/Georgien geht. Das war nicht rauszukriegen, weil es gar keinen Fahrplan gibt. Die Fähren fahren so täglich wie möglich. Die Buchung ist derart kompliziert, dass es mich wundert, dass die überhaupt Kunden bekommen. Auf der Homepage der Fährgesellschaft heißt es, man könne das alles digital jetzt gleich hier auf dieser Seite reservieren und buchen, aber das Formular, was man ausfüllen soll, funktioniert nicht. Man bekommt eine Telefonnummer, das bedeutet, man muss sich jemand organisieren, der oder die die Landessprache spricht. Man bekommt dann gesagt, dass man einen Rückruf bekommt, wenn klar ist, wann eine Fähre geht, das könne aber derzeit noch zwei bis drei Tage dauern. Vorher müsse man aber vorbeikommen und die Tickets kaufen. Während Pablo loszieht, um die Stadt zu erkunden, kaufe ich vormittags die Tickets, allerdings nur für Pablo und mich, für das Auto müsse ich das später bezahlen.

Nachmittags treffe ich mich mit Vitaliy Delku, Leiter der Nichtregierungsorganisation (NGO) »Rehabilitationszentrum St. Paul« der ukrainischen Diakonie von Odessa. Vitaliy spricht gut Deutsch, er hat in Dresden Sozialarbeit studiert. Ich möchte hier seine Arbeit vorstellen, weil sie mich sehr beeindruckt hat. Außerdem sagt es einiges aus über die aktuellen Verhältnisse in Odessa.

Die protestantisch-christliche Hilfsorganisation, die Vitaly leitet, bearbeitet mit verschiedenen Partnerorganisationen – teilweise aus Deutschland – mehrere Schwerpunkte. Ursprünglich war die Organisation angegliedert an die evangelische ukrainische Kirche. Wegen Querelen mit einem 2013 gewählten, äußerst umstrittenen Bischof ist der Verein jedoch mittlerweile organisatorisch und finanziell unabhängig von der Kirche. Sie dürfen die kirchlichen Räume nicht mehr nutzen, mussten das Auto abtreten und sind sehr froh, dass sie mittlerweile völlig unabhängig arbeiten können. Aus Deutschland bekamen sie von der Organisation »Brot für die Welt« einen Elektro-Kleinwagen geschenkt, über den sie sehr dankbar sind. Denn er kostet so gut wie keinen Unterhalt und eine »Tankfüllung« Strom für weniger als einen Euro reicht für 130 Kilometer.

Die NGO ist zwar vorrangig protestantisch-christlich, aber sie missionieren in keinster Weise, machen bei den Hilfsbedürftigen keinerlei Unterschied, ob diese fromm sind oder nicht. Sie arbeiten auch mit weltlichen Organisationen zusammen und auch mit der katholischen deutschen Caritas.

Sozialarbeit für HIV-Infizierte und Aids-Kranke

Vitaliy erzählt, dass Odessa früher europaweit die Stadt mit den meisten Aids-Infizierten war, denn in der Hafenstadt gab und gibt es viel Prostitution und Drogenabhängige. Früher war daher Aufklärung und Prävention ein Schwerpunkt, mittlerweile wird das Thema aber auch in den Schulen behandelt. Der Hilfsverein berät und begleitet nun vor allem Infizierte und Kranke. Nicht wenige der Erkrankten leiden zusätzlich unter der Armutskrankheit Tuberkulose. Die Medikamente für die Aids-Behandlung werden vom Staat bezahlt, aber die Erkrankten brauchen viel Hilfe und Begleitung.

Betreuung der inländischen Kriegsflüchtlinge

Ein weiterer Arbeitsschwerpunkt ist die Betreuung der inländischen Kriegsflüchtlinge aus den Regionen Donbass und der Krim. Laut dem Internal Displacement Monitoring Centre, einer NGO in Genf, gehörte die Ukraine 2017 zu den zehn Staaten mit den meisten Binnenflüchtlingen weltweit (mehr als eineinhalb Millionen). Alleine in der Region von Odessa suchten mehrere zehntausend Menschen Zuflucht. Die meisten konnten zuerst nur provisorisch in Camps untergebracht werden. Vitaliy erzählt, dass diese Arbeit ganz allmählich weniger wird, da viele Flüchtlinge nach und nach integriert werden konnten.

Für den Krieg ist jedoch kein Ende in Sicht, denn im Donbass wird nach wie vor täglich geschossen. Über 13 000 Tote gab es bisher, derzeit ruhen große Hoffnungen auf Verständigung auf dem neu gewählten Präsidenten.

Pionierarbeit mit kriegstraumatisierten Menschen

Ein riesiges Problem – und damit ein weiterer Arbeitsschwerpunkt des Rehabilitationszentrums St. Paul – bleibt aber die hohe Anzahl von durch den Krieg traumatisierten Menschen. Hier leisteten und leisten die Heldinnen und Helden um Vitaliy Pionierarbeit. Angefangen hat das mit psychisch und physisch Verletzten, als im Februar 2014 die Protestierenden auf dem Maidan-Platz in Kiew zusammengeschossen wurden. Bereits im Juli 2014 konnten in Odessa für diese Opfer die ersten Reha-Maßnahmen angeboten werden. Im Juli 2015 brauchten dann die ersten demobilisierten Soldaten aus dem Kriegsgebiet im Donbass sowie deren Familien therapeutische Hilfe.

Ursprünglich wurde die psychologische Hilfe ausschließlich von Ehrenamtlichen geleistet. Doch wegen der belastenden Arbeit litten viele von ihnen nach einigen Monaten unter starken Burnout-Symptomen. Niemand hatte bis dahin Erfahrung mit einer solchen Form von Trauma-Aufarbeitung. Hilfe kam aus Regensburg, der Partnerstadt Odessas. Eine Psychologieprofessorin und mehrere andere Helfer kamen nach Odessa und gaben Fortbildungen sowie Supervisionen. Mittlerweile werden diese Fortbildungen in regelmäßigen Abständen den Helferinnen und Helfern angeboten, ohne die wäre die Arbeit kaum möglich.

Inzwischen hat der Hilfsverein einige fest angestellte Psychologen, einige arbeiten auf Honorarbasis und viele weitere helfen ehrenamtlich mit. Unterstützt wird das Projekt auch von »Brot für die Welt« und deren Initiative »Kirchen helfen Kirchen«. Inzwischen gibt es zudem finanzielle Unterstützung von der Stadt Odessa.

Ich frage Vitaliy, was genau Trauma in diesem Zusammenhang bedeutet. Er erklärt, dass viele Traumatisierte unter Schlafstörungen leiden, sie haben Probleme, sich wieder zu integrieren, leiden unter Angstattacken und nicht wenige haben zusätzlich auch körperliche Verletzungen. Aber nicht nur die zurückgekommenen Soldaten brauchen oftmals Hilfe, sondern auch deren Ehefrauen und Kinder. Viele Ehen und Familien drohten zu zerbrechen.

Der Verein organisiert Sommercamps, in denen die betroffenen Familien zehn Tage Intensiv-Betreuung, psychologische Hilfe, Kunst-Therapie, individuelle Gesprächsangebote sowie Gruppenarbeit und Urlaubsvergnügen geboten bekommen. Auch dieses Jahr ist das wieder geplant.

Auf die Frage, ob sie den Menschen denn wirklich helfen können mit ihrer Arbeit, leuchten seine Augen. Ja, sagt er, wir bekommen viele tolle Rückmeldungen. Und ein wenig stolz weist er darauf hin, dass er glaubt, dass sie schon so manche Familie dadurch vor dem Auseinanderbrechen retten konnten.

Mit der gewonnenen Erfahrung können sie inzwischen auch andernorts helfen. Nach dem Brand in einem Kinderheim in Odessa wurden sie beauftragt, den überlebenden Kindern, die Augenzeugen des schrecklichen Ereignisses wurden, sowie deren Eltern zu helfen. Vitaliy sagt: »Inzwischen weiß die Stadt, dass es uns gibt, und sie rufen uns, wenn wir gebraucht werden.«

Pflege und Betreuung bedürftiger alter Menschen
Ein weiterer Arbeitsschwerpunkt der Heldinnen und Helden aus Odessa ist die Pflege und Betreuung bedürftiger alter Menschen in der Stadt. Zu ihnen gehören auch Veteranen des Zweiten Weltkriegs und NS-Opfer wie zum Beispiel ehemalige Zwangsarbeiter. Viele von ihnen sind verarmt und einsam. Unterstützt werden sie dabei von der deutschen Stiftung Erinnerung, Verantwortung, Zu-

kunft (stiftung-evz.de). Die Helfer besuchen pflegebedürftige Menschen, helfen ihnen beim Putzen, Einkaufen, bieten aber auch einen Ausweg aus der Vereinsamung durch Angebote wie zum Beispiel durch Deutschkurse für Senioren.

Heute (7. Mai) Vormittag zum Beispiel haben Vitaliy und einige ehrenamtliche Helfer viele Geschenkpakete gepackt. Übermorgen, am 9. Mai, dem Tag des Sieges über die Nazis, werden sie die letzten überlebenden Kriegsveteranen und NS-Opfer in ihren Wohnungen besuchen und diese Geschenke überreichen. In den liebevoll gepackten Tüten befinden sich vor allem gute Lebensmittel. Vitaliy sagt: »Diese Menschen haben es verdient, dass auch und besonders sie am 9. Mai diesen Feiertag festlich begehen können, das wollen wir ihnen mit unseren Geschenken ermöglichen.« Tatsächlich begegnen uns am 9. Mai viele alte Männer, die ihre Paradeuniformen angezogen haben und stolz ihre Orden spazieren tragen. Bei uns gilt ja der 8. Mai als dieser Tag, aber das hat mit der Zeitverschiebung nach Moskau zu tun.

Abends gucken Pablo und ich in einer Kneipe das Halbfinalspiel Chelsea gegen Eintracht Frankfurt. Wir halten natürlich zu Frankfurt, denn wenn sie gewinnen, kommen sie ins Endspiel nach Baku/Aserbaidschan. Pablo hat Tickets für das Endspiel gekauft und wir hätten es natürlich gerne, dort die Eintracht sehen zu können. Immerhin habe ich viele Jahre in Hörweite von deren Heimstadion gewohnt.

Als wir nachts um halb eins von der Kneipe heimgehen, fällt auf, wie wenig Verkehr nur noch unterwegs ist in dieser Stadt mit knapp einer Million Einwohner. Manche Fußgänger laufen mitten auf der Straße; alle zehn Minuten kommt mal ein Auto vorbei. Aber die uralte Straßenbahn rumpelt die ganze Nacht mit vielen Linien durch die Straßen.

Man sagt, Odessa sei die schönste Stadt der Ukraine, und ich vermute, das stimmt. Nahezu alle Straßen in der Innenstadt sind Alleen, die allermeisten haben noch Kopfsteinpflaster. Die vielen alten Häuser sind in sehr unterschiedlichem Zustand, von nicht mehr zu retten bis top renoviert. Es gibt interessante Street Art und in der Innenstadt Straßenkünstler.

Auch in Odessa stehen zahlreiche Skulpturen und Denkmäler, die meist aus der Sowjetzeit stammen, doch es gibt auch neuere, zum Beispiel ein Denkmal für Steve Jobs und eines für Darth Vader.

Pablo hat einen Vergnügungspark entdeckt, den Lunapark. Die Fahrgeschäfte sind viele Jahrzehnte alt und haben einen morbiden Charme. An den Aufschriften kann man sehen, dass einige ausrangiert sind aus Deutschland und Frankreich. Vom Park laufen wir runter ans Meer. Es gibt zwar auch einen Strand, aber Strandwetter haben wir noch lange nicht, im Gegenteil.

Nachmittags erhalten wir die Mitteilung, dass wir am nächsten Tag um 13 Uhr in Chernomorsk sein sollen. Das ist einer der Häfen von Odessa, etwa 30 Kilometer von der Stadt entfernt.

10. Mai: von Kiew über Chernomorsk auf die Fähre nach Georgien

Nicht nur das Buchen der Fähre war umständlich, das Einschiffen ist noch viel umständlicher. Um 13 Uhr sollen wir uns in einem Büro melden. Dort muss ich noch das Geld für die Verschiffung des Autos bezahlen. Alles in allem, also zwei Personen plus das Wohnmobil, hat die Fähre übrigens ungefähr 800 Euro gekostet. Es heißt, wir sollen gleich rüberfahren zur Einfahrt in den Hafen, es ginge bald los mit dem Einschiffen. Als wir ankommen, stehen da bereits ein Dutzend LKW und ein paar Transporter sowie ein Wohnmobil mit Schweizer Kennzeichen. Wir stehen vor der Kontrollstelle zur Einfahrt in den Hafen, aber alle Tore sind noch zu. So kommen wir mit einem Ehepaar aus der Schweiz ins Gespräch, die uns aber einen ziemlich miesepetrigen Eindruck machen. Sie erzählen fast nur, was ihnen auf ihren letzten Reisen alles nicht gefallen hat und was ihnen auf ihrer jetzigen Reise bisher nicht gefallen hat.

Leider stehen wir hier stundenlang, bis wir in den Hafen reingelassen werden, und im Hafen selbst stehen wir dann auch noch mal mehrere Stunden. Hätten wir das gewusst, wären wir noch etwas essen gegangen vorher. Wir können zusehen, wie zwei Züge nebeneinander in den Bauch des Schiffes geschoben werden, danach einzelne LKW. Die Fähre heißt »Greifswald« und fährt unter der Flagge von Panama. Das Beladen des Schiffs dauert unglaublich lang, keine Ahnung warum, es scheint hier aber normal zu sein. Letztlich wird es 21 Uhr, bis wir aufs Schiff dürfen, bis das Schiff ablegt, ist Mitternacht vorbei. Doch an Schlaf ist kaum zu denken. Die LKW-Fahrer veranstalten in ihren engen Kabinen lautstarke Besäufnisse. Sie sind immer zu viert eingepfercht, und da es nicht viele Aufenthaltsräume auf dieser Fähre gibt, stehen sie auf den Gängen herum. Bei osteuropäischen Fahrern wirkt das auf Außenstehende immer so, als würden die sich gegenseitig gut kennen. Dabei kennen sie sich meistens überhaupt nicht, sie sind nur geselliger und kollegialer untereinander als die meisten westeuropäischen Fahrer.

11. Mai: auf See

Das Meer ist wunderbar ruhig und es ist fast windstill. Das gibt uns Zeit zum Ausschlafen und Lesen. Direkt vor dem Bullauge unserer Zweierkabine liegt ein Mannschaftsdeck. Pablo schaut raus und ist plötzlich wie elektrisiert. »Da sind Delfine!«, ruft er und zwängt sich durch das Bullaugenfenster raus. Tatsächlich, eine ganze Gruppe von Delfinen – bei denen heißt das merkwürdigerweise Schule. Man kann sie über längere Zeit beobachten, weil sie mit dem Schiff mitschwimmen. Pablo muss nun zusehen, wie er wieder nach drinnen kommt, denn von der anderen Seite ist das Bullaugenfenster zu hoch, sodass er nicht mehr den gleichen Weg zurückkrabbeln kann. Doch er wird heute noch mehrfach aus dem Fenster klettern, denn immer wieder tauchen Delfine neben dem Schiff auf. Ob es immer die gleichen sind oder wimmelt es hier von Delfinen?

Außer den etwa 50 Fahrern sind auf dem Schiff noch das Schweizer Ehepaar mit dem Wohnmobil, ein deutsches Pärchen Rucksacktouristen, eine iranische Familie, ein argentinischer Hippie und ein US-Amerikaner, der in Tiflis wohnt. Man trifft sich immer zu den Mahlzeiten in dem Speisesaal. Leider schmeckt das Essen nicht besonders gut.

So laut, wie es gestern Abend war, so leise ist es heute Abend. Man sieht nicht einen einzigen betrunkenen Fahrer und dabei legt das Schiff frühestens mittags an. Es ist auch nicht so, dass der Alkoholausschank geschlossen wäre. Nein, die Party war gestern, morgen müssen sie wieder fahren. Ich schreibe das hier ausdrücklich, weil in Deutschland viele glauben, ukrainische LKW-Fahrer hätten größtenteils ein Alkoholproblem und würden daher quasi permanent betrunken durch die Gegend fahren. Leider verbreiten sogar Teile der Fachpresse dieses Vorurteil weiter, hier wird es gerade als solches entlarvt.

Georgien

Hauptstadt: Tiflis
Bevölkerungszahl: 3 731 000
Fläche: 69 490 km²
Amtssprache: Georgisch
Religionen: orthodox, muslimisch, katholisch, armenisch-apostolisch

Währung: Lari
BIP (insg.): 16 Mrd. US-Dollar
Direktinvestitionen China: 467 Mio. US-Dollar (2013–2017)
Wichtigster Exportpartner: Russland
Wichtigster Importpartner: Türkei
Warenimporte aus China: 9,2 Prozent

Unnützes Wissen: Das georgische Wort für Vater ist »Mama«.

12. Mai: Ankunft in Batumi

Auch heute Vormittag können wir viele Delfine beobachten. Wir legen um 14.30 Uhr in Batumi an, aber das Ausschiffen geht fast genauso umständlich und langwierig wie das Einschiffen. Passkontrolleure und Zöllner kommen aufs Schiff, zuerst sind die Fußgänger dran, dann schon wir mit unseren kleinen Fahrzeugen. Dennoch wird es 18 Uhr, bis wir vom Schiff runterfahren können. Bevor wir aus dem Hafen rausfahren, muss ich mich noch darum kümmern, für das Auto eine KFZ-Haftpflichtversicherung abzuschließen, denn die grüne Versicherungskarte gilt zwar in Aserbaidschan, aber nicht in Georgien. Ich hatte vorher gelesen, dass man sich da selbst drum kümmern muss. Angesprochen darauf wird man erst bei der Ausreise, aber dann kann es sehr teuer werden, wenn man das bei der Einreise vergessen hat.

Ich parke am Rand und verlasse den Hafenbereich zu Fuß, drei Ecken weiter ist ein großes Gebäude, in dem es unter anderem diese Versicherung gibt. Vor mir stehen sieben LKW-Fahrer an dem Schalter, jeder scheint das Gleiche zu brauchen. Und das entpuppt sich als unglaublich komplizierter Vorgang: Die Frau hinterm Schalter braucht bei jedem einzelnen Fahrer eine halbe Stunde, bis der das ersehnte Formular mit Stempel und Unterschrift in den Händen hält. Da wird hier etwas fotokopiert, dort etwas in eine Liste eingetragen, ein halbes Formular in einem Ordner abgeheftet, das Geld kassiert, die Quittung ausgestellt und so weiter und so weiter. Und da sage noch jemand, Computer würden helfen, Zeit zu sparen. Die Frau hat zwar einen Computer und muss auch dort alles Mögliche eingeben, aber zusätzlich eben noch knicken, lochen, abheften, stempeln, unterschreiben und so weiter und so fort. Ich muss also dreieinhalb Stunden warten. Das macht mir eigentlich nichts aus, wenn ich etwas Gutes zu lesen dabeihabe. Habe ich aber nicht, damit hatte ich nicht gerechnet.

Es ist fast 22 Uhr, als wir den Hafen verlassen. Aber zum Glück ist in der Stadt auch um die Zeit noch eine Menge los. Das ist gut, denn wir haben Hunger und es gibt immer noch eine große Auswahl an geöffneten Restaurants.

Georgien ist so groß wie Bayern. Von Palmen und Strand an der Küste des Schwarzen Meeres bis rauf ins Hochgebirge des Kaukasus bietet es jedoch eine viel größere landschaftliche Vielfalt. In Georgien gibt es eine eigene Sprache, die völlig anders ist und weder mit dem Russischen noch dem Türkischen verwandt ist. Es gibt sogar eine eigene Schrift. Sie ist anders als alles, was man je vorher an Schrift gesehen hat, nicht ein einziger Buchstabe ist für unsereiner wiederzuerkennen.

Und eine eigene Küche, die mit keiner anderen in der Welt vergleichbar ist. Pablo bestellt sein erstes Chatschapuri, es sollte nicht das letzte bleiben. Das ist ein mit Käse überbackenes Fladenbrot. Es gibt viele verschiedene Rezepte für Chatschapuri, einmal schmeckt es fast wie Pizza, einmal sind sie klein, eher für die Zwischenmahlzeit gedacht. Ich esse Charcho, eine Rindfleischsuppe mit Reis.

Nach dem Essen wollen wir raus aus der Innenstadt, um uns ein schönes Plätzchen zum Schlafen zu suchen, vielleicht sogar am Meer? Als wir die Uferstraße entlangfahren, überholt uns ein alter Golf. Der Fahrer ist wie wild am Hupen und Gestikulieren, also halten wir an. Er freut sich so, dass wir aus Deutschland kommen, er selbst stammt hier aus Batumi und heißt Mindia Devadze. Mindia lebt aktuell in Polen, ist aber dabei, zu seiner Freundin nach Deutschland zu ziehen, und macht derzeit hier in seiner Heimat Urlaub. Er spricht nur recht wenig Deutsch, alle Worte, die er nicht kennt, ersetzt er durch die Formulierung »keine Problem«. Während wir reden, wartet seine Mutter im Auto. Er nennt uns einen guten Platz, an dem wir über Nacht bleiben können, und sagt, er bringe jetzt noch seine Mutter rauf in die Berge, hole etwas zu trinken und sei dann in 20 Minuten auch dort. Wir fahren an den Fuß des Turmes des georgischen Alphabets. Dieser Turm sieht aus wie eine DNS-Spirale, ist bunt beleuchtet mit ständig wechselnden Farben und steht direkt an der Uferpromenade. Die nur durch einen Aufzug zu erreichende Kuppel enthält ein Observatorium, Fernsehstudios und ein Restaurant.

Einige hundert Meter weiter steht ein Riesenrad, ebenfalls in grellen, ständig wechselnden Farben beleuchtet. Hier scheint die Flaniermeile des Ortes zu sein, aber noch ist hier nicht viel los, wir haben ja noch Nebensaison.

Wir haben es uns gerade auf einer Parkbank auf der Uferpromenade gemütlich gemacht, da kommt Mindia angebraust. Er bringt den berühmten georgischen Rotwein mit, abgefüllt in einer Plastikflasche ohne Etikett. Außerdem hat er natürlich noch irgendetwas Hochprozentiges dabei, aber da muss ich passen. Der Wein ist sehr gut, Pablo bleibt dennoch lieber beim Bier. Wir sitzen auf der Bank und schauen ins Meer. Wir haben so viel Licht hinter uns, dass das Meer wirklich schwarz wird. Aber plötzlich gibt es Gischt – schon wieder Delfine! Sie kommen auf weniger als zehn Meter an die Wasserkante, wir können ihnen sogar von hier aus eine ganze Weile zusehen. Mindia möchte uns morgen am liebsten die ganze Welt zeigen und überhaupt müssen wir viel länger bleiben. Ich möchte in drei Tagen in Tiflis sein, um meinen langjährigen Freund und Kollegen Reiner Rosenfeld zu treffen, der ebenfalls hier als »Overlander« unterwegs ist.

Erst mal verabreden wir uns für den nächsten Morgen. So, wie unser neuer Freund getankt hat, bezweifle ich, dass er morgen um zehn Uhr wie vereinbart kommt.

13. Mai, 9.30 Uhr: von Batumi nach Kutaissi

Mindia weckt uns, er hat Kaffee mitgebracht und ist selbst fit wie ein Turnschuh. Wir würden gerne erst mal irgendwo in Ruhe frühstücken, danach brauchen wir SIM-Karten. Papperlapapp, das machen wir jetzt anders, sagt Mindia. Er zeigt auf einen steilen Hügel in ganz weiter Ferne, auf dem man oben ganz klein einen Kirchturm sieht, und sagt, da fahren wir jetzt hin. Unterwegs besorgt er Frühstück. Batumi ist eine wunderschöne Stadt. An den Hängen stehen viele kleine einzelne Häuschen frei in grüner Umgebung. Wenig Plattenbauten, viel alte wunderbare Wohnstruktur. Und unten in der Stadt der völlige Kontrast, moderne Büros und veraltete Wohnhäuser. Aber wir fahren raus aus der Stadt, Richtung Norden. Und dann rechts ab rauf in die Hügel, die Straße wird so eng, dass man nur noch an einigen Stellen aneinander vorbeifahren kann. Mindia fährt … sagen wir mal … zügig-rustikal und ich stelle mal wieder fest, dass die Menschen in unterschiedlichen Ländern auch auf unterschiedliche Art und Weise scheiße fahren.

Irgendwann hält er an einer größeren Kreuzung an. Wir stehen im Zentrum eines früheren Dorfes, welches mittlerweile im Einflussbereich der Stadt liegt. Den Laden an diesem Platz betreiben Mindias Tante und Onkel, auch seine Mutter lebt hier und wir werden allen vorgestellt. Die Menschen sind unglaublich freundlich und möchten einen am liebsten gleich mit einem Essen bewirten und Alkohol trinken. Es gibt erst mal Kaffee, Obst und Gebäck. In Georgien wird viel Kaffee getrunken. Mindia plaudert ein wenig mit seinen Verwandten und ich beobachte fasziniert einen

Hund, der ganz entspannt mitten auf der Kreuzung schläft. Als ein Auto kommt und hupt, steht er erst nach dem zweiten Hupen auf, macht Platz und … tapert an die gleiche Stelle zurück, um weiterzuschlafen. Andere Länder – andere Sitten.

Wir fahren dann immer weiter bergauf bis auf die Spitze des Hügels auf 400 Meter Höhe. Oben ist ein Parkplatz, man läuft dann zu Fuß weiter. Weiter oben gibt es eine Einlasskontrolle. Kaum zu glauben, das hier ist ein christliches Kloster, genauer gesagt eine orthodoxe Kirche, aber Frauen müssen Kopftücher anlegen. Wer selbst keins dabeihat, bekommt eines zur Verfügung gestellt.

Wo wir gerade dabei sind: Drei Viertel der Bevölkerung Georgiens gehören der georgisch-orthodoxen Apostelkirche an, sie haben einen eigenen Patriarchen, elf Prozent sind Moslems, vier Prozent Katholiken, außerdem gibt es ein paar Protestanten und Juden.

Der Ort ist wunderschön. Man sieht runter Richtung Süden auf die Stadt Batumi und bei klarem Wetter, so wie heute, weit die Südküste runter bis zur Türkei. Zwischen den Gebäuden der Kapelle und daneben in den Wäldern erkennt man Ruinen von militärischen Befestigungsanlagen aus Beton. Die wurden im Zweiten Weltkrieg von der Roten Armee angelegt und sollten gegen die drohende Invasion deutscher Truppen, wie es sie im ersten Weltkrieg gab, schützen. Die Deutschen wollten auf diesem Weg an die Ölfelder von Baku kommen, haben das aber, genau wie im Ersten Weltkrieg, nie geschafft.

Endlich sind die Temperaturen frühlingshaft. Alles blüht und wächst und man hört den Kuckuck rufen. Auf Georgisch heißt er Guguli, erklärt Mindia und mir gefällt dieses Wort sofort.

Nun fahren wir runter ans Meer, um frischen Fisch zu essen. Der ist nicht ganz billig, aber extrem lecker. Sie machen auch leckere Estragonlimonade hier, aber leider immer viel zu süß. Nach dem Essen fahren wir in die Stadt und Mindia hilft uns, eine SIM-Karte zu kaufen und zeigt uns noch einige Sehenswürdigkeiten. Seine Gastfreundschaft ist wirklich bemerkenswert und für uns außerdem eine große Hilfe am ersten Tag in diesem für uns beide fremden Land.

Dann brechen wir auf: Zuerst geht es an der Küste entlang Richtung Norden bis Kobuleti. Das ist ein lang gezogener Urlaubsort am Meer. Es gibt einen großen Vergnügungspark, der aber noch geschlossen hat, da Anfang Mai noch keine Saison ist. Man kann bis zum Strand fahren und Pablo nimmt ein kühles Bad im 16 Grad kalten Schwarzen Meer.

Die Straßen sind übrigens sehr viel besser als in der Ukraine. Es ist allerdings auch etwas mehr Verkehr. Der öffentliche Verkehr wird größtenteils über Marschrutkas organisiert. Das sind Kleinbusse, die privat betrieben werden und deren Fahrer daher daran interessiert sind, möglichst viele Leute mitzunehmen. Dieses Transportmittel gibt es in den allermeisten ehemaligen Sowjetrepubliken. In dem Wort Marschrutka steckt das deutsche Wort Marschroute.

Es gibt im Russischen übrigens nicht wenige deutsche Worte wie zum Beispiel Butterbrot, Schlagbaum, Schlagstock und Buchhalter. Wo wir gerade von Russen reden: Das Verhältnis zwischen Georgien und Russland ist durch den Konflikt um Abchasien und Südossetien immer noch zerrüttet. Das hält jedoch einerseits Russen nicht davon ab, nach Georgien in den Urlaub zu fahren, und andererseits hält es die Georgier nicht davon ab, diese Russen als zahlende Gäste willkommen zu heißen.

Kurz nach Kobuleti verlassen wir die Provinz Adscharien und fahren ein kurzes Stück durch die Region Swanetien, bevor wir nach Imeretien kommen. Es ist zwar nervig, aber in Georgien kommt man nicht umhin, die Namen der ganzen Provinzen zu lernen. Denn sowohl die Einheimischen als auch die Reiseführer nennen oft eher den Namen einer Provinz als den einer Stadt.

Man sieht hier an den PKW fast nur georgische Kennzeichen, einige wenige PKW haben russische Kennzeichen. Bei den LKW gibt es außer den georgischen noch jede Menge türkische Kennzeichen. Und zwar nicht nur aus der Osttürkei, sondern auch aus dem 1 300 Kilometer entfernten Istanbul. Westeuropäische Kennzeichen sind hingegen so gut wie gar nicht mehr zu sehen.

Auf der Gegenfahrbahn sehen wir eine LKW-Kontrolle, es sollte die einzige bleiben auf der gesamten Tour. Die Polizei zieht nur die LKW mit den türkischen Kennzeichen raus. Das erinnert mich an Spanien, da hält die Guardia Civil oft auch nur die LKW mit ausländischen Kennzeichen an.

Unseren nächsten Halt machen wir in Kutaissi, denn dort gibt es eine gute Fußballmannschaft und wir haben eine Mission: Der Pfarrer aus dem Dorf, in dem Pablo wohnt, ist Fußballfan und hat ihm Geld und die Bitte mitgegeben, möglichst T-Shirts von Fußballmannschaften von unterwegs zu kaufen. Eins haben wir bereits aus Kiew, es war einer der Gründe, warum wir zu dem Fußballspiel wollten. Wir müssen aber leider feststellen, dass es im ganzen Ort keine Fan-T-Shirts von Dynamo Kutaissi, sondern nur welche von Manchester und Barcelona mit Messi und noch mal Messi gibt.

Wir möchten einige Kilometer oberhalb von der Stadt eine große Höhle besichtigen. Heute ist es schon zu spät, aber wir wollen schon mal in die Richtung fahren, bis wir aus der Stadt raus sind und möglichst noch im Hellen einen Schlafplatz finden. Nachdem wir einen wunderschönen Platz ausfindig gemacht haben, fahren wir noch mal runter in die Stadt, etwas essen, und kaufen dann noch kaltes Bier zum Mitnehmen. Die Bedienung und zwei ihrer Freundinnen drucksen ein wenig herum und rücken dann raus damit, dass sie sich das WoMo gerne mal von innen ansehen würden. Seitdem ist Emma meine Facebook-Freundin.

Die Wahl unseres Schlafplatzes sollte sich als sehr gut herausstellen, es war einer der schönsten auf der gesamten Reise. Denn die ganze Nacht gab es einen Gesangswettbewerb von Nachtigallen aus verschiedenen Richtungen. Erstaunlich, wie laut die sind und wie vielfältig ihr Repertoire ist. Es ist zwar Lärm, aber wie Wellenrauschen eine Art von Lärm, die einen wunderbar schlafen lässt.

Nachts wache ich auf, weil Autoscheinwerfer über den Platz leuchten. Ich wanke in Unterhose zur Tür, daneben steht ein Polizeiauto. Der Polizist ruft mir aus dem Auto etwas zu. Ich antworte, tut mir leid, ich verstehe Ihre Sprache nicht. Die Antwort scheint ihm zu genügen, denn er grüßt kurz und fährt wieder. Lustige Kontrolle …

14. Mai: von Kutaissi nach Tiflis

In dem Naturschutzgebiet, welches wir heute Vormittag besichtigen, gibt es neben einer Tropfsteinhöhle noch eine weitere Attraktion, die wir zuerst besichtigen. Man hat hier Versteinerungen von Dinosauriern gefunden, unter anderem Fußstapfen. Dann steigen wir runter in eine Höhle und gehen über einen Pfad ziemlich weit in den Berg hinein. Die Tropfsteinhöhle ist dezent ausgeleuchtet, es ist recht kühl hier tief unten im Berg. Weiter oben am Berg ist ein Aussichtspunkt. Von dort kann man zwei schneebedeckte Gebirgsketten sehen, eine im Süden, der kleine Kaukasus, und eine im Norden, der große Kaukasus.

Da wir uns mit Reiner in der Nähe des Flughafens von Tiflis treffen wollen und ich nicht die ganze Stadt durchqueren möchte, nutzen wir die weiträumige Umgehungsstraße. Die ist allerdings über längere Strecken Baustelle und nur Schotterpiste.

Mir fällt auf, wie viele Polizeistreifen hier unterwegs sind. Das fällt doppelt auf, weil sie alle immer mit eingeschaltetem Blau (und Rot)-Licht herumfahren. Was machen die eigentlich, wenn sie es mal eilig haben? – Deren Lightshow nimmt doch gar niemand mehr ernst.

Und noch etwas anderes fällt auf: Die allermeisten Gasleitungen zu den Häusern sind oberirdisch verlegt. Vor den Hauseinfahrten machen die Leitungen einen Schlenker nach oben, damit Fahrzeuge drunter durch auf die Grundstücke fahren können. Die oberirdischen Gasleitungen sind gefährlicher, aber gleichzeitig wesentlich leichter zu warten. Man findet sie noch in den allermeisten postsowjetischen Gebieten.

Wir treffen uns mit Reiner am Ende des autobahnähnlichen Zubringers zum Flughafen, das Terminalgebäude ist nur wenige hundert Meter weiter. Nach einer kurzen Begrüßung folgen wir ihm. Er überquert den Zubringer und fährt dahinter einen kleinen Hügel hoch, dann eine Senke, drei Kurven und schon stehen wir mitten auf einer idyllischen Wiese, auf der tausend Blumen blühen. Zu Fuß wäre man von hier in 20 Minuten am Abfertigungsschalter. Solche Plätze findet man mit der App IOverlander oder wenn man erfahrene Overlander wie Reiner kennt.

Reiner ist Dozent und Fachjournalist und schreibt unter anderem gelegentlich für die Zeitschrift *Trucker*. Auch jetzt ist er wieder auf Recherchetour.

Er zeigt uns eine Menge Sachen an unserem Auto, welcher Schalter wofür ist und welche Leitung wohin führt und so weiter. Wir hatten ja bisher kaum Zeit, uns damit zu befassen, außerdem war es bisher immer zu kalt. Reiner hat drei Bücher geschrieben mit Tipps, die den Alltag von LKW-Fahrern erleichtern. Aber heute lerne ich, dass er auch ein paar coole Tipps für Overlander auf Lager hat. Zum Beispiel gute Verstecke am und im Auto. Dort sollte man auch einen dritten Schlüsselbund verstecken.

Und dann werden die Camping-Möbel eingeweiht, die wir gratis mit dem alten Auto dazubekommen haben. Es gibt die ersten Nudeln vom Gas-Kocher, eigentlich fehlt nur noch das Lagerfeuer. Das wäre jetzt nicht verkehrt, denn es weht ein unangenehm kühler Wind. Das sollte das letzte Mal Frieren sein für die nächsten zwei Monate.

15. bis 17. Mai: Tiflis

Da wir gestern unseren Herd eingeweiht haben, kann ich mir heute den ersten Kaffee im Auto selbst kochen. Beim Frühstück beobachte ich einen Specht. Er sieht fast aus wie unsere Buntspechte und stellt sich als Blutspecht heraus.

Wir stehen ja mitten auf einer Wiese. Immer wenn Leute den Weg neben der Wiese entlangfahren, grüßen sie freundlich.

Über seinen Georgisch sprechenden Begleiter hat Reiner für uns eine Hinterhofwerkstatt gefunden, die auf alte Transits spezialisiert ist. Das Auto macht links vorne immer ein fieses Geräusch, wenn es beim Federn runter- und wieder raufgeht.

Es herrscht krasser Verkehr auf unserem Weg in die Stadt rein. Wir machen insgesamt fast zweieinhalb Stunden beim Stau mit. Während der Schrauber nach dem Auto guckt, gehen wir in der Stadt spazieren. Zuerst finden wir einen großen Basar, da lassen wir einen dritten Schlüsselbund für das Auto anfertigen. Da der Handwerker nicht genau den richtigen Rohling da hat, arbeitet er fast eine halbe Stunde an dem Knochen rum. Das kostet mich letztlich drei Euro und der Schlüssel passt. Dann gehen wir beide zum Friseur. Auf dem Weg zurück zur Werkstatt werden wir Zeugen eines klassischen Abbiege-Unfalls. Ein LKW will rechts abbiegen an einer Ampelkreuzung. Dafür benötigt er beide Rechtsabbiegerspuren. Der Fahrer eines Kleinwagens will das nicht einsehen und versucht, rechts daran vorbeizuflitzen, was jedoch mit einem ziemlich unschönen Geräusch beendet wird. Würde ich die Landessprache beherrschen und die Verhältnisse besser kennen, dann würde ich mich einmischen.

Der Schrauber sagt, er habe das Geräusch gefunden, das sei aber nicht schlimm, damit könne ich weiterfahren. Genauer kann das auch der Übersetzer wegen der Sprachprobleme nicht erklären. Für seinen Aufwand hätte er gerne zehn Euro, das ist mehr als fair.

Wir fahren das Auto nur etwa 300 Meter weiter zu einem Parkplatz, mit dem Stadtverkehr hier will ich so wenig wie möglich zu tun haben.

Wir fahren lieber mit der Metro in die Altstadt und laufen dort viele Kilometer herum. Zum Beispiel zu den berühmten Schwefelbädern von Abanotubani, ich lasse mir einen Termin für die nächsten Tage geben. Hier in diesem Viertel sieht man fast so viel Touristenrummel wie in Wien und Budapest. Dementsprechend kostet einiges hier auch ein Vielfaches von dem, was man anderswo in Georgien dafür bezahlen müsste.

Als eine Gruppe georgische Straßenmusik macht, finden sich sofort junge Leute, die dazu tanzen. Dazu fällt mir eine alte georgische Legende ein, die ich in meinem Reiseführer gelesen habe:

Als Gott einst den Menschen Land gab, kamen die Georgier zu spät. Doch sie klagten nicht, sondern begannen zu singen und zu tanzen. Das gefiel Gott: Er gab ihnen das Land, das er eigentlich für sich vorgesehen hatte.

Nach einem leckeren georgischen Essen besuchen wir abends wieder ein Fußballspiel, ein echtes Lokalderby: Dynamo Tiflis gegen Lokomotive Tiflis. In dem 55 000 Zuschauer fassenden Stadion sind einige hundert Leute, so was hab ich noch nie gesehen. Unter den wachsamen Augen eines Ordners drängen sich in der Fanecke 23 Ultras. Das Spiel endet 1:3 für den Außenseiter Lokomotive. Bis wir mit der Metro und zu Fuß wieder bei unserem Auto sind, ist es 23.30 Uhr. Ich hoffe um diese Uhrzeit auf etwas weniger Verkehr auf der Rückfahrt zu unserem Übernachtungsplatz am Flughafen. Und tatsächlich brauchen wir jetzt nur 20 Minuten zurück statt den zweieinhalb Stunden, die wir heute Morgen gebraucht haben.

An beiden nächsten Tagen fahren wir nur in Richtung Stadt bis zur ersten S-Bahn-Haltestelle und lassen das Fahrzeug dort stehen. Wir besichtigen die Altstadt, fahren Metro, bewundern die vielen

Denkmal für den georgischen Regisseur Giorgi Danelia und seinen im damaligen Ostblock preisgekrönten Film »Mimino« von 1977

Bronzeplastiken und Skulpturen sowie Street Art im öffentlichen Raum und die Musik von Straßenkünstlern.

Es gibt aber auch Bettler und alte, ärmlich gekleidete Menschen, die in Mülltonnen wühlen. Der Kontrast zwischen (sehr) Arm und (sehr) Reich ist genauso auffällig wie in der Ukraine.

Mit einer Seilbahn kann man für ganze zwei Lari (60 Cent) hochfahren zur Nariqala-Festung. Man hat von dort aus einen wunderbaren Blick auf die Stadt und kann schöne Spaziergänge unternehmen. Auch eine Mutprobe gibt es hier für mich zu bestehen, denn wir rasen nebeneinander an Zip-Lines einen Teil der Strecke wieder runter.

Pablo nutzt auch noch die alte Standseilbahn (etwas Ähnliches wie eine Zahnradbahn), um auf den Hausberg von Tiflis, den Mtazminda, zu gelangen, während ich mir das Schwefelbad (gut, aber teuer) und eine weitere Estragonlimo gönne.

Vor dem georgischen Parlament stehen einige Zelte, in denen Hungerstreikende sitzen. Das ist aber auch das Einzige, was wir über sie rauskriegen können, wir wissen nicht, wofür oder wogegen sich der Protest richtet. Es gibt viele Pappschilder mit sehr langen Texten in für uns unverständlichen Sprachen und niemand hier spricht Englisch.

An einer Kreuzung gibt es ein großes Verkehrschaos, weil ein Bus mit Achsbruch liegen geblieben ist. Das Fabrikat ist ein ukrainischer Bogdan, eine Lizenzproduktion von Isuzu. An einer weiteren Kreuzung versucht ein LKW, rückwärts in eine Baustelleneinfahrt zu rangieren. Es geht nicht, weil ungeduldige Autofahrer immer wieder auf allen Seiten neben vor und hinter ihm vorbei rangieren wollen. Drei Uniformierte sehen zu und lachen sich ins Fäustchen. Manche Situationen können eben überall in der Welt passieren. Ich lotse den Kollegen in die Einfahrt, dafür braucht man auch nicht die gleiche Sprache zu sprechen.

In Tiflis gibt es definitiv zu viel Verkehr. Auf den großen Straßen fließt der Verkehr tagsüber so gut wie nie, man ist immer nur im mobilen Stau unterwegs. Es geht so zäh voran, dass nicht einmal drängeln etwas bringen würde. Und dabei hat die Stadt ein Netz von U-Bahnen, S-Bahnen und Bussen. Polizeiautos fahren auch hier grundsätzlich mit Blaulicht.

Es gibt hier auffällig viele Kaffeegeschäfte. Dort sind jeweils mehrere Dutzend verschiedene Kaffeesorten im Angebot. Fast alle Lebensmittel in Georgien sind preiswerter als bei uns, auf den Kaffee trifft das aber nicht zu.

Wir treffen den Schweizer Künstler Daniel Spehr aus Basel. Er war 1993 hier, ein Jahr nach dem blutigen Bürgerkrieg um Südossetien. In einer Ausstellung zeigt er heute noch mal die Fotos von damals plus aktuelle Fotos von den gleichen Orten heute. Ich besuche seine Ausstellung und bin überrascht, wie viele junge Besucher sich für die alten Fotos interessieren.

Am 17. Mai sperrt die Polizei nachmittags große Teile der Innenstadt ab. Da auch Polizisten mit Kampfstramplern und Schilden dabei sind, vermuten wir eine Demo. Ist es aber nicht, hinterher stellt sich raus, dass eine Prozession vorbeikommt. »Family day«, erklärt mir jemand, aber Genaueres kann ich nicht rauskriegen. Natürlich bleibt alles friedlich, keine Ahnung, was die Kampfpolizisten da befürchtet hatten.

18. Mai: von Tiflis nach Uplisziche

Heute ist das Wetter durchwachsen und regnerisch. Wir nehmen Abschied von unserem schönen Übernachtungsplatz in der Nähe des Flughafens. Der Tag beginnt gleich mit einer guten Tat, denn wir können Transitfahrerkollegen mit Werkzeug aushelfen, die mit einer Panne liegen geblieben sind.

In den letzten Tagen hatten wir im Vorbeifahren gesehen, dass nur zwei, drei Kilometer von unserem Übernachtungsplatz entfernt ein großes Lager der österreichischen Spedition Gebrüder Weiss steht. Dort möchte ich nach einem Kostenvoranschlag für den Rücktransport unseres Fort Transits aus Fernost im November fragen. Der Pförtner will uns nicht reinlassen. Es gibt Sprachprobleme, unsere Pässe werden kopiert und Formulare ausgefüllt. Im Office spricht niemand Deutsch (nein, auch kein Österreichisch), aber als ich auf Englisch sagte, dass ich die letzten Jahre bei Timo-Com gearbeitet habe, hellen sich die Mienen auf, die würden sie auch manchmal nutzen. Die Anfrage hat nur ergeben, dass es günstiger wird, vor Ort jemand zu suchen.

Heute haben wir nur 120 Kilometer zu fahren. Es geht ein ganzes Stück zurück, wieder die Umgehungsstraße oberhalb von Tiflis, dann ein kleines Stück Autobahn Richtung Batumi und runter bei der Ausfahrt Gori. Dort suche ich noch mal eine Werkstatt auf, weil mir dieses Geräusch im Fahrwerk immer noch keine Ruhe lässt. Der Schrauber setzt das Fahrzeug auf die Grube, schraubt das Rad ab, holt mehrere Kollegen zu Rat und sie fällen das gleiche Urteil: Macht nix – weiterfahren! Okay, ich hab's kapiert. Die Schrauber wollen absolut kein Geld haben, obwohl sie bestimmt eine halbe Stunde beschäftigt waren. Ich bin froh, dass wir ihnen wenigstens kaltes Bier und Spielzeug für ihre Kinder geben können.

Wir fahren noch 20 Kilometer weiter bis nach Uplisziche. Hier gibt es Höhlen, die Region wird schon seit der Bronzezeit von Menschen besiedelt. Die Festungsstadt stammt laut Wikipedia aus dem

Georgisches Quad, Modell Fred Feuerstein

6. Jahrhundert vor unserer Zeitrechnung, in unserem Reiseführer (Reise Know-how) steht sogar aus dem 16. Jahrhundert. Sie entwickelte sich zu einem Handelszentrum an der Seidenstraße mit rund 5000 Einwohnern. Die älteste erhaltene schriftliche Erwähnung stammt aus dem 1. Jahrhundert. Versuche, Uplisziche zu erobern, schlugen immer wieder fehl, erst im 13. Jahrhundert nach unserer Zeitrechnung gelang es dem Mongolenherrscher Ögedei Khan, die Stadt einzunehmen und zu zerstören.

Wir finden einen traumhaft schönen Übernachtungsplatz direkt an einem Fluss und mit einem Restaurant in weniger als zehn Minuten fußläufiger Entfernung, was will man mehr.

Aber wir haben großes Glück, der Tag ist noch nicht zu Ende. Denn heute ist Museumstag bei den Höhlen mit Programm bis Mitternacht, der Eintritt ist ausnahmsweise frei für alle. Erst gibt es ein Jazz-Konzert in einem kleinen Amphitheater. Danach soll es ein Kinderprogramm geben, aber weiter oben in den Felsen. Das wäre in Westeuropa nie möglich, hunderte von Zuschauern kraxeln jetzt im Dunkeln ohne jede Beleuchtung auf verschiedenen Wegen und querfeldein den Berg rauf. Der nächste Aufführungsort ist zwar schlecht zu erreichen, aber gut geeignet für die Aufführung, denn es gibt Schattenspiele, vorgeführt von einer Handvoll Menschen mit den Händen und Unterarmen hinter einer Leinwand. Ich finde die Präsentation zwar sehr gut, aber leider überhaupt nicht kindgerecht.

19. Mai: von Uplisziche nach Gori

In der Kneipe haben sie gestern Abend gesagt, sie öffnen heute um zehn Uhr. Damit war allerdings georgische zehn Uhr gemeint, denn um zehn Uhr ist da noch alles dicht, macht nichts, Kaffee kann ich jetzt auch im WoMo kochen, also erst mal die Höhlen besichtigen. Während gestern fast nur Einheimische hier waren, wimmelt es heute von Russen, Chinesen und westeuropäischen Touristen, die in fein säuberlich voneinander getrennten Busladungen ankommen. Obwohl die Anlage von den Mongolen zerstört wurde und der Zahn der Zeit weitere Arbeit geleistet hat, kann man noch Spuren der alten Festungsstadt sehen. Mit viel Fantasie kann man es sich auch vorstellen, wenn die Reiseführer erklären, hier sei die Apotheke gewesen und dort erkennt man die Ruinen eines Theaters. Deutlich zu erkennen sind die Überreste eines alten Wassersystems der Festungsstadt.

Wenige Meter neben den Touristen genießen unbemerkt zahlreiche große Eidechsen die Frühlingssonne. Sie sind etwas größer als die, die wir aus unseren Gefilden oder den Mittelmeerländern kennen. Ich beobachte ein Wiedehopf-Pärchen, das seine Jungen füttert, die in einem Nest unter dem Dach der alten orthodoxen Kapelle aufwachsen, die oben auf dem Berg steht. Ich bin überrascht, wie groß diese Vögel sind, in Deutschland habe ich noch nie einen zu Gesicht bekommen. Es sollten nicht die letzten sein, heute und in den nächsten Tagen werde ich noch mehr Wiedehopfe sehen.

Dann fahren wir zurück nach Gori und gehen dort ins Museum. Gori ist die Geburtsstadt von Iosseb Bessarionis dse Dschughaschwili, Kampfname seit 1912: Stalin. Es ist kaum zu glauben, aber in Georgien und ganz besonders hier in Gori wird Stalin nach wie vor verehrt, es gibt noch (oder wieder) einen regelrechten Stalin-Kult. Man räumt zwar ein, dass es in seiner Regierungszeit viel Repression und Kontrolle gab, schreibt das aber einfach anderen politischen Kräften zu. Nach dem gleichen Muster schwurbelten ja in Deutschland viele Hitlerfans während und auch noch lange nach der Nazizeit herum. Dass Geheimdienstchef Lawrenti Beria ebenfalls aus Georgien stammte, davon will man heute nichts mehr wissen, der ist in Ungnade gefallen.

Um Stalins Geburtshaus wurde ein tempelartiges Gebäude errichtet und direkt daneben ein großes Museum. Dorthin wurde Stalins Arbeitszimmer aus dem Kreml rübergebeamt. Neben dem Museum steht sein gepanzerter Eisenbahnwagon. Ich bin überrascht, wie wenig luxuriös dieser eingerichtet ist.

Rund um das Museum gibt es Restaurants, Souvenirläden und eine Touristeninformation. Ich kaufe mir für wenig Geld ein Stalin-T-Shirt und ziehe es gleich an. Ich weiß gar nicht, ob oder wo ich es nach dem heutigen Tag jemals noch mal tragen kann, ohne Ärger zu kriegen.

Die freundliche Mitarbeiterin im Büro der Touristeninformation spricht sehr gut Deutsch. Das hilft aber gerade nicht weiter, da vor ihr ein Amerikaner steht, und Englisch spricht sie sehr wenig. Ich biete an zu übersetzen, da wendet er sich auch schon an mich. Er stellt sich als David Segal von der *New York Times* vor und kann es kaum fassen, dass Stalin hier verehrt wird.

Während ich diese Zeilen für das Buch niederschreibe, fällt mir diese Episode überhaupt erst wieder ein und ich sehe mal bei Tante Google nach, ob in der *New York Times* in der Zeit ein Artikel über Stalin in Gori erschienen ist. Ergebnis: Ja, der Artikel ist elf Tage später erschienen. Immerhin ist mein Name auch richtig geschrieben, aber ich werde falsch zitiert (und das T-Shirt wird verschwiegen, aber das ist ja vielleicht auch gut so). Na ja, immerhin habe ich es dank Stalin jetzt geschafft, von einem Pulitzer-Preisträger in der *New York Times* zitiert zu werden.

Von Gori fahren wir etwa 30 Kilometer zurück Richtung Tiflis und biegen dann links ab Richtung Norden, Richtung großer Kaukasus. Wir müssen diesen Schlenker machen, um Südossetien zu umfahren. Diese Provinz gehört zwar völkerrechtlich zu Georgien, ist aber – genau wie Abchasien – von prorussischen Kräften besetzt und hat sich für unabhängig erklärt. Zwischen Georgien und diesen beiden Provinzen gibt es keine Straßenverbindungen, die Grenzen sind gesperrt.

Irgendwo an der Landstraße gehen wir wieder sehr gut Georgisch essen. Chatschapuri gibt es wieder in sehr vielen unterschiedlichen Sorten. Ich esse Tschanachi, einen Hammeleintopf mit Auberginen. Jeden Tag werden uns neue Gerichte gezeigt und georgische Namen dafür genannt, diese Küche ist äußerst vielfältig.

Die Kilometerangabe nach Sochumi stimmt zwar, aber die direkte Verbindung zur Hauptstadt Abchasiens ist gekappt.

Wir fahren nach dem Essen noch ein Stündchen Richtung Norden, möchten aber nicht mehr allzu weit, da es bald in größere Höhenlagen geht, was eine kalte Nacht bedeuten könnte. Wir halten unterhalb an einem Dorf am Rande eines schönen Stausees. Bei einem Abendspaziergang sehe ich, dass die unteren Häuser des Dorfes leer stehen, der Stausee soll wohl noch weiter volllaufen. Aber nicht mehr heute Nacht, wir können recht nah ans Ufer fahren. Einige hundert Meter weiter steht ein anderes Fahrzeug von Overlandern. Als ich vorbeigehe, grüßen sie nicht, ich höre aber, dass es Deutsche sind. Sie sind mit einem russischen UAZ 452 unterwegs, im russischen Volksmund wird dieser Bulli wegen seines Aussehens auch Buchanka, Kastenbrot, genannt. Im Vorbeigehen sehe ich ein Logo auf der Tür, overlando.com. Die vermieten diese Kastenbrote für Georgien-Urlaube.

Abends bekommen wir Besuch von einigen Hunden am Auto. Aber die sind sehr angenehm in Georgien. Es scheint generell wenig Straßenhunde zu geben. Die Hunde, die zu uns kommen, haben immer einen Knopf im Ohr, sehen gepflegt und gut genährt aus. Das hält sie natürlich nicht davon ab, bei uns noch so viel an Futter zu schnorren wie möglich.

Genau über uns thront die mittelalterliche Ananuri Burg, denn schon damals führte hier der wichtigste Handelsweg über den Kaukasus entlang.

20. Mai: über die Heerstraße nach Tiflis

Wir möchten heute über die berühmte Heerstraße hoch in den Kaukasus fahren, wie weit, wissen wir noch nicht. Sie war Teil der alten Seidenstraße und führt von Tiflis bis nach Wladikawkas, der Hauptstadt von Nord-Ossetien. Überlieferungen dieser alten Karawanenstraße reichen zurück bis ins 1. Jahrhundert vor unserer Zeitrechnung. Der Anschluss Georgiens an das russische Zarenreich 1783 war der Anlass, diese Straße auszubauen, denn Soldaten brauchten damals einen ganzen Monat für die Strecke. 1799 wurde die Straße zur Heerstraße ernannt und der Ausbau intensiviert; die Arbeiten konnten dennoch erst 1863 abgeschlossen werden. Ironie der Geschichte: Mit der Fertigstellung der Eisenbahnlinie Tiflis – Baku, genau 20 Jahre später, verlor die Heerstraße einen großen Teil ihrer Bedeutung. Den Kaukasus kann man viel einfacher und besser über das Kaspische Meer umgehen, als ihn auf der Heerstraße zu überqueren.

Wir fahren weiter diese abenteuerliche Straße rauf, man kann sich ausmalen, was für eine schwere Arbeit der Bau im vorletzten Jahrhundert gewesen sein muss. Wir kommen immer höher, es wird kühler und bald sind die ersten Placken Schnee neben der Straße. Die Reklameschilder am Straßenrand werden mehr, größer und bunter, wir nähern uns Gudauri. Es gibt sechs große Skigebiete in Georgien, Gudauri ist das größte und höchste. Es gibt bereits einige große Hotels hier, aber wohin man auch guckt, werden mehr gebaut, hier ist Boomtown. Letztes Jahr gab es einen Unfall mit einem Sessellift, doch die Menschen in Gudauri haben doppelt Glück gehabt: Ein Sessellift an der Talstation war außer Kontrolle geraten, ich meine, man kann sie im Vorbeifahren sogar von der Straße aus sehen. Zum einen kam laut Presseberichten niemand bei dem Unfall ums Leben, es gab »nur« zehn Verletzte und niemand trug bleibende Schäden davon. Es gingen seinerzeit mehrere Videos von diesem Unfall millionenfach im Netz herum. Ich wette, auch einige Leserinnen und Leser dieses Buches können sich an den außer Kontrolle geratenen Sessellift erinnern, und das war das zweite Glück: Sogar hierzulande erinnern sich zwar noch viele an die Videos von diesem Unfall, aber niemand bringt diesen Unfall mit dem Ortsnamen Gudauri in Verbindung.

Hinter dem Ort kommt auf der Linken ein großer Parkplatz und ein genauso großes Denkmal noch aus Zeiten der Sowjetunion. Hier ist eine Menge los, aber das sehen wir uns auf dem Rückweg an.

Jetzt sind wir auf einem Bergsattel angelangt, es geht kaum noch weiter rauf. Mittlerweile sind alle Flächen weiß. Es blendet und ich bin froh, dass ich meine gute Sonnenbrille dabeihabe. Wenige Kilometer nach Gudauri ist die Passhöhe, zugleich auch die Wasserscheide zwischen Nord und Süd. Die Straße führt mehr oder weniger auf gleicher Höhe, dann kommt man in einem neuen Flusstal an. Das Flusstal des Terek macht hier eine der Passstraße »entgegenkommende« Kurve, darum hat man diesen Pfad vor Jahrtausenden vermutlich für die Route ausgesucht.

Jetzt geht es wieder runter, aber wir wollen ja nicht nach Russland. Das müssten wir alles auch wieder hoch, darum beschließen wir umzukehren. Wo wir gerade von der Grenze reden: Auf dem letzten Stück seit dem Denkmal blieben die Busse und der Verkehr nach Gudauri aus, hier gibt es nur noch Fahrzeuge, die in die 1300-Seelen-Gemeinde Stepanzminda wollen oder nach Russland. Und das sind überraschend viele. LKW und PKW mit Kennzeichen aus Georgien und Russland, LKW auch aus Armenien, Kasachstan, dem Iran, dem fernen Weißrussland und viele aus der Türkei. Man sieht nicht nur neue und abgehalfterte LKW aus Westeuropa, sondern auch die ersten chinesischen Fabrikate.

Besonders für Armenien ist diese Straße wichtig, geradezu überlebenswichtig, denn es ist für Armenien die einzige Straßenverbindung nach Russland. Wegen des Konflikts um Nagorny-Karabach sind die Grenzen nach Aserbaidschan und in die Türkei geschlossen. Das Land ohne Zugang zum Meer kann also nur die Grenzen in den Iran und nach Georgien nutzen, Georgien wiederum hat wegen des Konflikts um Südossetien und Abchasien nur diese eine einzige offene Grenze nach Russland.

An der georgischen Grenze bietet sich die gleiche bizarre Situation wie in der Ukraine: An einigen Stellen der Grenze zu Russland liegen sie sich quasi mit Messern zwischen den Zähnen im Gelände gegenüber und schießen gelegentlich aufeinander, an der anderen Stelle gibt es einen geregelten Grenzübergang, damit Leute auf beiden Seiten Geld verdienen oder sich gegenseitig besuchen können. Diese Straße hier führt parallel zur Grenze nach Südossetien, das beginnt wenige Kilometer links von uns und ist bis heute ein besetztes Land. 20 Kilometer vor uns liegt die russische Grenze, bis nach Wladikawkas sind es von hier nur noch 60 Kilometer.

Die Passhöhe, der Kreuzpass, liegt auf 2 390 Meter. Hier liegt flächendeckend Schnee, alles ist weiß, wir sind oberhalb der Baumgrenze. Es gibt einen kleinen Friedhof hier oben. Dort liegen deutsche Kriegsgefangene, die beim Ausbessern dieser Passstraße gestorben sind.

Wir frieren ein wenig in der Gegend herum und beschließen uns auf den Rückweg zu machen. Bei dem großen Denkmal halten wir an und besichtigen den Touristenrummel aus aller Welt. Gerade trifft eine Gruppe polnischer Motorradfahrer ein. Die Landschaft drum herum ist grandios, es erinnert stark an die Alpen.

Wir fahren aber wieder runter aus den Bergen, zurück Richtung Hauptstadt. An einem Truck Stopp auf der Umgehungsstraße halten wir zum Essen, Wäschewaschen und mal wieder warm duschen (im Auto geht es nur kalt). Als wir zum Essen ein Bier bestellen, weist uns der Wirt darauf hin, dass in Georgien die 0,0-Promillegrenze gilt. Wir haben nur noch wenige Kilometer zu unserem Übernachtungsplatz in der Nähe des Flughafens, dennoch achten wir darauf, dass der Wirt es nicht mitbekommt, dass wir wieder losfahren.

21. Mai: von Tiflis durch Rustawi

So langsam machen wir uns auf den Weg in Richtung Aserbaidschan. Am 29. Mai wollen wir in der Hauptstadt Baku sein, um das Europa-League-Finale zwischen Chelsea und Arsenal anzusehen. Südöstlich von Tiflis liegt Rustawi. Obwohl es die viertgrößte Stadt des Landes ist, erwähnt der Reiseführer sie mit keinem Wort. Schon der erste Blick auf die Stadt macht deutlich, wieso: Es gibt nur Plattenbauten und Schwerindustrie. Nach der Stadt fahren wir knapp zehn Kilometer durch eine unglaublich hässliche, stinkende Industrie-Wüste. Die Anlagen sehen total verrottet aus, scheinen aber nach wie vor in Betrieb zu sein, sonst wäre hier nicht dieser gelblich-braune Smog. Kein Wunder, dass sich in diese Gegend keine Touristen verirren.

Nachdem wir aus dem bedrückenden Industriegebiet raus sind, fahren wir in eine Geisterstadt. Aber als wir drin sind, sehen wir doch ein paar Hunde und dann auch Menschen. Hier ist der erste Ort in Georgien, in dem wir als Fremde nicht das Gefühl hatten, willkommen zu sein, im Gegenteil. Mich erinnerte die Stimmung an die Ortsschilder aus den Lucky-Luke-Comics: »Painful Gulch, 205 Einwohner und ein ausgelasteter Totengräber« oder »Fremder, hier überlebt nur, wer schnell genug schießt«.

Schnell weg hier aus dieser wenig gastfreundlichen Gegend. Wir fahren weiter Richtung Grenze, aber nicht auf der großen Straße nach Baku, sondern auf immer kleineren Straßen. Wir durchqueren das letzte Dorf und stehen auf einer großen, leicht abfallenden Wiese an einem See, durch den die Grenze verläuft. Wir fahren direkt ans Ufer, bleiben dort aber nicht lange, weil es da von Mücken wimmelt. Am oberen Ende der Wiese, etwas entfernt vom Ufer, ist es schon etwas besser. Es gibt eine reichhaltige Vogelfauna und man hört das Konzert von hunderten von Kröten im Schilf.

22. Mai: von Dawit Garedscha nach Sagarejo

Morgens grasen Kühe um unser Auto herum. Unsere Abfahrt verzögert sich ein wenig, da Pablo eine halbe Stunde einer Kuh beim

Kalben zusieht. Macht nix, wir haben es ja nicht eilig, das gefällt mir immer wieder aufs Neue. Ich beobachte Schmetterlinge, finde eine Landschildkröte und erfreue mich an knallbunten Vögeln, die Bienenfresser heißen. Wir spazieren ein wenig die Grenze entlang, sie scheint nicht besonders gut bewacht zu sein.

Dann fahren wir entlang der Grenze rauf in die Berge. Dort gibt es ein Kloster und Höhlen, die wir besichtigen möchten. Auf dem Weg finde ich die Antwort auf eine Frage, die ich mir seit Tagen stelle. Und zwar sieht man hier viele Autos herumfahren, deren Stoßstangen abgeschraubt sind, nicht als Unfallschaden zu Bruch gegangen, sondern fachkundig abgeschraubt. Selbst die Facebook-Community konnte nicht weiterhelfen. Jetzt kenne ich die Antwort: Die tun das, weil manche Pfade so schlecht sind, dass man sich die Stoßstange sonst möglicherweise abreißt, da schraubt man sie lieber vorher gleich selber ab. Das weiß ich, weil wir unsere an diesem Tag an einem schlechten Bergpfad abgerissen haben. Schmelzwasser hatte in den steil bergauf führenden Weg tiefe Furchen gegraben und an einer sind wir dann hängen geblieben. Während wir mit der provisorischen Reparatur beschäftigt sind (Draht hilft immer), kommen zwei uniformierte georgische Grenzer auf Quads vorbei und fragen freundlich, ob sie helfen können. Gemeinsam mit Pablo dirigieren sie mich dann über die zerfurchte Stelle und begleiten uns noch eine Weile. Schließlich führt der Weg einige Kilometer so gerade eben über aserbaidschanisches Territorium, daher müssen sie abdrehen, nachdem sie sich freundlich verabschiedet haben.

Nach einer Kreuzung ist der Weg wieder asphaltiert. Plötzlich läuft eine Schlange quer über den Weg. Eigentlich ist das gar keine Schlange, das Tier tut nur so. Es heißt Scheltopusik oder auch Panzerschleiche und ist in Wirklichkeit eine Echse, also sozusagen eine Fakesnake. Auf dem glatten Asphalt hat das Tier kaum noch Grip, es windet sich wie verrückt, kommt aber kaum voran.

Unser Ziel ist Dawit Garedscha (auch David Gareja geschrieben), das älteste Kloster Georgiens. Erste Besiedelungen gab es hier vor 3 000 Jahren, das Kloster selbst entstand im 6. Jahrhundert nach unserer Zeitrechnung. Direkt neben dem Kloster verläuft eine schräge Felsfläche aus Sandstein, in der hunderte von Höhlen sind, teils natürlichen Ursprungs, teils künstlich weiter in den Fels getrieben. Darin lebten jeweils Eremiten, einige wenige sind heute noch beziehungsweise wieder dort, sie kümmern sich jetzt um den Erhalt der Anlage.

Auf dem Parkplatz treffen wir zwei andere Overlander-Fahrzeuge, die unabhängig voneinander dort stehen. Das eine ist ein alter, verbeulter Range Rover, endlich mal ein Auto, das genauso angeranzt aussieht wie unseres. Das andere ist das krasse Gegenteil: ein höher gelegter nagelneuer Iveco, ausgerüstet mit allem, was gut und teuer ist, er gehört einem Rentner-Ehepaar aus der Schweiz. Das verbeulte Auto gehört einem jungen Paar aus Österreich, sie sind auf dem Rückweg aus der Mongolei. In Kirgistan hatten sie einen Unfall, das Auto hat sich überschlagen. Es wurde dann zwar dort wieder zusammengepuzzelt, aber das ungeplante Loch in der Reisekasse zwingt sie jetzt, sich wieder Richtung Heimat zu orientieren.

Es weht ein fieser kalter Wind hier oben in den Bergen und jetzt fängt es auch noch an zu nieseln. Es wird Zeit, wieder runter ins Warme zu fahren. Im ersten Dorf gibt es ein Guesthouse mit einem Restaurant, dort kehren wir ein. Bei uns am Tisch sitzt ein Schweizer, der aufzählt, wo er schon alles in der Welt gewesen ist. Hätte er aufgezählt, wo er noch nicht war, wäre das kürzer geworden. Danach zählt er auf, was hier alles nicht so gut ist wie irgendwo anders. Um es gleich vorwegzunehmen: Wir werden keine weiteren Miesepeter aus der Schweiz mehr auf der Reise treffen.

Im Nebenraum wird aufgebaut, denn heute Abend spielt hier eine Band. So lange wollen wir nicht warten, aber nach dem Essen gibt es eine andere Darbietung: Fünf Frauen präsentieren mehrstimmige georgische A-Capella-Gesänge. Klingt fremdartig, aber sehr schön, nur ist es hier oben einfach zu kalt! Wir fahren weiter runter und erleben einen atemberaubenden Sonnenuntergang einschließlich »Kaukasusglühen«.

Den idyllischen Platz am Fluss bei den Höhlen hatten wir ja durch die IOverlander-App gefunden, heute versuchen wir das wieder und suchen uns ein vielversprechendes Plätzchen aus. Ein Bio-Weingut, deren Besitzer anbieten, dass man bei ihnen auf dem Grundstück stehen und obendrein deren WLAN, Dusche und Waschmaschine benutzen darf.

Das Anwesen liegt an einem Berghang und wir haben Schwierigkeiten, es zu finden, obwohl sogar die Koordinaten angegeben sind. Wir kommen abends um halb neun an, alles ist dunkel. Das sieht hier auf den ersten Blick weniger nach einem Weingut aus, eher wie eine Hippiekommune. Nichts gegen Hippiekommunen, es sieht gemütlich aus, aber hier ist niemand. Die beiden Katzen führen uns gleich mit eindeutigen Blicken zu dem Regal, in dem ihr Katzenfutter verstaut ist, und freuen sich riesig, als wir endlich kapieren, was sie wollen. Hinterher kommen sie zum Schmusen und ich kann auch mal Katzenfotos auf Facebook posten.

Aserbaidschan

Hauptstadt: Baku
Bevölkerungszahl: 10 357 175
Fläche: 82 670 km²
Amtssprache: Aserbaidschanisch
Religionen: schiitisch-muslimisch, sunnitisch-muslimisch, jüdisch, russisch-orthodox

Währung: Manat
BIP (insg.): 45 Mrd. US-Dollar
Wichtigster Exportpartner: Italien
Wichtigster Importpartner: Russland
Warenimporte aus China: 10,4 Prozent

Unnützes Wissen: Die Zeitschrift *Auto Bild* erscheint auch in Aserbeidschan.

23. Mai: Sagarejo

Als wir am nächsten Morgen aufwachen, steht ein Auto da und man kann durchs Fenster sehen, dass jemand auf dem Bett liegt und schläft. Ich gehe noch ein wenig um das Haus herum, mache ein paar schöne stimmungsvolle Fotos von der Veranda mit Kaffeetisch, dem gestapelten Berg neuer Flaschen sowie den weniger ordentlich herumliegenden gebrauchten Flaschen, den Katzen auf dem alten Sofa und dem Blumentopf mit der Hanfpflanze. Die poste ich mitsamt Standort auf Facebook. Wir wollen gerade fahren, da meldet sich Maia auf Facebook. Sie hatte das Posting gesehen, weil ich den Namen des Weingutes genannt hatte. Sie entschuldigte sich, dass sie nicht da waren, da sei völlig in Ordnung, dass wir da standen. Und wir könnten auch gerne die Dusche nutzen, das WLAN-Passwort sei soundso. Ihre Mutter sei gestern ins Krankenhaus gekommen, jetzt sei aber klar, dass es nichts Ernstes wäre, aber darum sei ihr Liebster erst heute

Nacht wieder auf das Weingut zurückgefahren und noch tief am Schlafen. Wenn wir wollten, könnten wir auch die Waschmaschine nutzen, aber sie hätte auch eine Bitte: Hanf sei sehr verboten in Georgien, ob ich dieses Foto von dem Blumentopf vielleicht wieder aus Facebook rausnehmen könne? Natürlich mache ich das.

Wir machen uns auf den Weg ins Nachbardorf Sagarejo, um eine Werkstatt zu finden, in der wir die Stoßstange reparieren lassen können. Die Zeit nutzen wir für einen Spaziergang. Heute möchten wir nach Aserbaidschan, aber vorher genießen wir noch ein letztes Mal die äußerst leckere georgische Küche. Wir gehen zum Mittagessen in das Restaurant einer »Vineria«, eines Weingutes. Die Einrichtung der alten Villa ist so gediegen, dass ich mich da in Deutschland wegen der zu erwartenden Preise gar nicht reintrauen würde, hier ist es für unsere Verhältnisse supergünstig. Hinten im Garten stehen Tische und der Garten an sich ist ein Paradies. Wir genießen das leckere Essen und das T-Shirt-Wetter, was wir erst seit wenigen Tagen haben.

Im letzten Ort vor der Grenze namens Kesalo halten wir noch mal, um Wein und Bordschomi zu kaufen. Wein, weil der georgische Wein gut und hier im Land bestimmt am preiswertesten ist. Wer weiß, wen wir in einem der folgenden Länder mal mit einer Flasche bestechen müssen oder wem wir eine Flasche schenken möchten. Bordschomi heißt ein Ort in Georgien, aus dem das berühmteste Mineralwasser des Landes herkommt. Das Wasser, das relativ salzig und schwefelhaltig schmeckt, ist nicht nur in Georgien berühmt, sondern auch in Russland und vielen Ländern der Ex-Sowjetunion. Bordschomi-Wasser ist der Exportartikel Nummer eins des Landes. In Deutschland darf es nicht als Lebensmittel verkauft werden wegen irgendwelcher Grenzwerte, die besagen, dass zu viel Mineral im Wasser ist. Daher kostet eine Flasche von diesem Wasser aus Georgien hierzulande fast so viel wie eine Flasche Wein aus Georgien. Es ist wie bei der Sendung mit der Maus: klingt komisch, ist aber so.

In diesem Kaff zwei Kilometer vor der aserbaidschanischen Grenze werden wir sehr misstrauisch beäugt, wir fühlen uns nicht willkommen, das hatten wir bisher nie in Georgien. Man sieht, dass hier ein anderer Menschenschlag wohnt, aber ich habe keine Ahnung, welcher.

An der Grenze nach Aserbaidschan gibt es keine Schlange, auch nicht bei den LKW. Die Ausreise aus Georgien ist ganz simpel. Sie fragen wirklich auch nach dem Papier der Versicherung, gut, dass wir daran gedacht hatten.

Auf Wiedersehen, Georgien, hier hat es uns gut gefallen. Wir möchten noch mal wiederkommen.

Auf der aserbaidschanischen Seite weist uns ein Uniformierter an, in einer Spur zu warten zwischen der Abfertigung der PKW und der von den LKW. Da ist niemand, aber da sollen wir warten. Nach zehn Minuten scheucht uns ein anderer zur LKW-Spur, wieder ein anderer dann in die PKW-Spur. Die üblichen Spielchen halt, du hast keine Chance – nutze sie!

Nun muss man an verschiedene Schalter, das ist etwas stressig. Denn zum einen sagt einem niemand, wo man als Nächstes hin muss, und zweitens gibt es einige, die drängeln und einen zwingen, ebenfalls zu drängeln – das nervt. Man muss erst zur Passkontrolle, dann zu jemandem, der das Formular für die Straßensteuer ausfüllt, dann zu einem Schalter, das Geld bezahlen und dann zurück und das Formular abholen.

Während man in Georgien mit Euros ganz gut weiterkommt, braucht man in Aserbaidschan Dollars. Das wusste ich zum Glück von Fernfahrerkollegen und hatte mich eingedeckt. Die Straßengebühr zum Beispiel kann man nur in Landeswährung oder Dollar bezahlen, Euro helfen nicht weiter und einen Geldautomaten gibt es nicht. Ein französisches Ehepaar hat nur Euro dabei, ich biete ihnen an, die paar Dollar zu wechseln. Die beiden bekommen Streit miteinander, denn er will nicht akzeptieren, dass man vier Euro mehr bezahlt, wenn man in Dollar bezahlt. Ein oder zwei Kilometer weiter sei ein Geldautomat, da will er jetzt hinstapfen, sie hingegen hält das nur für die zweitbeste Lösung. Der zweite Teil der Grenze war zwar jetzt ein klein wenig stressiger und alles zusammen hat keine halbe Stunde gedauert.

Willkommen in Aserbaidschan! Anscheinend liebt man in diesem Land riesige Flaggen. Die überlebensgroßen Bilder, die man allenthalben sieht, sind nicht vom Staatschef İlham Əliyev (Ilcham Alijew), sondern von dessen Vater Heydər Əliyev. An der Schreibweise der Namen kann man übrigens sehen, dass es hier in Aserbaidschan eine völlig andere Schrift gibt als in Georgien. Die Sprache hört sich ein wenig wie Türkisch an und ist mit der türkischen Sprache auch nah verwandt.

Direkt hinter der Grenze stürmt eine Horde mit Geldbündeln wedelnder Menschen auf uns zu. Dabei hat schwarz tauschen eigentlich gar keinen Sinn mehr. Eine SIM-Karte bekommen wir hier nicht. »Nein, wir möchten kein Geld bei dir tauschen.« »Nein, wir möchten auch bei dir kein Geld tauschen.« Einen Geldautomaten gibt es hier ebenfalls nicht, erst drei Kilometer weiter und eine Versicherung brauchen wir nicht. »Nein, bei dir möchten wir auch kein Geld tauschen.« »Nein, bei dir auch nicht« – ach komm, lass uns schnell weiterfahren. Erst in der nächsten Stadt, Qazax, bekommen wir die SIM-Karte.

Es fällt sofort auf, dass die Leute hier wesentlich weniger anarchisch, sondern regelkonformer fahren als in Georgien. Ich vermute, die Strafen sind hier höher. Alle paar Kilometer kommt an der Autobahn ein sichtbarer Blitzer. Die meisten Autos fahren aber nicht nur an den Blitzern vorschriftsmäßig. Irgendwann finden wir im Vorbeifahren einen Geldautomaten und später auch ein Gartenrestaurant. Die Sprachschwierigkeiten werden irgendwie überbrückt, indem wir auf die Spieße auf dem Grill zeigen und unaufgefordert einen Salat aus Gurken, Tomaten und Zwiebeln, aber leider ohne Salatsauce hingestellt bekommen. Die Fleischspieße heißen Schaschlik und werden das Hauptnahrungsmittel der nächsten Wochen sein, manchmal gibt es schlicht nichts anderes. Manchmal liegt das aber auch daran, dass wir die Namen der anderen Gerichte hier nicht kennen. Ich habe zwar Reiseführer für jedes Land dabei, komme aber normalerweise frühestens einen Tag vor der Einreise in das jeweilige Land dazu, dort hineinzuschauen, denn bis dahin bin ich ja noch mit dem vorigen Land beschäftigt. Nun habe ich in den letzten Tagen auch einige Namen diverser Gerichte aus meinem Reiseführer gelernt, aber die gab es jeweils nicht. Das zeigt mal wieder, wie vorsichtig man sein sollte, fremde Länder zu beurteilen. Ich kann eigentlich guten Gewissens nicht viel über die Küche dieses Landes sagen, weil ich mich viel zu kurz in diesem Land aufgehalten habe. Wenn es gut schmeckt, wie in Georgien, dann kann man die Küche loben, aber wenn es eintönig ist, dann kann es bei einem kurzen Aufenthalt tatsächlich auch an der unglücklichen Auswahl der Lokale liegen.

Nach dem Essen suchen wir im Dunkeln ein Plätzchen in einem kleinen Wald abseits der Straße. Immer wieder nehmen wir uns vor, das nächste Mal den Übernachtungsplatz doch im Hellen zu suchen, und immer wieder kriegen wir das nicht hin.

24. Mai: von Qazax über Şəmkir nach Göygöl

Nach einigen Kilometern kommt eine große Tankstelle. Ich frage, ob sie auch Duschen haben, ja, haben sie. Was das kostet? »Zehn Manat.« Zehn Manat? Ihr habt sie ja wohl nicht mehr alle, das sind fünf Euro. Ja, hier in Aserbaidschan muss man handeln, das nervt. Aber der Einstiegspreis ist so hoch, dass mir die Lust am Handeln vergangen ist, und wir fahren gleich weiter.

Wir halten in Qazax, der nächsten Kleinstadt, mittlerweile ist es mindestens 25 Grad warm geworden. Der Frühling dauerte nur eine Woche, jetzt ist schon Sommer. Am Busbahnhof ist eine große Passage mit zahlreichen Ständen und Geschäften. Dort möchten wir eine SIM-Karte kaufen. Während wir in einem kleinen Laden warten, versuchen Taschendiebe Pablos Geldbeutel zu klauen. Ich will zurück nach Georgien! Wegen dieses Erlebnisses gehe ich lieber zurück zu unserem Auto und passe auf unsere Sachen auf, bis Pablo mit der SIM-Karte zurückkommt.

Auch hier gibt es viele Denkmäler, Skulpturen und Plastiken in den Parks und auf den öffentlichen Plätzen. Die Aserbaidschaner schätzen ihre Dichter und Schriftsteller sehr und haben ihnen unzählige Denkmäler errichtet. Die wenigsten Werke wurden übersetzt, in Deutschland ist kaum ein Name von ihnen bekannt. Wir parken vor einem großen Gebäude, das sich als Literaturmuseum herausstellt. Drinnen herrscht allerdings gähnende Leere, die Angestellten dort langweilen sich. Wir können mit aserbaidschanischer Literatur ehrlich gesagt auch nicht viel anfangen und fahren daher weiter.

Viele Restaurants haben übrigens tagsüber geschlossen, denn es ist Ramadan. Im Gegensatz zu Georgien sind hier die allermeisten Menschen Muslime. Etwa 20 Kilometer weiter finden wir endlich eines, das trotzdem geöffnet hat. Wir essen Fleischspieße und einen Salat aus Gurken, Tomaten und Zwiebeln, aber leider ohne Salatsauce.

Die nächste Stadt heißt Şəmkir, wir fahren hier ab, weil es immer dunkler wird und nach einem heftigen Gewitter aussieht. Erst mal fahren wir tanken, Diesel kostet hier 32 Cent pro Liter.

Pablo kennt diesen Ortsnamen, weil er Schachfan ist. Hier findet seit einigen Jahren jedes Jahr ein hochkarätig besetztes Schachturnier statt, zu Ehren des 2012 verstorbenen großen aserbaidschanischen Schachspielers Vüqar Həşimov (Vugar Gashimov), der es bis auf Platz sechs der Weltrangliste schaffte. Entweder der Spieler war sehr beliebt oder der Staat lässt für das Turnier viele Petrodollars springen oder beides, jedenfalls waren hier beim letzten Turnier die Nummern 1, 3, 4, 5, 7, 9, 10, 12, 16 und 18 der Schach-Weltrangliste.

Plötzlich werden wir auf der Straße mit ein paar Worten Deutsch von einem Mann angesprochen. Er stellt sich als Ali vor und möchte uns zum Tee einladen. Ali hat mal in Magdeburg gearbeitet, nun gehört ihm in Şəmkir eine größere Immobilie mit mehreren Läden. Unter anderem hat seine Tochter dort einen Möbelladen. Es gibt überhaupt viele Geschäfte für Möbel, in der Landessprache Azeri

Futuristische Tankstelle, erbaut mit Petrodollars

steht dran: »Mebel«. Wir sollen nun Geschäft nebst Inhalt besichtigen. Ich glaube, in dem Schlafzimmer Modell »Dubai« hätte ich keine guten Träume.

Während es draußen gewittert, unterhalten wir uns mit Ali. Als das Gewitter nachlässt, fahren wir weiter, obwohl Ali uns kaum weglassen möchte. Ich erfinde irgendeine Notlüge einer wartenden Verwandten, anders geht es nicht.

Wir passieren Ganja, die zweitgrößte Stadt des Landes. Unser Ziel für heute heißt Göygöl. Die Stadt wurde Anfang des 19. Jahrhunderts von Deutschen gegründet und hieß Helenendorf. Sie wuchs heran zu einer der bedeutendsten Kolonien der Kaukasusdeutschen. Hier gab es eine eigene deutschsprachige Presse, darunter etwa die kommunistische Zeitung *Lenins Weg*. Als erstes Dorf im gesamten Kaukasus hatte Helenendorf 1912 elektrischen Strom, 1916 gar ein funktionierendes Telefonnetz. 1908 belief sich die Zahl der deutschen Bevölkerung Helenendorfs auf mehr als 2400 Personen. Stalin deportierte in den 1920er- und 30er-Jahren die deutschen Siedler nach Kasachstan und Karelien (das liegt im Norden an der Grenze zu Finnland), andere wurden schlicht enteignet und vertrieben. Der Architektur des Ortes sieht man die deutsche Geschichte nach wie vor eindeutig an. Mittlerweile hängen auch an zahlreichen Häusern Gedenktafeln, die erläutern, welche Familie hier gewohnt hat und was aus ihr wurde. Nach Göygöl steigt die Straße stark an.

Wir fahren weiter bergauf, vorbei an protzigen Villen aus der Jugendstil-Zeit. Auch gibt es einen kleinen Park, in dem ein Dutzend Denkmäler verschiedener aserbeidschanischer Schriftsteller stehen. Dann kommt eine Stelle, von der man wunderbar runter in die Ebene sehen kann. Leider sehe ich jedoch nicht den Bolzen, der aus dem Boden ragt und den rechten Vorderreifen himmelt.

Das Problem bei der Reifenpanne ist nicht der Reifenwechsel, sondern – wie oft auch beim LKW – das Losschrauben des Reservereifens, der hinten unter dem Mobil hängt, und zwar verdammt fest. Außerdem kamen pünktlich – wie immer bei Reifenwechseln am Rand der Strecke – Wind und Regen dazu und natürlich dann auch die Dunkelheit. Zum Glück findet sich ein freundlicher Georgier, der uns supernett hilft. Wir schenken ihm hinterher eine gute Flasche georgischen Wein, Geld möchte er nicht. Eine der Aufgaben der nächsten Tage wird es sein, Reifenreparierer und eine Waschmaschine zu finden. Ich möchte den kaputten Reifen nicht durch den Matsch nach hinten rollen, sondern ihn stattdessen tragen. Das war keine gute Idee, denn als ich ihn anhebe, knackt es im Rücken und ich ziehe mir einen Hexenschuss zu, der mich ganze sechs Wochen lang begleiten wird. Nach der behobenen Reifenpanne suchen wir den Schlafplatz mal wieder im Dunkeln und finden zum Glück einen, der sich am nächsten Morgen als wunderschön herausstellt.

25. Mai: Göygöl

Da es gestern Abend später wieder aufgehört hatte zu regnen, haben wir über Nacht viele Sachen zum Trocknen rausgehangen. Im Hellen versuchen wir, Schlamm und Matsch wegzuwaschen. Ein Vater kommt mit seinem Kind vorbei, wir schenken dem Kind Luftballons. Als es die freudestrahlend zu seinem Vater bringt, schickt der das Kind noch mal zurück, um sich bei uns zu bedanken. Aber das Mädchen ist so schüchtern, dass sie sich damit sehr schwertut.

Wir fahren weiter bergauf, wir möchten zum Göygöl-See. Der See war auch Namensgeber für den Ort, der früher Helenendorf hieß. An der Einfahrt zum Naturschutzgebiet zahlen wir etwa 1,20 Euro Eintritt pro Person und fahren weiter mit dem Auto die Piste rauf. Hier gibt es einen Interessenkonflikt: Einerseits möchte die Regierung den Tourismus ausbauen, weil der Göygöl-See als einer der schönsten Orte Aserbaidschans gilt. Andererseits würde das dort zahlreich stationierte Militär am liebsten gar keine Touristen vor Ort haben wollen, weil das Naturschutzgebiet unmittelbar an der Grenze zum von Armenien besetzten Nagorny-Karabach liegt.

Genau wie in den beiden Ländern Ukraine und Georgien, in denen wir vorher waren, gibt es hier einen Nachbarschaftskonflikt, der bereits zu militärischen Zusammenstößen mit Toten und Verletzten geführt hat. Armenische Truppen halten mit russischer Unterstützung 20 Prozent des Territoriums von Aserbaidschan seit über 25 Jahren besetzt. Ein Teil des besetzten Landes ist mehrheitlich von Armeniern bewohnt. Der besetzte Landesteil nennt sich jetzt Republik Arzach, wird aber nur von fünf Ländern weltweit als Staat anerkannt. Die Türkei und Aserbaidschan haben seitdem ihre Grenzen nach Armenien geschlossen. Sowohl die russische Seite als auch die EU machen den gleichen Fehler wie in der Ukraine, sich hier jeweils nur an diejenigen Teile der Bevölkerung zu wenden, die sowieso mit ihnen sympathisieren, anstatt jeweils der Gegenseite endlich mal Garantien zu geben, nur das könnte befriedend wirken. So kann dieser Konflikt jederzeit wieder aufbrechen, er ist nicht überwunden, sondern nur eingefroren.

Auf der halben Strecke hoch zum Göygöl-See führt ein Wanderweg rechts ab zum Entensee. Da möchte Pablo hinwandern, ich bin zu faul und bleibe mit einem guten Buch lieber hier im Wald sitzen. Viel vom See bekommt Pablo allerdings nicht zu sehen, denn er stößt dort auf Militär, das ihm sagt, er solle verschwinden. Und warum schildern die dann den Wanderweg dort entlang aus?

Plötzlich durchqueren wir ein großes Militärlager: Wir sehen einen Wagenpark, Tarnnetze und Gruppen von Soldaten im Dauerlauf. Bloß nicht fotografieren, am besten nicht mal hingucken, so tun, als wären die gar nicht da, und stur weiterfahren. Oben gibt es einen Parkplatz sowie einen großen Picknick-Platz. Hier gibt es oft solche öffentlichen Picknick-Plätze an schönen Orten. Genau wie die Restaurants gibt es nicht nur einzelne Tische, sondern kleine Separees, die wie angedeutete Hütten aussehen, in denen man quasi unter sich bleibt, abgeschirmt von den anderen. Ich vermute, diese Picknick-Plätze stammen genauso wie die Autorepariergräben an den Autobahnparkplätzen alle noch aus den sozialistischen Zeiten, da sich damit kein Geld verdienen lässt, im Gegenteil. Von hier geht es noch einige hundert Meter zu Fuß, dann sehen wir runter auf den wunderschönen Göygöl-See. Sowohl hier oben als auch dort unten gibt es Restaurants, hier oben ebenfalls mit diesen Separees im Grünen. Es gibt nur aserbaidschanische Touristen, doch davon recht viele, denn wir haben heute Samstag. Man kann den einen Kilometer runter bis zum See laufen oder ein Ticket für einen Elektrokarren kaufen, ich entscheide mich für die faule Variante.

Nach einem ausgiebigen Spaziergang fahren wir wieder bergab und zurück vom Göygöl-See in die 25 Kilometer entfernte Stadt Göygöl. Dort finden wir zuerst mal eine Waschmaschine für unsere matschigen Sachen von der Reifenpanne. IOverlander bringt uns zudem zu einem Platz, an dem wir unsere Gasflasche nachfüllen können, und ein Reifenhändler kann uns obendrein weiterhelfen. Der Bolzen hat zum Glück nicht die Lauffläche, sondern nur die Seitenwand durchstoßen, das kann er reparieren. Es ist faszinierend, wie er rein manuell mit mechanischer Kraft den Reifen von der Felge holt und nach der Reparatur wieder drauf zieht. Für seine Arbeit möchte er umgerechnet 7,50 Euro haben. Nach all dem gehen wir etwas essen.

Später möchten wir im Hellen noch ein wenig weiterfahren Richtung Baku, da meldet sich links vorne ein fieses Geräusch beim Fahren. Wir probieren ein wenig, aber es hilft nichts, so können wir nicht weiter. Es hört sich verdammt nach Radlager links vorne an. Das kann eigentlich nicht sein, denn die haben keine 5 000 Kilometer runter, wurden ja unmittelbar vor der Abfahrt ausgetauscht. Immerhin finden wir eine Werkstatt und schaffen es aus eigener Kraft dorthin. Es ist ein Gelände, auf dem ein Dutzend Garagen nebeneinanderstehen, in denen verschiedene Schrauber arbeiten. Der, den sie für unser Auto für geeignet halten, ist gerade eben in den Feierabend gefahren, aber die Kollegen bitten ihn per Handy zurück. Er schraubt das Rad ab und sieht nach, ja, keine Frage, es ist das Radlager. Kein Problem, meinen die freundlichen Helfer, aber heute wird das nichts mehr, wir kriegen das Ersatzteil heute nicht mehr. Sie meinen, wir könnten hier in dem Auto in der Werkstatt schlafen, sie könnten uns einen Schlüssel für die Toilette geben, aber ich finde eine andere Idee von ihnen besser: Der Werkstattchef fährt uns zu einem privaten Hotel über einem Tante-Emma-Laden. Das Schlafzimmer hat eine Psychotapete, die Einrichtung ist mutmaßlich landestypisch und daher für uns etwas gewöhnungsbedürftig, Kosten für beide zusammen 25 Euro. Wir finden auch noch ein Restaurant, in dem wir etwas zu essen bekommen. Es gibt Schaschlik und dazu einen Salat mit Tomaten, Gurken und Zwiebeln, aber leider ohne Salatsauce.

26.Mai: von Göygöl nach Qäbälä
Um elf Uhr werden wir vom Hotel abgeholt. Die Reparatur kostet ebenfalls nur 25 Euro einschließlich neuem Lager. Der Schrauber will auch partout nicht mehr Geld als Sonntagszuschlag annehmen. Wo sie in der Nacht von Samstag auf Sonntag ein neues Radlager für das alte Auto herbekommen haben, wird wohl für immer ihr Geheimnis bleiben.

Unsere nächste Station ist Qäbälä, manchmal auch Qabala geschrieben. Die Fußballmannschaft der Stadt wurde vor einigen Jahren von Borussia Dortmund in der Europa League mit 1:3 und 4:0 weggefenstert. Die 13 000-Einwohner-Stadt hat einen eigenen Flughafen, bestens asphaltierte und beleuchtete Straßen und zahlreiche Prestige-Gebäude. Das liegt aber vermutlich eher nicht an dem Fußball-Verein, obwohl sie dieses Jahr Meister wurden. Und ausnahmsweise liegt es auch nicht an der neuen Seidenstraße, diese überbreiten Straßen wurden bereits vor Jahrzehnten angelegt. Grund ist vielmehr die Raketenbasis, die »die Russen« zwei Kilometer südlich der Stadt seit Sowjetzeiten unterhalten.

Das Stadion ist weiträumig fast so gut abgeschirmt wie die Militärbasis. Wir scheitern an mehreren Schranken, dabei wollen wir es nicht angreifen, sondern nur fotografieren. Wir geben uns aber als hartnäckige Qäbälä-Fans aus und lassen uns nicht abspeisen. Letztlich hat ein superfreundlicher Pförtner nach vielen Telefonaten ein Einsehen und wir dürfen das Heiligtum betreten, besichtigen und fotografieren.

In der Stadt kaufe ich mir eine elektrische Zahnbürste, denn meine hatte ich in Göygöl liegen gelassen. Pablo hat dort eine kurze Hose vergessen. Das sind auch die beide einzigen Streuverluste dieser Art, die wir in dem gesamten halben Jahr hatten. Lustigerweise beide in der gleichen Stadt und beide am gleichen Tag.

Einige Kilometer hinter Qäbälä gibt es einen schönen See, den Nohur Gölü oder Nohur See. Hier gehen wir eine Runde spazieren und sehen uns die vielen Verkaufsstände an. Es gibt Honig, Süßigkeiten, Nippes mit der Landesflagge und Strandbedarf. Mit unserem Auto sind wir eine große Attraktion. Nicht weil es ein Ford Transit ist, die sind hier das in diesem Marktsegment mit Abstand am meisten verbreitete Auto, sondern weil es ein Wohnmobil ist. So etwas gibt es hier nicht. Als wir vom See zum Parkplatz zurückkommen, hängen einige Ausflügler von außen an den Fenstern und versuchen, in das Mobil reinzugucken. Das hatten wir schon häufiger. Wenn wir es ihnen dann von innen zeigen, sind sie von der Dusche und dem Kühlschrank immer am meisten beeindruckt. Außerdem muss ich immer wieder darüber grinsen, wie viele Frauen mich danach fragen, wie es sich in einem solchen Bett schläft.

Einige Kilometer nach dem See soll es links hoch zu Wasserfällen gehen, genauer gesagt den Yeddi Gozel Wasserfällen. Direkt nach dem See biegt eine Straße links ab, die ausnahmsweise sehr gut asphaltiert ist, da fahren wir rein, aber das war ein falscher Fehler. Nach einem knappen Kilometer kommt eine Schranke. Wir fragen den freundlichen Uniformierten, ob wir da nicht trotzdem weiterfahren können, aber er sagt, das ginge nicht, da hinten sei »Presidentski Home«. Tja, nach dieser Ansage sehen wir ein, dass da wohl nicht viel Verhandlungsspielraum übrig bleibt.

Wir fahren die Landstraße einige Kilometer weiter, bis wir die richtige Abbiegung nach links finden, die Straße ist – wie überraschend – in weniger gutem Zustand. Wir fahren rauf bis zum Parkplatz wenige hundert Meter unter dem Wasserfall. Der Parkplatz liegt mitten im Wald, man hört das Plätschern des Bachs und von weiter weg den Wasserfall. Es ist noch hell, sollten wir heute endlich mal einen Schlafplatz im Hellen gefunden haben? Natürlich nicht, denn es sollte anders kommen. Auf dem Weg dort rauf fahren wir an einer etwa 20-köpfigen Gruppe vorbei und bieten an, eine hochschwangere Frau und zwei bis drei weitere ältere Begleiter das letzte Stück mit unserem Auto mitzunehmen. Beim Aufstieg vom Parkplatz zum Wasserfall gibt es auf halbem Weg direkt über den Fluss gebaut eine Kneipe und alles weitere ergibt sich natürlich wie von selbst. Die kleine Gruppe ist aus Baku angereist und hat Bier und Wodka mitgebracht. Wir sitzen zwar in einer Gartenkneipe, aber mit 2,50 Euro ist das Bier für hiesige Verhältnisse indiskutabel teuer. Für westeuropäische Verhältnisse unvorstellbar: Die Leute packen stattdessen den eigenen mitgebrachten Alkohol aus, Bier und Wodka, und die Wirtsleute machen keinerlei Anstalten, uns rauszuwerfen. Es wird ein fröhlicher Abend, aber nicht exzessiv, es sind ja auch Kinder dabei. Als um etwa 22 Uhr die nächsten Flaschen geöffnet werden sollen, wird Pablo zum Helden. Er ist die ganze Zeit nüchtern geblieben und hat gesehen, dass die schwangere Frau sich nicht wohl fühlt. Er sagt zu mir, er bringe sie jetzt mit dem WoMo runter in deren Hotel. Ich finde, dann können wir ja noch mehr Leute mitnehmen. Das ist ihm egal, Hauptsache, es geht schnell, denn der Schwangeren geht es wirklich nicht gut.

Ich (mit meinem beschwipsten Kopf) sortiere auf die Schnelle, wer mitkommt, und so fahren wir mit sechs Erwachsenen und sieben Kindern wieder runter und bringen die Leute zu ihrer Herberge.

Um nicht zu noch mehr Allohol eingeladen zu werden, fahren wir dann noch 500 Meter weiter und stehen jetzt in the middle of nowhere auf einer Wiese. Morgen früh versuchen wir ein zweites Mal rauf zum Wasserfall zu fahren beziehungsweise zu gehen. Jetzt gewittert es draußen, wir hatten einen ereignisreichen Tag und alles ist gut.

27. Mai: von Qäbälä nach Baku

Im zweiten Anlauf besichtigen wir jetzt die Wasserfälle, der Aufstieg lohnt sich. Es trifft sich übrigens gut, dass sowohl Pablo als auch ich beide mehr an solchen Sehenswürdigkeiten in der Natur interessiert sind als an alten Kirchen und Klöstern.

Wir fahren in Richtung Hauptstadt, Richtung Baku. Unterwegs treffen wir Kevin, er ist auf dem Weg mit dem Motorrad nach Japan. Kevin wohnt in Ahaus und ist der Sohn von deutschstämmigen Aussiedlern aus Kasachstan. Er spricht Deutsch wie du und ich, aber eben auch gut Russisch und Kasachisch. Sein Motorrad muss er in Wladiwostok lassen, er darf nicht nach Japan damit einreisen, erzählt er. Engländer dürfen mit eigenen Fahrzeugen einreisen, Niederländer ebenfalls, da gibt es jeweils bilaterale Abkommen. Deutschland hat das bisher verpennt und die EU sowieso.

Wir haben nur ein kurzes, freundliches Gespräch am Straßenrand, er macht auf mich den Eindruck eines erfahrenen Overlanders. Seine Homepage bestätigt das: dejavu.voyage. Hier lese ich Monate später, dass er leider einen bösen Unfall mit einer Kuh in Kurdistan hatte. Er konnte seine Reise zwar nach Verletzungspause fortsetzen, kam aber (dieses Mal) nicht bis Japan.

Seit einigen Tagen bekomme ich über Facebook mit, dass ein LKW der freundlichen Spedition Maintaler ungefähr in den gleichen Gefilden unterwegs ist wie wir. Solche weiten Touren kommen leider für westeuropäische Löhne nur noch äußerst selten vor, daher erregt es Aufsehen in der deutschen Facebook-Fahrer-Szene. Da ich mehrere Facebook-Freunde habe, die beim Maintaler arbeiten oder gearbeitet haben, stehe ich seit gestern im direkten Kontakt mit Helmut, einem der beiden Fahrer dieses LKW. Es ist sein LKW, aber da die Tour sehr eilig war, haben sie ihm Riza mitgegeben als zweiten Fahrer. Wir vereinbaren ein Treffen für morgen.

Die beiden haben die »Videobanden« geladen, dieses Wort lerne ich heute neu. Sie sind für das Finale in der Europa League zwischen den beiden Londoner Fußballvereinen, Chelsea und Arsenal. Gemeint sind damit die Platzbegrenzungen, auf denen in Spruchbändern die Reklame entlangläuft. In diesem Geschäft steckt so viel Kohle, dass die UEFA locker westeuropäische Speditionstarife zahlen kann, um sichere Arbeit von guter Qualität zu erhalten.

Wir fahren eine abenteuerliche Schlucht aufwärts bis zu dem alten Dorf Lahic. Bis vor Kurzem wer der Weg hierhin sehr beschwerlich, dennoch ist der Ort schon lange ein Magnet für Touristen. Das hat aber mehr mit jahrzehntelangem Marketing zu tun als mit seiner historischen oder aktuellen Bedeutung. Lahic gilt heute als der Ort der Kupferschmieden. Entlang der hübsch renovierten Hauptstraße kann man einen Blick in die Werkstätten werfen, die den 890 Einwohnern von Lahic heute ein hervorragendes Einkommen bescheren. Es werden Teller graviert, Möbel und vor allem Schmuck hergestellt oder bearbeitet. Es gibt eine Verkaufsbude neben der anderen.

Der Ort liegt in einem breiten Tal, in dem unten ein kleiner Fluss fließt. Darüber führt eine riesige Brücke ins Nichts. Irgendwo da drüben hatte man Kupfervorkommen entdeckt, aber dann brach die Sowjetunion auseinander und die Mine wurde nicht erschlossen und die Brücke vergammelt. Aber das sieht man nicht, wenn man durch die verwinkelten Gassen des alten Lahic stapft.

Die Bewohner gehören übrigens einer Minderheit an, von dessen Existenz ich bis zu diesem Tag nichts wusste: Das Volk der Tat, ihre Sprache nennt sich die Tatische Sprache. Wikipedia schreibt hierzu: »Die tatischsprachige Bevölkerung umfasst etwa 30 000–

50 000 Menschen, die sich traditionell zum Islam, aber auch zum Judentum oder seltener zum armenischen Christentum bekennen.« Sie leben auf beiden Seiten des Kaukasus, also im Norden Aserbaidschans und in Dagestan (Russland).

Auf dem Weg nach Baku machen wir noch einen Abstecher in die Stadt Şamaxı. Außer einer beeindruckenden alten Moschee gibt es dort nichts zu besichtigen, das ist uns aber auch egal, wir haben Hunger. Wir finden ein Restaurant, es gibt Schaschlik, dazu Salat mit Gurken, Tomaten und Zwiebeln, aber leider ohne Salatsauce.

Abends in Baku bekommen wir einen Kulturschock: Der Verkehr wird immer dichter und irgendwann sind wir mitten drin in der Millionenmetropole, einschließlich Hochhäusern, Stau und Verkehrschaos. Helmut hatte uns den Standort des Maintaler-LKW per WhatsApp geschickt. Wir parken direkt davor, in dem Hotel spricht aber leider niemand Englisch, Helmut und Riza sind nicht da.

Wir fahren zwei Kilometer weiter, dort liegt das hell erleuchtete Stadion, daneben ist ein See. Das Stadion leuchtet in verschiedenen Farben, es sieht von außen der Allianz-Arena in München sehr ähnlich. An dem See ist eine Promenade und dort auf den Parkplätzen bleiben wir über Nacht. Das war keine gute Idee, denn heute Nacht haben wir Mückenterror. Pablo veranstaltet unter ihnen ein Massaker, aber das bleibt folgenlos, durch alle Ritzen kommt immer wieder der Nachschub herein.

28. Mai: Baku

Es gibt morgens eine herzliche Begrüßung mit Helmut und Riza. Wir dürfen heimlich in ihren Hotels die komfortablen Duschen benutzen, danke, liebe Kollegen! Anschließend laden wir die beiden ein zu einem Ausflug in die Umgebung von Baku.

Es ist ein großes Glück für LKW-Fahrer, wenn man erstens einen Tag mal frei hat, weil sowieso Wartezeit ist, und zweitens obendrein jemand mit einem PKW zur Verfügung steht, um dahin zu fahren, wo man mit dem LKW niemals hinkäme.

Wir haben uns für heute einige Sehenswürdigkeiten aus dem Reiseführer rausgesucht, aber zuerst mal ist die Fahrt am Stadtrand beeindruckend: Die Ölfelder reichen bis mitten in die Millionenstadt Baku hinein. Und wo sie ausgelaugt sind, wird regelrecht verbrannte Erde hinterlassen. Man kann die Ölfelder leicht erkennen an den charakteristischen Förderpumpen, die hier überall in die Erde tauchen und sich permanent am Drehen sind. Den größten Reichtum brachte das Öl in der allerersten Anfangszeit des Automobils. Aus Aserbaidschan kam damals 50 Prozent der Weltproduktion an Rohöl. In der Hauptstadt gibt es schlossähnliche Villen, die von denen gebaut wurden, die damals zu Ölbaronen wurden.

Just-in-time-Produktion auf Aserbaidschanisch

Unser erstes Ausflugsziel ist Yanar Dağ, zu Deutsch der brennende Berg. Wikipedia schreibt: »Yanar Dağ ist ein seit dem Altertum brennendes natürliches Erdgasfeuer am Hang eines Hügels.« Ist ja gut und schön, aber ich frage mich, welcher Depp damals dort als erstes Mal ein Streichholz gezündet hat. Doch im Ernst: Dieses natürliche ewige Feuer ist selbst bei Tageslicht beeindruckend. Vor allem bringt es zum Ausdruck, worauf der Reichtum dieses Landes fußt. Wir stehen auf riesigen Mengen Erdöl und Erdgas. Aufgrund des großen Erdgasvorkommens in der Gegend haben hier schon während des Altertums Feuer natürlichen Ursprungs gebrannt, worüber bereits Marco Polo berichtete.

Heute ist Facebook sogar noch für einen weiteren Kontakt äußert hilfreich, denn ich bekomme gerade folgende Nachricht:

»Hi, Jochen! Habe kürzlich Ihren Blog gelesen und nun gesehen, dass Sie in Baku sind. Freue mich darauf, Sie in meiner Heimatstadt zu begrüßen. Falls Sie vorhaben, noch länger hier zu bleiben – würde gerne Sie auch treffen. Auf jeden Fall sollen Sie hier in Baku Unterstützung brauchen, bin gerne bereit Ihnen mit Rat und Tat helfen. Viele Grüße, Orkhan S., ein Wahlberliner aus Baku.«

Toll, jetzt ist dieses beknackte Facebook ja mal richtig für was gut! Gestern Helmut, heute Orkhan. Ich kontaktiere ihn sofort und wir verabreden uns für die nächsten Tage.

Das nächste Ziel für Helmut, Riza, Pablo und mich ist eine Region mit Namen Qobustan und dort die Schlammvulkane. Jetzt sind wir im Norden der Hauptstadt, dafür müssen wir in den Süden, aber wir können sie zum Glück links liegen lassen und kommen gut durch. Wir finden auch die vermeintlich richtige Autobahnausfahrt und fahren der touristischen Beschilderung nach. An einem Museum unterhalb eines Hügels treffen wir belgische Overlander aus Turnhout in einem gut und teuer eingerichteten, höher gelegten Fahrzeug auf Iveco-Basis. Wir klären kurz ab: Hier geht es nur offroad rauf zu den Petroglyphen, da möchten sie gleich hin, um dort in der Pampa zu übernachten. Die Schlammvulkane, zu denen wir möchten, sind einige Kilometer weiter, vermutlich schaffen wir das mit unserer alten Emma.

Ich bekomme mal wieder den Eindruck, alle Touristen sind besser vorbereitet als wir. Viele haben aber auch jeweils überschaubarere Aufgabenbereiche als wir.

Sowohl hier an dem Museum als auch einige Kilometer weiter an der nächsten Autobahnausfahrt gibt es ein Dutzend äußerst aufdringliche Taxifahrer, die einen zu den Schlammvulkanen lotsen möch-

ten. Durch IOverlander haben wir die Koordinaten und eine Weg-
beschreibung. Das reicht, spart eine Menge Geld und lässt einen sich
viel freier fühlen, wenn man dort durch die Mondlandschaft fährt.
Was wir sehen, ist schwer zu beschreiben: Man sieht das Erdöl im
Boden! Wir fahren durch eine hügelige Landschaft, in der kein Gras,
kein Halm, keine Pflanze wächst. Stattdessen gibt es zwischendrin
schwarze Pfützen. Wenn man aussteigt und neben die befestigte Piste
geht, fühlt sich der Boden federnd weich an, ein dicker Moosboden
ist hart dagegen. Und überall, wo man etwas fester auftritt, macht es
ein Geräusch, sgwoatsch, und direkt neben dem Schuh kommt dickes Rohöl aus der Erde. Ein vorbeifahrender Autofahrer hält an und
warnt mich, dass man hier buchstäblich versumpfen könne.

Die zwei bis drei Dutzend Schlammvulkane sind beeindruckend, die älteren sind bis zu drei Meter hoch, gewachsen aus dem
Schlamm, den sie in großen, langsamen Blasen ausstoßen. Man
hört das jeweils durch ein dunkles BLUBB. Wir können mit dem
Auto ganz nah heranfahren. Obwohl es sich um ein überschauba-
res Gelände von weniger als einem Quadratkilometer handelt, gibt
es keine Absperrungen, keine Schalter, Eintrittskarten, Kontrollen
oder Aufseher. Wie sympathisch!

Geologisch haben sie etwas zu tun mit den Öl- und Gasvorkom-
men, ein Drittel aller Schlammvulkane weltweit gibt es hier in dieser Gegend.

Da wir jetzt ohnehin schon so weit südlich von Baku sind, fahren wir noch die 20 Kilometer weiter bis nach Alat, dem offiziellen neuen Hafen von Baku, der aber gut 80 Kilometer südlich liegt.
Der Hafen wurde von chinesischen Firmen erbaut, Projekt: neue
Seidenstraße.

Die Hafenanlage liegt mitten im Nirgendwo, aus dem Nichts aus
dem Boden gestampft, und am eingezäunten Platz sieht man, wie
gigantisch viel Zuwachs noch eingeplant ist. Bisher ist hier noch
nicht viel los, aber alle Fähren nach Kasachstan und Turkmenistan
gehen von hier ab, dementsprechend stehen hier zahlreiche LKW,
Auflieger und Container.

Außerdem stehen hier einige Motorradfahrer, die die Fähre nutzen möchten, so wie wir das in einigen Tagen auch vorhaben. Eine Gruppe aus Ebersberg bei München und Adrian Iorgu, ein bekannter Reiseblogger aus Rumänien. Genau das hatten wir uns erhofft, denn von ihnen erfahren wir, wie das hier läuft, und das hört sich nicht gut an: voll stressig, schlecht organisiert und mit viel Wartezeit verbunden. Sie warten zum Beispiel seit heute Morgen auf ihre Tickets. Wenn sie die haben, heißt das noch lange nicht, dass dann auch die Fähre geht. Wir fragen in der Agentur nach einer Fähre ab dem 1. Juni. Jetzt, wo wir wissen, wie auf Fähren eingeschifft wird, verstehen wir auch, warum es keinen Fahrplan gibt. Den kann es gar nicht geben, das geht einfach nicht. Die Agentur bietet für 50 Dollar mehr an, dass wir nicht, wie die Jungs heute, auf das Ticket warten müssten, irgendeinen Arbeitsschritt würden sie da übernehmen, was uns einen halben Tag Wartezeit einspart. Ich bin für Ja, Pablo plädiert für Geld sparen und handelt ihn auf 30 Dollar runter und wir buchen es.

Auf dem Rückweg in die Hauptstadt gehen wir zu viert noch am Nordrand von Baku am Meer in ein Fischrestaurant. Weil Sonntag ist, ist dort der Teufel los. Eigentlich gibt es auch keinen Platz mehr, außer wenn ein junger kanarischer Sturkopf, zwei feiste deutsche alte Lastwagenfahrer und ein listiger türkischer Kollege Hunger haben und sich Mühe geben, jetzt dort einen Tisch zu bekommen, und zwar so nah am Meer wie möglich. Gemeinsam sind wir unausstehlich und deswegen kriegen wir das hin. Es gibt gutes Essen mit frischem Fisch als Krönung dieses schönen Ausflugstages. Helmut erzählt von seiner Arbeit, für die UEFA Videobanden kreuz und quer durch Europa zu fahren.

Danach fahren wir weiter stadteinwärts. Wir machen einen Fotostopp an einer Stelle, an der man die berühmten Flammenhochhäuser von Baku sieht, jedenfalls zwei von den dreien mit ihrem bunten Farbenspiel. Und rechts daneben unten am Wasser ein Riesenrad, ebenfalls in grellen, wechselnden Farben leuchtend. Im Hafen sieht man die Yacht von Chelsea-Eigentümer Abramowitsch liegen, der extra für das Fußballspiel angereist ist. Ein paar Kilometer weiter lassen wir die beiden raus und sehen etwas ratlos nach, wo wir denn jetzt bleiben sollen. Wir finden einen Platz, der eigentlich perfekt ist. Beziehungsweise er wäre es, wenn es da nicht das Wörtchen »eigentlich« gäbe. Da, wo Helmut und Riza aus- und in ein Taxi umsteigen, ist rechts vor uns eine große Halle zu sehen, auf deren großer Vorderfront interessante Videoanimationen laufen. Das ist eine riesige Schwimmhalle, errichtet nach Normen für internationale Wettkämpfe, die dort aber bisher nie stattfanden. Der Staat möchte mit Petrodollars nicht nur den Sport fördern, sondern auch das internationale Ansehen stärken. Wir fahren an dieser beleuchteten Fassade links vorbei und sind auch schon im Dunklen. Hinter der Halle liegen Ölfelder, unbewohnt, alles dunkel, wir dachten, hier könnten wir ganz wunderbar schlafen.

Hätte ja auch geklappt, aber wir haben unseren Plan ohne die Mücken gemacht. Die Nacht war der Horror, danach erinnere ich mich, wenn auch nur ungern, an einen Artikel darüber, dass die Radioaktivität im Erdöl Mücken möglicherweise genetisch verändert und sie zu Monstermücken macht.

29. Mai: Baku

Die Mücken sind nachtaktiv, daher können wir nach der halbwegs durchwachten Nacht wenigstens nach Sonnenaufgang so lange schlafen, bis es zu warm wird, also bis zum späten Vormittag. Nach einem Frühstück im Wohnmobil möchten wir gerne schwimmen gehen, immerhin stehen wir hinter dieser gigantisch großen Schwimmhalle.

Der Erwerb von Eintrittskarten wird allerdings zu einer lustigen Prozedur, die die nächste halbe Stunde in Anspruch nimmt. Denn an der Kasse wollen sie doch tatsächlich zuerst unsere Pässe sehen und alle anderen Dokumente reichen denen auch nicht stattdessen aus. Also auf dem weitläufigen Gelände zurück zum Auto. Pässe holen für die Eintrittskarten? Okay, kann man machen, muss man aber nicht. Danach will die junge Frau unsere Adressen wissen. Da die etwa 20-jährige junge Frau recht gut Englisch spricht, mache ich sie jetzt darauf aufmerksam, dass wir eigentlich nur vorhatten, hier schwimmen zu gehen.

Sie bleibt freundlich und erhöht: Außerdem geht das hier nicht ohne Badekappe, sie können uns welche zur Verfügung stellen, aber das kostet pro Kopf acht Piepen.

Als die Pässe da sind, gibt es das nächste Highlight, verursacht durch einen kleinen Blitz, während ihre Cam, die sie aus dem Nichts kurz auf das Pult hebt, erst Pablo dann mich fotografiert für die Erstellung des Tickets. Die sind für hiesige Verhältnisse teuer, für uns jedoch günstig: zehn Euro für den Standard eines Olympia-Zentrums.

Direkt danach machen wir uns auf den langen Weg durch die Stadt zum Stadion. Heute Abend ist hier das Fußball-Endspiel um den Pokal der Europa League 2020, bis vor wenigen Jahren hieß das UEFA-Cup-Finale. Um dieses jährliche Spektakel kann sich jede Stadt bewerben wie bei einer Olympiade und Baku hatte für 2020 den Zuschlag bekommen. Das erscheint ein wenig skurril, weil die Finalteilnehmer beide aus London sind. Aber so ist nun mal der Sport, das wusste man vorher natürlich nicht. Die Entscheidung des europäischen Fußballverbandes UEFA für Baku war seinerzeit dennoch genauso überraschend wie die Entscheidung des Fußballweltverbandes FIFA, die nächste Fußballweltmeisterschaft in Katar auszutragen.

Wir dachten, dass wir genug Zeit eingeplant hätten, aber das war ein falscher Fehler. Im Stau auf dem Weg Richtung Fußballstadion konnten wir uns nur durch eine kleine Frechheit aus dem Pulk retten. Die Straße, in der wir uns gestern frech vor den Maintaler-LKW gestellt hatten, war abgesperrt und es stand ein Polizeiauto davor. Man kennt das Spiel, dem man zusehen kann, während man sich im Stau einer solchen Kontrolle annähert: Die meisten akzeptierten die Absperrung, einzelne Autofahrer ignorieren sie, fahren auf den Polizisten zu, sagen dem was. Je nachdem, wie der entscheidet, gibt es für sie eine Ausnahme oder eben nicht, meistens eher nicht. Ich gehöre heute Abend zu den wenigen, bei denen Frechheit siegt. Ich zeige auf den Maintaler-LKW von Helmut, den man von der Straßenecke aus bereits sieht, und sage was von Kollega, UEFA, Deutschland und plustere mich verbal so gut auf, dass sie mich durchlassen und ich wie gestern direkt vor dem LKW rückwärts einparken kann. Vom Auto aus laufen wir dann die 20 Minuten zu Fuß zum Stadion, wir treffen auf dem Weg sogar zwei einsame Eintracht-Fans.

Spannender als das Spiel ist das Multikulti vor dem Stadion. Die beiden Finalmannschaften aus London haben Fans in aller Welt. Erstmals findet das Finale ihrer Lieblingsmannschaft außerhalb des berüchtigten Schengen-Raums statt. Es gibt tausende von Fans, die extra aus dem Iran angereist sind, andere aus Kasachstan, einer trug eine Fahne von Kaliningrad, man kann kirgisische Hüte sehen, auch aus Indien und Pakistan kommen wohlhabende Fußballfans.

Wir treffen Yasur aus Taschkent, der Hauptstadt von Usbekistan, und verabreden uns in seiner Heimatstadt.

Der Ausgang des Spiels dürfte den einen bekannt und den anderen egal sein: Chelsea gewinnt gegen Arsenal mit 4:1.

Nach dem Spiel kann man sehen, wie unprofessionell und autoritär die Planer gedacht (und die von der UEFA nichts dagegen gehabt) haben: Alle Zuschauer, egal aus welchem Block im Stadion sie kommen, werden über einen einzigen weiträumigen Weg abgeleitet. Vorher gibt es Absperrungen, aber je weiter sie in die große Unterführung kommen, umso mehr werden alle ohnehin gezwungen sein, den einzig gewünschten Ausgang zu nehmen. Ich bin froh, dass bei diesem gruseligen Konzept keine Panik aufkommt, niemand hätte eine Chance. Es braucht noch Stunden, bis alle bei ihren Autos sind, aber genauso unprofessionell wie die Ableitung der Fußgänger ist hinterher die Ableitung der Autos. Noch bis nachts um halb drei gibt es dicke Staus, anscheinend ist die Verkehrspolizei mehr Teil des Problems als der Lösung.

Wir können uns dem Chaos nur entziehen, indem wir an jeder Möglichkeit abzubiegen konsequent in die andere Richtung fahren als alle anderen, zweimal sogar gegen jede Erlaubnis. Wir möchten keinesfalls zurück in die Stadt wie alle anderen, sondern im Gegenteil Richtung Norden entkommen.

Es wird schon wieder hell, bis wir dort an der Küste ankommen. Aber ich würde sagen, wir haben gerade auf Anhieb den Ort gefunden, den ich als den schönsten des Landes bezeichnen würde. Zu dem Ort erzähle ich morgen mehr, aber eines vorab: Der Wind kommt vom Meer, das bedeutet: Es gibt keine beknackten Mücken hier!

30. Mai: Novkhany

Wir stehen am nördlichen Strand der Halbinsel Abşeron genau nördlich von Baku, östlich von Novkhany. Links vor uns liegt ein dickes Schiff im Meer, ich vermute, es ist ein geologisches Erkundungsschiff einer Erdölgesellschaft. Ansonsten ist nur blaues Meer vor uns, dazwischen nach links und rechts endloser Sandstrand. Oben am Weg stehen Pappbuden, Hütten für den Strandurlaub der Einheimischen.

Was kann man an einem solchen Ort Schöneres machen, als einen Chill-Tag einzulegen? Die nächstgelegene Pappbude erweist sich obendrein als Fischrestaurant. Wegen der Nebensaison sind wir allerdings nicht nur die einzigen Kunden des Tages, sondern ich vermute auch der gesamten Woche. Endlich mal kein Schaschlik! Zwischen den Ginsterbüschen auf der Landseite sehe ich zum ersten Mal im Leben bewusst einen Kuckuck und bin erstaunt, wie groß der ist. Ein besser gekleideter Junge kommt und fragt nach etwas zu essen. Aber klar doch, gerne! Was für mich wenig ist, ist für ihn viel und er bedankt sich total freundlich. Hatte der nun Hunger aus Armut oder weil er heute sein Fresspaket zu Hause vergessen hatte? Ich weiß es nicht

Am Strand haben sich fünf junge Leute mit einem Lada festgefahren. Ich vermute, dass sie nun fürchterlich Stress haben, aber Pablo meint, das haben die mit Absicht gemacht, die haben einen großen Spaß dabei. Aber man kann sehen, dass sie die nächsten zwei bis drei Stunden damit beschäftigt sind, den Lada wieder runter vom Strand auf festen Boden zu kriegen.

Dieser Tag Auszeit an diesem schönen Ort tut unglaublich gut.

31. Mai: Baku

Der Strand ist so schön, hier will man kaum weg. Vor allem nicht in dem Wissen, dass es jetzt wieder in Richtung von diesem Moloch Baku geht. Aber wir bekommen den Anruf, dass wir uns morgen um 15 Uhr im Hafen von Alat melden sollen, dann würde die Fähre beladen.

Heute möchte ich noch Orkhan treffen, außerdem wollen wir uns vorher noch die Altstadt von Baku ansehen.

Wir fahren also wieder zurück in die Stadt, wieder vorbei an den riesigen Ölfeldern am Stadtrand, die bis mitten in die Innenstadt hineinragen. Plötzlich sperrt genau vor uns ein Polizeiauto die mehrspurige Straße ab. Es tut sich gar nichts mehr. Hinterher erfahren wir, dass das geschah, weil der polnische Präsident auf Staatsbesuch ist und hier langfahren will. Wir biegen rechts ab, parken und gehen eine Stunde in dem Viertel spazieren, besser als im Auto im Stau zu sitzen. Dann können wir endlich in die Stadt fahren, ich finde einen Parkplatz vor einer Polizeiwache in der Nähe einer Metro-Station – perfekt! In einer Bank stehen wir 20 Minuten Schlange, nur um am Schalter dann zu erfahren, dass sie unser georgisches Geld im Wert von etwa 50 Euro nicht tauschen, nur Dollar und Euro.

Auf der Straße sprechen uns zwei junge Leute an, sie sahen, dass wir auf der Suche nach etwas sind. Sie studieren Medizin und nebenbei noch Englisch und Deutsch, um den Arztberuf später möglicherweise mal woanders auszuüben. Wir suchen den Eingang zur U-Bahn und der ist auch tatsächlich ein wenig versteckt. Beim Einlass geben uns die beiden sogar die U-Bahn-Fahrt aus, da wir kein Ticket haben. Die machen das erstens einfach so, zweitens, weil sie freundlich sind, und drittens, um ihre Fremdsprachenkenntnisse zu checken, sozusagen eine praktische Lernstandsüberprüfung.

Wir fahren zur U-Bahn-Station İçərişəhər. Laut Maps gibt es da in der Nähe eine Thai-Massage, ich hoffe, die können mir Linderung verschaffen gegen den Hexenschuss. Doch leider ist der Salon geschlossen und so spazieren wir durch das Viertel in Richtung Altstadt. Zwei Dinge fallen mir auf: Erstens gibt es gleich mehrere Buchläden auf kurzer Distanz und zweitens unglaublich protzige Villen, die sind von den Ölbaronen von 1900.

Schließlich kommen wir in die Altstadt. Ein großer Teil ist beeindruckend gut erhalten und touristisch völlig erschlossen. Wir sehen Moscheen, verwinkelte Wohnhäuser und palastähnliche Villen und ich bin genervt, wie viele von diesen beknackten Autos hier noch durch diese engen uralten Museums-Gässchen fahren dürfen. Es gibt viele Touristen hier aus aller Welt, einschließlich überteuerten Restaurants und Geschäften.

Wir nehmen die U-Bahn zurück und treffen Orkhan. Ich schätze ihn auf Anfang 30, kurze dunkle Haare, rundes, meist fröhliches Gesicht. Er hat eine ruhige Art und kann wunderbar Zusammenhänge erklären. Er bietet uns an, uns ein Restaurant zu zeigen, in dem es zwar auch Schaschlik gibt, ich vermute mal, zusammen mit einem Salat aus …, aber eben auch viele andere Gerichte, denn hier gebe es sehr gute, landestypische Gerichte, man muss nur die Namen dafür wissen und das dann eben auch bestellen. Und er hat recht, das Essen schmeckt hervorragend, genauso gut wie in Georgien, aber ganz anders. Es gibt Hühnchen in Weinsauce, würziges Lammfleisch und endlich auch mal fantasievoll zubereitetes Gemüse.

Meine Kritik an der schlechten Ableitung des Verkehrs kann er verstehen und teilweise teilen, Freunde von ihm standen ebenfalls in den Staus, erst zu Fuß und dann im Auto. Weniger verstehen kann er aber die Kritik des Westens, dass das Finale in Baku ausgetragen wird. Er sagt, das hätte er akzeptieren können, wenn sie gekommen wäre, als die Entscheidung fiel, dass das diesjährige Finale in Baku ausgetragen wird, aber jetzt auf einmal?

Und dann wird er allgemeiner: »Wenn ihr in Westeuropa überhaupt mal über Aserbaidschan redet, dann wegen Menschenrechtsverletzungen. Alles andere, was in unserem Land passiert, interessiert euch nicht. Wer hier wie tickt, welche Kräfte es gibt, der ganze Konflikt um Nagorny-Karabach, die Tatsache, dass Aserbaidschan eine Million inländischer Flüchtlinge aufgenommen hat (bei 10 Millionen Einwohnern), dass 20 Prozent seines Territoriums bis heute von einer anderen Macht militärisch besetzt sind, das interessiert bei euch niemanden. Ihr lasst uns damit völlig allein, das macht eurer Rumreiten auf den Menschenrechtsverletzungen so unglaubwürdig.«

Das leuchtet mir ein. Antworten auf diese Frage habe ich jedenfalls hier von niemandem bekommen können: Wo kommen die Petrodollars her und wo gehen sie hin? Tatsache ist aber, dass der Staat eine Menge investiert in Bildung und Soziales.

Ich fragte Orkhan, wie er auf uns aufmerksam geworden war. Er recherchiert aus privatem Interesse über die neue Seidenstraße im Kaukasus und sei auf unseren Blog gestoßen. Da frage ich doch gleich mal nach, was seine Recherchen denn ergeben haben. »Chinas Belt and Road Initiative«, das ist die englische Bezeichnung für die 2013 von China ins Leben gerufene Initiative neue Seidenstraße, ist demnach im Südkaukasus sehr viel willkommener als in Westeuropa. Georgien und Aserbaidschan sind an einem guten Verhältnis sehr interessiert. Das beruht auf Gegenseitigkeit, China ist allerdings zurückhaltend, weil es weiß, dass die Region im Interessengebiet Russlands liegt, und die möchte man nicht verprellen. China investiert in den Ausbau des Mobilfunknetzes, die Stahlproduktion in Aserbaidschan und den Straßenbau in Georgien. An der Finanzierung vom Bau der vor 2017 fertiggestellten Eisenbahnlinie Baku – Tiflis – Kars (BTK) beteiligten sie sich allerdings genauso wenig wie europäische oder internationale Investoren. Akteure wie die Weltbank, die Asiatische Entwicklungsbank oder die Europäische Bank für Wiederaufbau und Entwicklung favorisierten früh eine Verbindung unter Einschluss Armeniens. Wegen des Konflikts um Berg-Karabach war dies für Aserbaidschan und die Türkei jedoch keine Option; die Grenzen beider Länder zu Armenien sind geschlossen. Die Sponsoren der BTK-Strecke sind daher die Türkei und Aserbaidschan. Über diese Strecke sind bereits erste Züge aus China gerollt, sie brauchten gut zwei Wochen für die Strecke.

Orkhan ist Geschäftsmann, sein Metier ist Medizintourismus. Durch das Erdöl gibt es wohlhabende Menschen in Baku, und wenn die mal eine komplizierte Operation brauchen, lassen sie die lieber in Westeuropa – zum Beispiel in Deutschland – durchführen. Ich frage ihn, ob dieses Geschäftsmodell nicht auch umgekehrt interessant sein könnte für Sachen wie Zahnersatz und er war ziemlich angetan von dieser Idee.

Weil er uns so freundlich geholfen hat, erwähne ich hier gerne die Internetadresse seiner Firma: medhoff.de. Nutzt aber wenig, denn sie ist in einer Sprache, die kaum jemand von uns versteht.

Nach dem Essen gehen wir noch durch die Fußgängerzone, Orkhan erzählt vom schwierigen, ambivalenten Verhältnis zu den Russen. Was die drei Flame-Towers betrifft, erzählt er, dass eines der drei leer steht, weil es architektonische Pannen gegeben hatte. Wie kommen zu der Uferpromenade, hier heißt sie Baku Bulvar. Sie wird auch Primorskij Bulvar genannt, aber ich konnte nicht herausbekommen, was Baku mit dieser über 10 000 Kilometer entfernten russischen Provinz zu tun hat.

Viele Menschen sind unterwegs, es ist eine wunderbare Frühlingsnacht. Über dem Wasser auf der anderen Seite sieht man blau erleuchtet die Crystal Hall, eigens erbaut für den 57. Eurovision Song Contest im Mai 2012.

Nach einer herzlichen Verabschiedung verlassen wir die Stadt an der Wasserkante Richtung Süden. Um diese Uhrzeit geht das ganz einfach, besser jetzt als morgen im Stau. Wir fahren dann auch noch 70 Kilometer weiter, der Hafen von Alat ist von hier nur wenige Kilometer weiter. Wir biegen links ab und nach einer halben Stunde Suchen im Dunkeln über schlechte Pfade stehe wir auf einer Wiese mit Blick aufs Meer.

1. bis 2. Juni: Alat

Dabei ist das Kaspische Meer gar kein Meer. Es erfüllt keines der drei Kriterien, kein Zugang zu den anderen Meeren, zu wenig Salzgehalt und noch irgendwas Drittes.

Wir stehen an einem netten Plätzchen mit Blick auf das Kaspische Meer, im Hintergrund ein Haus und ein Schuppen, irgendwelche Leute, die da etwas werkeln, vorhin haben sie mal freundlich gegrüßt. Hier ist das Campingmobil mal sehr praktisch, denn Kaffee gibt es jetzt wirklich nur, wenn man ihn sich selber kocht, Frühstück dito, wobei man das ja nicht kochen muss …

Die Agentur hat angerufen, die Zeit hat sich von 15 auf 17 Uhr verschoben, gut, dass ich die beauftragt habe, so stehen wir lieber noch zwei Stunden länger hier als irgendwo im Hafen.

Um Viertel vor fünf fahren wir dann die paar Kilometer bis zum Hafen, alles erbaut in feinster chinesischer Qualität, und bleiben brav vor der Schranke zur Hafeneinfahrt stehen. Kurz nach mir kommen zwei LKW an, wir gehen (fast) zeitgleich zum Schalter. Da geht diese bekloppte Drängelei schon los. Angesichts der Wartezeit, die nachher noch auf uns zukommt, eine unglaublich unwichtige Aktion. Das ist doppelt absurd, denn eigentlich ist hier gar nichts los. Dieser Hafen ist so neu, dass bisher lediglich die Fährterminals fertig sind. Später soll hier mal ein Erdöl- und Containerhafen sein, das ist aber noch im Bau. An dieser Hafeneinfahrt passieren ausschließlich die LKW, die auf die Fähren wollen. Keine PKW, keine LKW, die Waren bringen, Container, Busse für Menschen, die dort arbeiten, Zoll, all das gibt es bisher nur auf dem Reißbrett. Man kann aber davon ausgehen, dass das sehr bald kommt, denn der eine Partner hat viel Know-how und Möglichkeiten und der andere die Petrodollars, das zu bezahlen.

Wir fahren rein, treffen »unseren Agenten«. Natürlich seien die Tickets noch nicht fertig, wir müssten warten … ach, ich kürze das Ganze mal ab. Heute tut sich gar nichts mehr, das ist aber erst Stunden später klar, gute Nacht.

Am nächsten Tag passiert erst mal ganz lange gar nichts. Dann – weil ansonsten gar nichts passiert – helfen wir, also Pablo, ich und eine Handvoll LKW-Fahrer, die auch nix Besseres zu tun haben, einem Zöllner, der es geschafft hat, den Schlüssel seines Neuwagens in selbigem zu versenken, und danach die Autotüren verschlossen hat, keine Ahnung, wie der das hingekriegt hat. Das gibt jedenfalls Unterhaltungsprogramm ungefähr für den halben Tag. Und genau als wir dann grad mal etwas Kaltes zu trinken holen, hat er sein Problem gelöst und ist weg, dummerweise mit unserem gutem Werkzeug und meiner teuren Kopflampe.

Es dauert Stunden, bis sich das endlich aufklärt: Dieser Zöllner ist wohl der Chef, auf einmal haben wir ratzfatz unsere Sachen zurück. Das Nervige an einem Wartetag ist ja, dass du vorher nicht weißt, dass das ein ganzer Wartetag wird. Wüsstest du das, dann … aber egal. Ich erinnere mich noch an einen kurzen Dialog mit einem der … ähm … unklaren Gesellen im Container von diesem Agenten:

- »Ik spraken Sie Deutsch, weil ich gelernt.«
- »Ui, das ist ja schön, wo denn?«
- »Seks Jahre Gefangnis.«

Wir lernen Alpay kennen, einen Sozialarbeiter aus der Türkei, der mit einer Enduro unterwegs ist. Er ist etwas nervös, macht sich Sorgen wegen der Tankreichweite in Kasachstan, ich versuche ihn irgendwie zu den anderen Motorradfahrern zu leiten.

Und wir lernen Jörg kennen. Jörg ist frischgebackener Rentner, für deutsche Verhältnisse vermutlich ein Edelrentner, denn er hat lange Jahre in der Schweiz gearbeitet. Er ist hier mit dem Fahrrad unterwegs. Den ersten Eindruck, den ich von ihm hatte, bin ich eigentlich nie wieder losgeworden. Einerseits ein erfahrener Weltreisender mit dem Rad, andererseits so verpeilt unterwegs, dass man sich fragt, ob der das alleine von Basel nach Birsfelden schaffen würde. In jedem Fall ein liebenswerter und immer freundlicher Zeitgenosse, ein moderner Don Quichote auf zwei Rädern.

Vielversprechend und interessant sind auch die kurzen Gespräche mit den Overlandern, die von der Fähre runterkommen. Aber leider läuft alles zu hektisch, da alle wenig Zeit haben, schade. Man kann sich nur in aller Schnelle gegenseitig ein paar Tipps geben. Es kamen zum Beispiel zwei Deutsche aus Rheine, aber die gehörten zu den Kandidaten, die nur Antworten und nie Fragen haben, dann ein sehr freundliches Ehepaar aus Monaco. Sie hatten viel erlebt, waren weit rumgekommen und ich hätte total gerne noch mehr Zeit mit ihnen gehabt.

Von der Stelle aus, an der wir parken, werden wir auch stundenlang direkte Zeugen, wenn sie einreisende PKW oder Fahrerkabinen von LKW filzen. Sie tun das teilweise ätzend gründlich, jeweils ohne was zu finden, wobei ich nicht weiß, was sie suchen. Ein junger Zöllner beginnt ein Gespräch mit Pablo und mir, um sein Englisch zu üben und zu testen.

Wir fahren als Letzte aufs Schiff, was für eine beknackte Prozedur hier! Schade, aber ansonsten: Auf Wiedersehen, Aserbaidschan. Ein spannendes Land, wir kommen wieder!

Kasachstan

Hauptstadt: Astana
Bevölkerungszahl: 12 276 000
Fläche: 2 699 700 km²
Amtssprache: Kasachisch, Russisch
Religionen: Sunnitisch muslimisch, russisch-orthodox

Währung: Tenge
BIP (insg.): 171 Mrd. US-Dollar
Wichtigster Exportpartner: Italien
Wichtigster Importpartner: Russland
Warenimporte aus China: 16,5 Prozent

Unnützes Wissen: Ursprünglich stammt Cannabis aus Kasachstan.

3. Juni: Auf See, von Kuryk nach Aqtau

Das Schiff ist vergammelt und ranzig. Das Essen ist schlecht, davor und danach gibt es auch nichts anderes irgendwo zu kaufen. Es gibt lediglich einen Raum, in dem ein Teebehälter steht, aus dem man sich bedienen kann.

Die Fähre kostete für uns beide und das Auto genauso viel wie die Fähre über das Schwarze Meer, aber statt zweieinhalb Tagen sind es hier nur 18 Stunden Überfahrt und noch schlechterer Service. Die Zeit kann sich manchmal um Stunden und Tage verlängern, wenn andere Fähren am Pier liegen, das sind bisher anscheinend die Grenzen des Wachstums. Die Leute, die von dieser Fähre runterkamen, hatten erzählt, dass sie 18 Stunden auf Rede lagen, weil kein Anlegeplatz frei war. Immerhin gibt es von diesen drei Anlegestellen ja das gesamte kaspische Meer zu bedienen, ich glaube, das ist ein Hafen in Kasachstan und einer in Turkmenistan.

Turkmenistan hatte bei uns ja nicht geklappt, weil das die Agentur aus Brühl verbaselt hatte, wir fahren nach Aqtau, das liegt weiter nördlich in Kasachstan. Aber genauso wenig, wie wir aus Baku abfuhren, wird Aqtau der Ankunftshafen sein. Der Ankunftshafen liegt wieder am Ärmel der Welt, heißt Kuryk, da ist sonst einfach mal gar- und überhaupt nichts. Dieser Nicht-Ort liegt etwa 80 Kilometer südlich von Aqtau. Außer einer großflächig umzäunten Anlage und ein paar überdachten Kontrollspuren gibt es noch ein riesiges Zollgebäude.

Die Passkontrolle findet wieder auf dem Schiff statt. Wir bekommen dabei den an vielen Grenzen üblichen Laufzettel, auf dem man dann die Stempel aller weiteren Kontrollinstanzen sammeln muss. Am Ausgang der Grenzstation gibt es die letzte Kontrollstelle, da gibt man diesen Laufzettel wieder ab. Dort wird nur noch kontrolliert, ob auch alle Stempel drauf sind, dann darf man fahren.

Da wir als Letzte auf das Schiff gefahren sind, dürfen wir uns auch als Erste kontrollieren lassen und als Erste das Schiff verlassen. Ein Uniformierter bittet uns, ob er die paar hundert Meter bis zum ersten Abfertigungsgelände mitfahren kann. Unsere Freundlichkeit zahlt sich nicht aus, denn als er danach das Fahrzeug kontrolliert, will er 20 Euro Bestechungsgeld haben, sonst würde er das Auto jetzt auf den Kopf stellen. Na, das fängt ja gut an! In der Ukraine würde ich jetzt wenigstens den Preis runterhandeln auf zehn oder fünf Euro. Ich unternehme auch hier einen schwachen Versuch, aber er lässt sich nicht drauf ein. Ich kenne mich hier nicht aus, muss daher also die 20 Euro bezahlen.

Nun müssen wir in das große Zollgebäude. Hier gibt es sogar einen Geldautomaten. Das ist selten in Zollgebäuden und ungemein praktisch. Dann kommt eine völlig absurde Röntgenkontrolle. Denn wir können selbst aussuchen, was aus unserem Auto wir als Gepäck deklarieren und durch diesen Scanner schieben. Aber wir brauchen die Prozedur, um den Stempel auf dem Laufzettel einzusammeln. Dann müssen wir Straßensteuer beantragen, an einem anderen Schalter bezahlen und einen weiteren Stempel sammeln, damit wieder zurück zum vorigen Schalter.

Alles in allem dauert die Grenzabfertigung eine Stunde, dann verlassen wir das umzäunte Gelände. Aber direkt danach halten wir schon wieder an. Denn wir laden nun Jörgs Fahrrad ein, er fährt mit uns bis Aqtau. Jemand kommt aus einem geparkten PKW auf uns zu und spricht uns an. Hätte ich nicht vorher gewusst, was der will, hätte ich den vermutlich gleich wieder weggeschickt, aber das ist der Verkäufer der Haftpflichtversicherung für das Auto. Das ist nun ziemliche Vertrauenssache, denn die Bestätigung für die Versicherungspolice wird einem auf das Handy gemailt, aber man kann das nicht überprüfen, denn hier ist kein Internetempfang. Aber mein Bauchgefühl war richtig, 15 Kilometer später erreicht uns diese SMS.

Wir treffen deutsche Touristen, die die Fähre in die Gegenrichtung nehmen wollen, und tauschen unsere SIM-Karten aus. Außerdem ist da ein britisches Pärchen mit Fahrrädern. Sie sind auf dem Rückweg von Malaysia, wo sie länger gelebt haben.

Der Fähranleger ist etwa acht Kilometer von Kuryk entfernt mitten in der Wüste. Kuryk lassen wir aber rechts liegen und fahren gleich weiter Richtung Aqtau. Auf der Strecke sehen wir die ersten Kamele und davon gleich ziemlich viele. Diese Tiere sind Meister der Anpassung an ihre Umwelt. Sie können innerhalb von 15 Minuten bis zu 200 Liter Wasser trinken und dieses bis zu vier Wochen lang speichern. Sie gehören auch zu den wenigen Tieren, die sogar Salzwasser trinken können, da ihre Nieren das Salz abscheiden können. Ihre Höcker sind aber entgegen der landläufigen Meinung keine Wasserspeicher, sondern Fettpolster, die in Notzeiten die Ernährung sichern. Bei großer Hitze können Kamele absichtlich Fieber bekommen und ihre Körpertemperatur auf 42 Grad anheben, um weniger zu schwitzen.

Die Straße ist sehr gut und es gibt wenig Verkehr. Wir kommen nachmittags in Aqtau an und suchen uns ein Hotel. Mich plagt der Hexenschuss immer mehr und deswegen mache ich mich jetzt auf den Weg, einen Arzt zu finden. Dorthin fahre ich mit einem Uber-Taxi, das ist nicht nur preiswert, sondern bei der Sprachbarriere auch sehr praktisch. Denn wenn man jemand bittet, ein Uber-Taxi zu rufen, gibt der gleich ein, woher und wohin das Taxi fährt. Das bedeutet, man weiß gleich den Preis und der Taxifahrer weiß gleich, wohin man möchte.

4. bis 6. Juni: Aqtau

Wir bleiben drei Nächte, so kann ich viermal zum Arzt gehen. Dort bekomme ich eine Massage, die aber nur ein wenig Linderung verschafft sowie eine Schmerzspritze.

Wir gehen in dem Ort spazieren, der aber nicht besonders romantisch ist. Pablo möchte gerne schwimmen in dem Meer, welches ja eigentlich keines ist. Aber von dem Plan nimmt er schnell wieder Abstand, als wir sehen, dass es hier nur so von Schlangen wimmelt. Die Kasachen sagen zwar, sie seien harmlos, aber irgendwie ist die Lust am Badengehen in der Schlangengrube etwas abgekühlt.

Ich lerne Aliye Saygı kennen, eine Motorradfahrerin und Bloggerin, die mit dem Motorrad unterwegs Richtung Tadschikistan ist. An der Uferpromenade ist abends ziemlich viel los. Private Händler vermieten hier unterschiedlichste Fahrzeuge mit zwei und vier Rädern für den Feierabendspaß. Fahrräder, Tandems, chinesische Fahrräder, auf denen man zu viert auf zwei Bänken hintereinander sitzt, Mini-Elektro-Autos für die Kinder, Segways und Hoverboards. Ein solches Angebot finden wir ab jetzt in jeder größeren Stadt in Kasachstan und Usbekistan.

Man sieht hier deutlich weniger Polizei als in Georgien und sogar weniger als in Aserbaidschan. Dennoch fahren die Autofahrer alle äußerst brav. Daraus schließe ich, dass die Strafen sehr hoch sind, wenn man bei einem Verstoß erwischt wird. Das Linksabbiegen zum Beispiel ist an vielen Stellen verboten und es halten sich auch alle dran, selbst spät abends, wenn die Straßen leer sind. Und der Taxifahrer, der mich gegenüber vom Hotel rauslässt, weist mich darauf hin, dass ich die Fußgängerampel an der nächsten Kreuzung 100 Meter weiter zum Überqueren der Straße nutzen sollte. Und noch etwas: Deutschland ist nicht das einzige Land, in dem Zebrastreifen respektiert werden. Hier hält dort auch jeder brav an, sobald Fußgänger auch nur irgendwo in Sicht sind.

Diesel ist mit 60 Cent fast doppelt so teuer wie in Aserbaidschan, aber alles andere ist hier noch etwas günstiger, zum Beispiel das Essengehen.

Wo wir gerade beim Geld sind, sollten wir auch mal über Währungen reden:

In Ungarn gibt es keine Euro, sondern Forint, die Preise sind aber leider mittlerweile ungefähr die gleichen wie in Deutschland. In der Ukraine gibt es Hrywnja, ausgesprochen heißen die Rivni. Ein Hrywnja hat 100 Tenge, aber das interessiert kaum, weil die praktisch gar nichts wert sind. In Georgien gibt es Lari und Tetri, aber auch die Tetri sind eher larifari, denn drei Lari sind Pi mal Daumen ein Euro, ein Tetri ist also 0,3 Cent. In Aserbaidschan gibt es Manat und Qəpik, aber die Qəpik sind auch larifari. Zwei Manat sind etwa ein Euro.

Hier in Kasachstan gibt es kasachische Manat und auch Qəpik. Die Qəpik hier sind ganz besonders larifari, denn 427 aserbaidschanische Manat sind ein Euro. Eine buchstäbliche Handvoll Münzen (bekam ich beim Zahlen der Straßensteuer als Wechselgeld) sind 30 Cent wert.

Ein Essen für mehrere Personen kostet hier tausende Manat. Bei dem Namen der Währung hier muss ich immer an diesen Song denken mit dem Nonsenstext: Mah Nà Mah Nà, tü tütüdü.

Beim Einparken vor einem Geschäft mit Autozubehör streife ich mit dem Autodach eine LED-Lampe der Parkplatzbeleuchtung, die scheppernd zu Boden fällt. Ein Mitarbeiter des Geschäfts, der grad draußen eine Zigarettenpause macht, sieht das und meint, das macht nichts. Das finde ich überraschend, aber mir soll es recht sein, vielleicht war die ja vorher schon kaputt.

6. Juni: von Aqtau in die kasachische Steppe

Nach einem weiteren Arztbesuch (hat nicht viel genutzt) fahren wir mittags los in die kasachische Steppe. Am Stadtrand wächst die Stadt und sieht man die großen Baustellen. Dann kommt der Flughafen und ganz weit draußen die Friedhöfe der Muslime. Der Islam

Straße nach Nirgendwo

ist übrigens mit einem Anteil von 70 Prozent der Gesamtbevölkerung die am meisten verbreitete Religion in Kasachstan. Nach den Friedhöfen kommt nur noch Steppe. Aber die ist gar nicht so langweilig, wie die alten Fernfahrer, die vor Jahrzehnten öfter nach Kasachstan gefahren sind, immer wieder erzählen. Dauernd ändert sich die Landschaft, die Farbe der Steine, die Form der Hügel und Täler. Man sieht Greifvögel, Kamele, Pferde und, wenn man anhält große Käfer und dicke Eidechsen, die ihre Farbe ändern können. Schlangen, Skorpione und fiese Spinnen soll es hier ebenfalls geben, aber die sehen wir nicht. Am Straßenrand sehen wir die ersten zwei Jurten.

Eine lustige Begebenheit haben wir an einer Tankstelle, die an einer Kreuzung im Nirgendwo liegt. Wir fragen nach dem Weg nach Beineu, das ist der letzte Ort kurz vor der usbekischen Grenze. Wir fahren aber in eine andere Richtung weiter, weil wir uns dort noch ein Feld ansehen möchten, auf dem viele runde Steine rumliegen. Nach etwa zwei Kilometer überholt uns ein alter Lada, der Fahrer ist am Hupen und Gestikulieren. Es stellt sich heraus, dass das der Mann von der Tankstelle ist, der uns den Weg nach Beineu erklärt hatte. Er vermutet, dass wir ihn falsch verstanden haben und nun deswegen in die falsche Richtung fahren. Die Leute sind wirklich sehr gastfreundlich hier!

Dann treffen wir Sue und Marc aus Devon, England, unterwegs mit einem knallroten Land Rover Defender. Das ehemalige Sanitätsfahrzeug des Militärs haben sie auf einer Auktion gekauft, es tiptop hergerichtet und zum Wohnmobil ausgebaut. Ihr Ziel: die Rugby-Weltmeisterschaft im September in Japan. Marc war bis zur Pensionierung Fernfahrer, manchmal jobbt er auch heute noch in diesem Beruf. In jungen Jahren fuhr er einen der legendären Ford Transcontinental. Fotos von der Reise der beiden und natürlich von der Rugby-WM gibt es auf ihrem Blog: swinglowsweetchariot.blog.

Wir fahren, bis es dunkel wird. Dann biegen wir in einen Weg ein, der von der (ohnehin wenig befahrenen) Straße wegführt, und halten ein paar hundert Meter abseits der Straße. Wir fühlen uns absolut sicher, haben nicht die Befürchtung, dass uns irgendwer hier etwas Böses will. Für ausländische Gäste sind repressive Diktaturen manchmal sehr praktisch, jedenfalls solange man sich da nicht einmischt. Die Nacht in der Steppe ist wunderbar ruhig und es gibt einen traumhaft schönen Sternenhimmel, dessen Anblick durch keinerlei Restlicht getrübt wird.

7. Juni: Shetpe

Der Weg führt anscheinend zu einem Anwesen, denn während ich mit dem ersten Kaffee im Eingang zum Mobil in der Morgensonne sitze, fahren nach und nach drei Autos vorbei. Das zweite Auto hält an, darin ein älteres Ehepaar und hinten ihr Enkelkind. Eigentlich haben sie nur angehalten, weil sie uns einen Guten Morgen wünschen möchten. Sie nehmen aber gerne das Angebot an, mal kurz ins Mobil reinzukommen, um sich die Einrichtung anzusehen. Das wollen eigentlich immer alle hier. Wir bewundern ihren erstaunlich neuen Lada, auf den sie sehr stolz sind. Wir schenken dem Kind ein paar Luftballons und man wünscht sich gegenseitig gute Fahrt.

Der Fahrer des dritten Wagens, der ebenfalls anhält, macht einen etwas dubioseren Eindruck auf mich, weil er komische Fragen stellt. Pablo ist grad duschen, er zeigt in das Mobil und fragt, wie viel Leute wir seien. Als er dann auch noch wissen will, in welche Richtung wir fahren, sage ich ihm absichtlich die falsche Richtung und wir brechen dann auch gleich auf, nachdem er weggefahren ist.

Während Pablo fährt, rufe ich in München an beim Handicap e. V. Der gemeinnützige Verein setzt sich für die Rechte von Behinderten ein und ist eines der sechs Gründungsmitglieder der Internationalen Kampagne für das Verbot von Landminen (ICBL), die 1997 den Friedensnobelpreis erhalten hat. Da die Kosten für den Rücktransport per Schiff den Wert des Fahrzeugs übersteigen würden, überlege ich, meinen Ford Transit am Ende der Reise in Kambodscha an eine Nichtregierungsorganisation zu spenden, die sich um Minenopfer kümmert. Denn in Laos und Kambodscha sind große Landstriche bis heute verseucht mit Minen, jedes Jahr gibt es dadurch viele Tote und schwer Verletzte. Aus unserem Mobil könnte man zum Beispiel gut einen Krankenwagen machen.

Das Ergebnis des Anrufes ist allerdings sehr ernüchternd. Ich trage brav mein Anliegen vor, die Frau am Telefon hört geduldig zu und danach stellt sie die übliche rhetorische Abwimmel-Frage: Würden Sie uns das bitte schriftlich schicken? Meine Antwort: Hätte ich das gewollt, dann hätte ich das gleich gemacht, anstatt Sie anzurufen. Aber ich bin in einem Auto unterwegs, habe keinen Briefkopf und nur das Handy zur Verfügung.

Nein, ohne etwas Schriftliches ginge das nicht, sie müsse das ja auch noch anderen zeigen, das habe etwas mit Zuständigkeiten zu tun.

Ich bin echt empört. Da will jemand ein Auto spenden und die Frau ist zu faul, das Anliegen in einen Fünfzeiler schriftlich zusammenzufassen. Und dabei ist sie keine der vielen Ehrenamtlichen, die den Verein unterstützen, sondern eine der dort hauptamtlich Angestellten, all das geschieht während ihrer Arbeitszeit. Über so viel Bräsigkeit kann ich nur den Kopf schütteln. Da hat jemand das Privileg, während der Arbeitszeit Gutes zu tun. Auf solche eine Stellenausschreibung kämen heute hunderte von Bewerbungen, selbst wenn sie unterdurchschnittlich bezahlt wäre. Einfach weil es toll ist, wenn man eigene karitative oder politische Interessen, für die man brennt, zum Gegenstand seines Broterwerbs machen kann. Und dann sitzt da jemand, die nur Dienst nach Vorschrift macht.

Wir kommen in die kleine Stadt Shetpe. Hier ist die einzige Tankstelle in einem Umkreis von 100 Kilometern, an der es nicht nur Autogas gibt, sondern auch Benzin (39 Cent/Liter) und Diesel (45 Cent). Wir wussten ja, dass es in Usbekistan weder Diesel noch Benzin an den Tankstellen gibt, nur noch Autogas. Wir wussten aber nicht, dass das hier auch schon annähernd so ist. Das ist gerade noch mal gut gegangen. Wir machen einen kleinen Stadtspaziergang und werden dabei vom Englischlehrer des Ortes angesprochen. Mit ihm zusammen gehen wir in einen Imbiss, eine Kleinigkeit essen, und löchern uns gegenseitig mit Fragen über Land und Leute. Er erzählt, dass hier zwar alle Muslime seien, aber sehr gemäßigt. Viele Frauen tragen keine Kopftücher und Alkohol gibt es auch überall. Aber heute am Freitag gehen die meisten Männer in die Moschee zum Gottesdienst. Er selbst möchte im Gegenzug viel über Deutschland wissen und ich habe wieder mal den Eindruck, dass sich Menschen das Leben in Deutschland paradiesischer vorstellen, als es wirklich ist, und sich von dieser Hoffnung auch nur schwer abbringen lassen.

Nach einem kleinen Imbiss (es gibt Börek) bringt er uns zu einem kleine Textilgeschäft, in dem Pablo für wenige Euro ein kasachisches Fußballtrikot für den Dorfpfarrer und eines der deutschen Nationalmannschaft für sich selber kauft.

Wieder sind wir fasziniert davon, wie unterschiedlich hier die Steppe aussehen kann. Zwischendurch gibt es blendend weiße Hügel, rötliche Canyons und einmal kommen wir zu einem einzeln stehenden Felsberg, der sieht aus wie der australische Ayers Rock.

Abendessen gibt es heute an einem kleinen Truck Stopp, es kostet für uns beide zusammen weniger als fünf Euro.

Usbekistan

Hauptstadt: Taschkent
Bevölkerungszahl: 32 955 000
Fläche: 425 400 km²
Amtssprache: Usbekisch
Religionen: sunnitisch-muslimisch, russisch-orthodox, schiitisch-muslimisch, christlich

Währung: So'm
BIP (insg.): 41 Mrd. US-Dollar
Direktinvestitionen China: 20,2 Prozent

Unnützes Wissen: Usbekistan ist neben Liechtenstein das einzige Land der Welt, von dem aus man zwei Länder durchqueren muss, um an ein Meer zu kommen.

8. Juni: Beineu

Am Schlafplatz gab es keine Mücken, kein Wunder angesichts der Trockenheit um uns herum. Aber mit der Sonne kommen morgens die Fliegen, die einen nicht länger schlafen lassen.

Irgendwo auf der Strecke überholt uns ein weißer Mercedes Sprinter mit Münchner Kennzeichen. Natürlich halten wir und es ist Zeit für ein Schwätzchen am Straßenrand. Sonja, Jan und ihre knapp zweijährige Tochter Filippa hatten eigentlich den Plan, Richtung Osten zu fahren und sich dann irgendwie durchzuschlagen in Richtung Neuseeland. Ihre Reisefotos gibt es hier: silkroadvan.com. Auf der Seite kann man sehen, dass ihr Reiseplan nicht geklappt hat. Von Südkorea haben sie stattdessen die Fähre nach Kanada genommen und fahren jetzt die Panamericana runter. Auf der Seite kann man außerdem sehen, dass sie in Südkorea Marc und Sue getroffen haben, die Briten auf dem Weg nach Japan, die wir gestern trafen.

Gestern wiederum haben Sonja und Jan eine andere Deutsche getroffen: Julica Norouzi, sie wandelt auf den Spuren ihrer Großmutter Milli Bau. Diese war Journalistin und Fotografin und hat die Seidenstraße in den Jahren 1956 bis 1974 bereist. Mit ihrem Volkswagen Samba-Bulli kam sie bis Indien, in China war sie mit Flugzeug, Bus und Schiff unterwegs. Wo es ihr gefiel, verweilte sie auch mal länger. Später war sie sieben Jahre lang Korrespondentin in Teheran. Ich habe Julica leider nicht selbst getroffen, aber die Kunsthistorikerin hat die alten Fotos und Tagebuchaufzeichnungen ihrer mutigen Großmutter zu einem wunderschönen Buch verarbeitet. Es ist im Kerber-Verlag erschienen, kann aber auch direkt bei Julica bestellt werden: julicanorouzi.com

Wir kommen nach Beineu, dem letzten Ort in Kasachstan vor der Grenze nach Usbekistan. Hier wollen wir nicht nur tanken, sondern auch unsere Reservekanister auffüllen, denn in ganz Usbekistan gibt es Diesel nur auf dem Schwarzmarkt zu kaufen. In der 50 000-Einwohner-Stadt ist ziemlich wenig los. Es gibt einen Supermarkt und ein kleines Restaurant mit wenigen Gerichten zur Auswahl. Und es gibt lustigerweise einen Verkehrsübungsplatz mit uralten Verkehrszeichen. Es sieht so aus, als sei der Platz sogar gelegentlich noch in Benutzung.

Bisher hatten wir in Kasachstan ja immer gute Straßen, aber die nächsten 20 Kilometer sind so schlecht, dass man eigentlich gar nicht erkennen kann, dass hier eine Straße entlangführt. Ich folge eigentlich nur den zwei, drei vollgeladenen Autos vor mir, denn ich wüsste nicht, wo ich sonst langfahren soll. Zum Glück lande ich nicht in deren Garage, sondern die fahren wirklich zur Grenze. Man sieht neben dem Pfad den Bau einer Straße und 30 Kilometer hinter Beineu dürfen wir auf die dann auch drauffahren. Es gibt noch keine Markierungen, aber wenigstens den guten Belag, auf dem man auch schneller fahren kann. Übrigens sehen wir die ganze Zeit parallel zur Straße Eisenbahnstrecken, die auch viel genutzt werden. Es sind mehr Güter- als Personenzüge darauf unterwegs. Auch entlang dieser Straße nach Usbekistan führt eine Eisenbahnstrecke.

Wir treffen Sue und Marc wieder, die beiden Briten auf dem Weg zur Rugby-WM. Gemeinsam suchen wir kurz vor der Grenze die inoffizielle Tankstelle, die laut der IOverland-App hier sein soll. Immerhin sind wir wieder 90 Kilometer gefahren, das könnte man noch mal nachtanken. Die inoffizielle Tankstelle erweist sich als ein Schuppen, randvoll gefüllt mit Benzin und Diesel, abgefüllt in großen Kanistern. Aus denen heraus werden wir betankt, wobei jede Menge in den Boden verplempert wird. Marc und Sue fahren jetzt querfeldein, um sich einen schönen Übernachtungsplatz zu suchen. Sie haben mit ihrem Defender ja auch das geeignete Auto für Offroad-Fahrten, wir hingegen mit unserem Transit eher nicht. Außerdem beginne ich den Tag ungern mit einer blöden Grenze, da möchte ich lieber heute Abend noch durch.

Dort warten 30 LKW und etwa doppelt so viele PKW, fast alle völlig überladen, Kofferraum, Dach, Innenraum. Komischerweise stehen sie aber nicht an für die Ausreise, sondern stehen am Straßenrand, keine Ahnung, worauf die warten. Ich darf jedenfalls vorbeifahren und bin dadurch recht bald dran. Die Beamten sind sehr freundlich, derjenige, der am besten Englisch spricht, begleitet uns zu den diversen Schaltern. Bei der Kontrolle des Fahrzeugs kann man immer wieder sehen, dass es den Kontrolleuren weniger um die Kontrolle geht, sondern vor allem um die Befriedigung ihrer eigenen Neugier, wie es in so einem Fahrzeug denn aussieht. Die voll beladenen Fahrzeuge der Einheimischen hingegen werden total auseinandergenommen. Die Beamten sind zwar auch zu denen freundlich, aber sie kontrollieren sehr akribisch. Nach gut einer Stunde sind wir mit allem durch, auf Wiedersehen, Kasachstan.

Allen, die diese Grenze passieren, kann man nur dringend raten, jetzt noch mal auf die Toilette zu gehen, denn nun folgt die Wartezeit im Niemandsland. Bei uns dauerte es zwei Stunden, es kann aber auch wesentlich länger dauern. Es gibt einen etwa zwei Meter breiten Fußweg, der ist rundherum eingezäunt, auch nach oben, da warten auch mehrere Leute. Und direkt daneben ist die Straße, auch links und rechts durch hohe Zäune abgesperrt. Vor mir stehen drei LKW, an denen käme ich sowieso nicht vorbei. Der vorderste ist von der legendären niederländischen Firma Rynart. Die haben immer schon die größten Entfernungen gefahren, heute dürften sie die einzigen Westeuropäer sein, die noch bis nach Afghanistan fahren. Die Fahrer sind allerdings auch keine Niederländer mehr, sondern größtenteils Türken. Ich komme ein wenig ins Gespräch mit dem türkischen Kollegen, sein Volvo sieht super gepflegt aus, was doppelt zählt bei dieser staubigen Gegend hier. Der Fahrer erzählt, dass sie inzwischen gar nicht mehr selbst nach Afghanistan reinfahren, an der Grenze übergibt er den LKW an einen afghanischen Fahrer.

Als ich die Fotos des LKW in Facebook poste, meldet sich auch gleich Rinus Rynart selbst zu Wort. Er hat das Geschäft an die nächste Generation übergeben und ist mittlerweile im Ruhestand. Er postet viele Nostalgie-Fotos und ist in der Fahrerszene sehr beliebt.

Auf der usbekischen Seite dauert die Abfertigung eine gute weitere Stunde, auch hier sind die Beamten sehr freundlich. Wir treffen Jörg wieder, den Radfahrer. Der Unglücksrabe hatte einen Fehler gemacht. Er war hinter Beineu, wo die Straße so schlecht war, mitsamt Fahrrad von einem LKW mitgenommen worden. Vor der Grenze ist er jedoch ausgestiegen, um zu Fuß über die Grenze zu gehen, aber ohne sein Fahrrad und sein Gepäck. Natürlich braucht der LKW viele Stunden länger und jetzt steht er hier und wartet. Wir können ihm wenigstens Wasser und Obst geben.

Es gilt ja bei jeder Grenze, aber hier ist es doppelt wichtig: Alles, was du direkt nach der Grenze erledigen kannst, solltest du auch dort erledigen, wer weiß, wann wieder diese Möglichkeit kommt. Wir schließen hier gleich die Haftpflichtversicherung ab, kaufen eine SIM-Karte und wechseln Geld. Es gibt keinen Geldautomaten, aber für solche Fälle habe ich ja Euro und Dollar in bar im Fahrzeug versteckt. Der größte usbekische Schein ist 50 000 So'm wert, das entspricht knapp fünf Euro. Hier im Norden haben sie aber meistens nur die kleinen 5 000er-Scheine, also 50 Cent. Ich wechsele 100 Euro, damit sind wir Millionäre und bekommen 200 grüne

Geldscheine. Da sie ziemlich abgegriffen sind, wird das ein richtig dicker Stapel. Alle nutzen hier Zählmaschinen, um die Geldstapel in den Griff zu kriegen. Wir essen etwas, gehen warm duschen und fahren noch ein wenig weiter in die Nacht. Die Straße ist sehr schlecht. Nach 10 oder 20 Kilometern fahren wir ein paar hundert Meter links in die Landschaft und gehen schlafen.

9. Juni: Karakalpakistan

Heute brauchen wir den ganzen Tag für eine Strecke von weniger als 200 Kilometern. Wir fahren die schlechteste Straße der gesamten Reise bisher. Wenn es nur Schotterpiste wäre, wäre das vielleicht sogar günstiger, so ist es teilweise noch Asphalt, dazwischen große Schlaglöcher und Verwerfungen, man kann selten schneller als 30 oder 40 fahren.

Pablo, der immer gut darin ist, Tiere vom fahrenden Auto aus zu entdecken, sieht zwei größere Eidechsen, eigentlich eher Agamen. Genauer gesagt ist es ein Pärchen der Art Trapelus Sanguinolentus. Die beiden hocken mitten auf der Straße. Das Weibchen ist ganz offensichtlich schwanger und das Männchen versucht, sie vor uns zu beschützen. Er wird richtig sauer, sein bräunlicher Hals verfärbt sich in ein kräftiges Blau. Bei dem Anblick kann man verstehen, warum jemand sagt, ich hab so 'nen Hals! Er nickt immer provozierend zu uns hin, als wolle er signalisieren: Na? Kommt doch rüber, wenn ihr was wollt, ihr werdet schon sehen, was ihr davon habt. Wir verscheuchen die beiden von der Straße, denn am Horizont sieht man ein Fahrzeug kommen.

Kysylkum-Wüste heißt die Gegend, durch die wir heute fahren. Und die Provinz des Landes heißt Karakalpakistan. Die autonome Republik hat ein eigenes Parlament, einen eigenen Ministerrat und eine eigene Flagge. Das Karakalpakische ist zusammen mit dem Usbekischen Amtssprache. Aber auch das Russische spielt in der Region eine große Rolle. Hier gibt es eine Unabhängigkeitsbewegung. Wie groß und verwurzelt sie in der Bevölkerung ist, darüber gehen die Angaben weit auseinander. Die Separatisten werfen der usbekischen Regierung Unterdrückung und mangelnde Investitionen in Karakalpakistan vor. In den letzten Jahren haben bis zu 200 000 Karakalpaken das Land verlassen, die meisten von ihnen emigrierten nach Russland und Kasachstan.

Wir nehmen drei Tramperinnen mit, sie haben jede Menge Taschen dabei. Sie steigen schnatternd hinten ein, und ehe ich mein Bett wegmachen und den Tisch und die Bank hochklappen kann, haben sie die Schuhe ausgezogen und sitzen alle drei auf dem Bett, als wäre es ihres. Ich frage mich, wo kommen die her und wo wollen die hin? Während der Fahrt sind die drei ununterbrochen am Reden. Ich glaube, die kriegen es hin, während der gesamten zwei Stunden insgesamt keine 20 Sekunden zu schweigen.

Knapp hundert Kilometer nach der Grenze kommt auf der rechten Seite, etwa zwei Kilometer abseits der Straße gelegen, der Ort Jasliq, dort möchten die Frauen hin. Wir können sie aber nicht in den Ort fahren, denn da, wo die Stichstraße von der Landstraße abgeht, ist ein Polizeiposten, die lassen uns nicht durch. Die Frauen steigen hier aus und auf der Karte sehe ich jetzt auch, was es mit diesem Ort auf sich hat. Das ist ein riesiger Knast, einschließlich Wohnungen für die, die da arbeiten. Es gibt einen Gleisanschluss und einen Flughafen, sonst nichts. Und die drei Frauen waren bestimmt Ehefrauen von dort Einsitzenden, das erklärt auch die vielen Taschen, die sie dabeihaben.

Fünf Kilometer weiter gibt es ein kleines Hotel und Restaurant. Wir haben ein kleines technisches Problem: Die Staubkappe vom Radlager dichtet nicht völlig ab, es schmeißt Fett raus, man sieht das am gesamten Vorderrad. Da trifft es sich ganz wunderbar, dass wir Sue und Marc wieder treffen. Pablo und Marc dichten die Kappe ab und kleben sie fest. Marc ist Fan von dem Kleber Super Glue und Pablo seit diesem Tag ebenfalls.

Nach getaner Arbeit schmeckt das Essen hier doppelt gut. Sue und Marc fahren danach wieder offroad ins Nirgendwo. Wir fahren noch einige Kilometer weiter und suchen uns dann einen Schlafplatz abseits der Straße.

10. Juni: Qo'ng'irot

Wir zockeln weiter auf der schlechten Straße durch die Wüste. Uns kommt eine Gruppe Motorradfahrer entgegen, zwei Russen, ein Tscheche und ein Italiener. Ich glaube, auf dem Motorrad ist es noch blöder, diese schlechte Straße zu fahren.

Manchmal sieht man Bohrtürme neben der Straße und an einem solchen steigt nun auch wieder ein Anhalter ein und möchte etwa zehn Kilometer mitfahren bis zu dem Ort Oqsho'laq. Nun gibt es wieder etwas mehr Anzeichen davon, dass Menschen diese Region bewohnen. Man sieht mal eine Raffinerie von Weitem, Pipelines, kleine Dörfer und große Industriebetriebe, die frei in der Landschaft stehen. Auch an dem einen oder anderen Salzsee fahren wir vorbei.

Einmal sieht man von Weitem eine größere türkise Fläche. Schwer zu schätzen auf die Entfernung, wie groß diese Fläche ist, es müssen aber mindestens mehrere Fußballfelder sein, eher sogar noch größer. Man erkennt diese Fläche sogar auf der Satellitenaufnahme von Google Maps, wenn man Kunkhodja als Suchbegriff eingibt. Ich poste das Foto in Facebook, aber niemand kann mir sagen, was es damit auf sich hat. Ich vermute irgendwas Gruseliges mit Chemie, das ist aber reine Spekulation.

Etwa 20 Kilometer weiter ist diese Wüste endlich zu Ende und man sieht wieder Büsche, Bäume und ein paar grüne Felder. In Qo'ng'irot möchten wir links abbiegen in Richtung Mo'ynoq, aber dazu kommen wir heute nicht mehr. Denn links vorne macht das Auto ein fieses Geräusch, hört sich – verflixt noch mal – nach dem nächsten Radlager an. Wir haben aber Glück im Unglück. Zum einen, dass uns das erst hier mitten im Ort passiert nach knapp 300 Kilometern Fahrt durch die Wüste. Und zweitens ist – sogar auf unserer Straßenseite – nur wenige hundert Meter entfernt eine Werkstatt, zu der wir noch mit dem Transit hin »humpeln« können.

Es ist mir bis heute ein Rätsel, wo der Werkstattbesitzer ein neues Radlager auftreiben konnte. Denn in Usbekistan gibt es eigentlich nur eine einzige Automarke und das ist Chevrolet beziehungsweise alles, was da dranhängt, alte Opel, Daewoo und so weiter. Es gibt ein zentrales Werk von Chevrolet in Usbekistan, Gerüchte besagen, dass dorthin die alten Produktionsstraßen aus Rüsselsheim gebracht wurden. Lediglich in der Hauptstadt sieht man ganz selten mal andere Automarken, ich schätze den Marktanteil von Chevrolet im Land auf deutlich über 99 Prozent.

Der Werkstattbesitzer jedenfalls meint, er könne ein neues Radlager besorgen und die Sache bis morgen reparieren. Wir haben jetzt 17 Uhr und ich frage mich, ob 24 Stunden reichen. Aber ich sage Zavtra, das russische Wort für morgen, zeige auf meine nicht vorhandene Armbanduhr und halte dann fünf Finger hoch. Morgen, fünf Uhr, in Ordnung, charaschó? Und er nickt.

Er organisiert uns noch ein privates Taxi. Der Fahrer bringt uns erst zu einem Guesthouse und hilft dann noch bei der Suche nach einem Geldautomaten. In dem Ort gibt es aber nur zwei, einer ist leer, der andere kaputt. Usbekistan ist das einzige Land auf unserer Reise, in dem es sehr wenig Geldautomaten gibt. Und weil die immer so große Mengen von diesen 5 000er-Scheinen ausspucken, sind sie sehr oft leer. Wir fahren zu einer weiteren Bank und ich gebe Pablo vorsorglich schon mal Bargeld zum Wechseln mit. Während Pablo in der Bank verschwindet, steigt der Fahrer aus dem Auto, um eine Zigarette zu rauchen. Da kommt ein Streifenwagen angefahren. Die Polizisten kontrollieren seinen Ausweis und nehmen ihn dann mit zu ihrem Wagen.

Na toll, haben sie jetzt den Taxifahrer verhaftet, während ich alleine in seinem Taxi sitze? Der Autoschlüssel steckt jedenfalls. Und Pablo kommt auch nicht wieder, komischer Tag heute. Ich kann auch schlecht zu ihm in die Bank gehen, denn ich mag weder das Auto mit steckendem Schlüssel alleine lassen noch den Schlüssel ziehen und das Auto abschließen.

Irgendwann kommt dann zuerst Pablo und erzählt eine lustige Geschichte, wieso das so lang gedauert hat. Die Polizei war in der Bank und es herrscht eine komische Stimmung, als Pablo reinkommt. Er wird dann in das Büro der Chefin geführt, da liegt ein

Haufen Bargeld auf dem Tisch. Da ich nicht weiß, wie viel die Reparatur kosten wird, habe ich ihm 300 Euro zum Wechseln mitgegeben. Die Bankdirektorin entschuldigt sich auf Englisch. Sie zeigt auf den Tisch und sagt, das sei alles Bargeld, was sie aktuell noch da hätten, und schiebt eine erstaunliche Begründung nach: »Because we had a fraudulent«. Pablo und ich kannten das englische Wort bis zu diesem Tag nicht, aber Pablo kennt aus dem Spanischen fraudulento und das heißt das gleiche: Betrug, betrügerisch. Auf dem Tisch liegen vier Millionen usbekische So'm in kleinen Scheinen, umgerechnet 400 Euro. Davon nimmt sie die Hälfte, um sie Pablo zu wechseln.

Wir fragen uns bis heute, was da wohl vorgefallen war. Falschgeld vielleicht?

Irgendwann kommt dann auch der Taxifahrer zurück. Wenn wir das richtig verstanden haben, ging es darum, dass er ein Schwarztaxi hat. Er will uns jedenfalls nur noch möglichst schnell loswerden. Gut, alles war eingefädelt, wir haben eine Unterkunft und Zeit. Unweit von unserer Herberge ist das Café MIR, in dem wir lecker essen. »Mir« ist russisch und heißt Frieden. Hier in Usbekistan gibt es auch Schaschlik. Daneben gibt es nur drei, vier weitere Gerichte, aber es sind überall im Land die gleichen, Lagman, ein Gericht mit Nudeln, die vorher matschig gekocht wurden, Schorpo, eine Rindfleischsuppe, und Plov. Das ist Reis, der mit Brühe aufgekocht wird, außerdem sind Möhrenstreifen drin, Knoblauch und vieles mehr. Es gibt viele Varianten von Plov und fast so viele verschiedene Schreibweisen dafür: Pilaw, Pilav, Plow, Pilau oder auch Palau. Mal ist Plov Beilage, mal Hauptgericht.

Nach dem Essen trinken wir noch das eine oder andere Bier zusammen mit den Usbeken an den Nachbartischen.

11. Juni: von Qo'ng'irot nach Mo'ynoq (Aral-See)
Morgens um fünf Uhr klopft es an der Tür des Hotelzimmers. Es ist jemand von der Autowerkstatt, das Auto sei fertig. Großes Missverständnis, sie hatten gedacht, wir wollten das Auto morgens um

fünf Uhr schon wiederhaben. Wahrscheinlich haben sie die halbe Nacht durchgearbeitet und den Kopf geschüttelt über diese bekloppten Deutschen. Die Reparatur kostet einschließlich Ersatzteil 60 Euro. Ich fahre das Auto vor das Gasthaus und lege mich wieder schlafen.

In Usbekistan müssen Touristen sich registrieren. Und zwar jeden Tag, spätestens ab 72 Stunden nach der Einreise. Wenn man in Hotels geht, machen die das automatisch, man bekommt das gar nicht mit. Für Overlander geht das zwar theoretisch online, aber nur theoretisch, denn praktisch funktioniert die Seite nicht. Auch aus dem Grund war es ganz gut, hier abzusteigen.

Heute haben wir nur 80 Kilometer zu fahren, mittags ist es uns zu heiß dafür. Stattdessen gehen wir über den Basar und gönnen uns dort ein Eis. Wir fahren erst los, als die Sonne nicht mehr ganz so hoch steht. Die Gegend hier ist zwar auch staubig und trocken, aber wenigstens keine Wüste mehr. Man sieht Büsche, Bäume, Felder und Blumen, das kommt richtig gut nach den letzten Tagen. Am Rande eines kleinen Dorfes werden wir noch Zeuge eines ganz besonderen Spektakels. Mehrere Männer sind mit den letzten Vorbereitungen beschäftigt, ein selbstgebautes Ultraleichtflugzeug zusammenzusetzen. Gelenkt wird das Vehikel wie ein Hanggleiter durch den Bügel, den der Pilot mit beiden Händen festhält und der das dreieckige Segel in alle Richtungen bewegen kann. Am Heck hinter dem Fahrersitz hat er einen kleinen Benziner-Automotor und einen großen Propeller.

Nach den letzten Handgriffen und klugen Ratschlägen setzt er seinen Jet-Helm auf, fährt auf die Straße, gibt Vollgas und hebt ab.

Wir kriegen richtig was geboten auf unserer Reise! Mittlerweile haben sich etwa drei Dutzend Männer aus dem Dorf eingefunden. Als das Fliewatüüt abhebt, atmen sie erleichtert auf, das scheint der allererste Flug gewesen zu sein. Der Pilot steigt überraschend hoch, bis er klein wird am Himmel, dreht dann aber nur noch ein paar Kurven und rollt nach zehn Minuten wieder vor unseren Füßen aus. Die Männer applaudieren. Der Applaus gilt vermutlich nicht nur dem Mut des Testpiloten, sondern auch ihnen selbst, da in dem Flug-Zeug eine Menge Arbeit drin steckt.

In Mo'ynoq, unserem heutigen Tagesziel, gibt es ein wenig Tourismus. Früher lag dieser Ort mal an der Küste des Aral-Sees. Damals gab es hier mehr Tourismus, weil viele Sowjetbürger kamen, um Urlaub am damals viertgrößten See der Welt zu machen. Außerdem lebten hier viele Fischer. Also die Fischer leben immer noch hier, aber es gibt keine Fische mehr.

Heute hat dieser Ort eine traurige Berühmtheit erlangt, denn in der Nähe ist ein Schiffsfriedhof. Dort liegen die Wracks mittelgroßer Schiffe, die einst auf dem See fuhren. Rund um den See gab es viele solcher Wracks, aber die meisten wurden mittlerweile von Schrottsammlern nach und nach entwendet und niemand hatte etwas dagegen. Hier in Mo'ynoq jedoch hat man das unterbunden und ein Mahnmal neben einen alten Leuchtturm, der mal am Ufer stand, gebaut. Jetzt geht es von dort etwa 30–40 Meter durch den Sand runter, auf den früheren Grund des Sees und da liegen rund 15 vor sich hin rostende Schiffswracks als Mahnmal oder Menetekel für die menschengemachte Verwüstung riesiger Landstriche. Doch darüber morgen mehr, jetzt bleiben wir erst mal im Ort und suchen ein Restaurant, wir haben Hunger.

Zum Schutz gegen die heiße Sonne haben hier viele Häuser breite Vordächer. Dazu wird dann noch ein Holzboden verlegt und es sieht bei vielen Häusern fast schon wie eine Veranda aus. Und da sitzen wir jetzt, in einem Restaurant. Nebenan, sozusagen unterm gleichen Dach, ist auch noch ein Tante-Emma-Laden und so ist das hier ein beliebter Treffpunkt. Vor solchen Restaurant stehen, wenn sie geöffnet haben, grundsätzlich rauchende längliche Grills, auf denen die Schaschliks gegrillt werden, indem man sie quer drüberlegt.

Es läuft Musik und ein kleines Mädchen tanzt anmutig dazu. Pablo hat eine App, mit der man Musik identifizieren kann, und wir finden den Titel bei YouTube. Zinkaka Zinkak heißt der populäre Song und das Mädchen macht bis ins Detail die Bewegungen der Tänzerinnen nach, die nur klein im Hintergrund zu sehen sind. Das Lied hat komplizierte Rhythmuswechsel, aber die Kleine ist absolut taktsicher.

Mittlerweile ist es dunkel geworden und wir fahren jetzt ans ehemalige Seeufer. Das Mahnmal liegt etwa fünf Kilometer hinter Mo'ynoq und man kann im Mondlicht auch die Kante sehen, die früher das Ufer war. Neben dem Mahnmal hat jemand ein paar Jurten aufgestellt und vermietet Übernachtungsmöglichkeiten zu für usbekische Verhältnisse überteuerten Preisen bei schlechtem Service, das hatten wir vorher in mehreren Rezensionen gelesen. Aber wir wollen jetzt sowieso keinen Smalltalk mit Backpackern, sondern die Ruhe genießen. So fahren wir noch einen Kilometer weiter und gute Nacht.

Nachts werde ich wach, weil ich in der Ferne einen Waldbrand sehe, der hellauf lodert. Aber das ist kein Waldbrand, das sollten wir in den nächsten Wochen noch öfters sehen. Man fährt den Müll an den Rand des Dorfes und zündet ihn an. Dort kokelt der vor sich hin, nachts sieht man das dann viel deutlicher

12. Juni: von Mo'ynoq nach Nukus

Die Versandung des Aralsees geschah im letzten halben Jahrhundert. Die Hauptursache lag und liegt in der Entscheidung der Sowjetunion von damals, dass die Republiken Usbekistan und Kasachstan den Baumwollanbau für alle Ostblockländer übernehmen sollten. Jedes Kilogramm Baumwolle braucht 10 000–20 000 Liter Wasser.

In den Aralsee mündeten früher zwei große Flüsse: der Amudarja (vom Süden her kommend) und Syrdarja (vom Osten). Ihnen wird mittlerweile vorher so viel Wasser entzogen, dass der Amudarja überhaupt nicht mehr im See ankommt, sondern vorher versandet und der Syrdarja sehr viel weniger Wasser mit sich führt als einige Jahrzehnte früher.

Den größten Anteil, etwa die Hälfte, hat Turkmenistan zu verantworten. Der 1500 Kilometer lange Karakumkanal, der vom

Amudarja bis ins Kapische Meer führt, wurde bereits von den Sowjets angelegt, um große Teile des Landes zu bewässern. Er war damals der größte Kanal der Sowjetunion. Heute zieht er noch genauso viel Wasser aus dem Fluss. Da der Kanal im Laufe der Jahre aber ziemlich undicht geworden ist, kommt längst nicht alles abgezweigte Wasser da an, wo es hinsoll.

Durch die Versandung des Aralsees wurde das restliche verbliebene Wasser immer salziger. Dort, wo gar kein Wasser mehr ist, bleibt eine Salz- und Staubwüste, die durch jahrzehntelange hohe Einträge an künstlichen Düngemitteln, Herbiziden, Pestiziden und anderen Schadstoffen zudem hoch gesundheitsgefährdend ist. Der salzige und giftige Staub wiederum wird aufgewirbelt und durch den Wind weit verbreitet. Atemwegserkrankungen, Krebs, Typhus, Hepatitis, Magen-Darm-Erkrankungen, die Liste der Krankheiten, deren Auftreten sich in den letzten Jahrzehnten in der Region vervielfacht hat, ist lang. Die Säuglingssterblichkeit in der Region ist vergleichbar mit armen afrikanischen Staaten wie Kamerun, Kenia, dem Sudan oder Simbabwe und außerdem kommen viele Kinder mit Missbildungen zur Welt.

Der feine Staub wird aber noch wesentlich weiter getragen. Pestizide aus der Aralregion finden sich sogar im Blut von Pinguinen der Antarktis, auf Grönlands Gletschern, in Norwegens Wäldern und in der Mongolischen Wüste.

Auch wir bekommen den Staub zu spüren, er dringt durch alle Ritzen im Fahrzeug, in jede Schublade, in jede Tasche, in jedes Fach. Das Verschwinden des Sees macht sich so auch schon hunderte von Kilometern, bevor man das ehemalige Ufer erreicht, bemerkbar. Das ehemalige Ufer ist sehr gut zu erkennen, wir stehen jetzt genau oben an der Kante. Und 30 Meter weiter unten sieht man die Schiffskadaver liegen.

Überraschenderweise kostet es noch keinen Eintritt, auf dem Schiffsfriedhof spazieren zu gehen und zu fotografieren. Am Mahnmal wird auf Schautafeln der Rückgang des Wassers eindrücklich

Schiffsfriedhof von Mo'ynoq am ehemaligen Aralsee

erläutert. Die Schiffe sind mittlerweile noch weiter verrottet als auf den meisten Fotos. So sind zum Beispiel keine Farben mehr zu sehen, alles ist rostbraun geworden. Es gibt ein beeindruckendes Musikvideo von Pink Floyd mit bedrückenden Bildern von den alten Schiffen, der Titel: Louder than words. Das passt gut, das bedrückende Szenario hier wirkt wie ein Aufschrei gegen Umweltzerstörung und Technikwahn. Es verschlägt einem die Sprache und macht demütig.

Nach diesem Besuch möchten wir heute nach Nukus fahren. Unterwegs kommen wir in eine Polizeikontrolle, alle Fahrzeuge werden angehalten und kontrolliert. Aber als der Polizist unser Kennzeichen sieht, winkt er uns gleich weiter. Das war bisher bei allen Kontrollen so und wird sich in Usbekistan für uns auch nicht ändern. Ich habe bisher kein anderes Land erlebt, in dem einem so deutlich gezeigt wird, dass man als Tourist willkommen ist.

Als wir in Nukus ankommen, ist gerade das Freitagsgebet zu Ende und viele Männer strömen aus den Moscheen. Wir werden hier wieder ein Hotel nehmen, denn wir müssen einige Dokumente einscannen und an die Agentur nach China mailen für unsere Einreise am 21. August. Außerdem möchte ich noch mal einen

Arzt aufsuchen, weil mich nach wie vor Schmerzen durch den Hexenschuss plagen. Das Doppelzimmer kostet um die 20 Euro.

13. Juni: Nukus

Nukus wurde erst 1932 gegründet. Die neue Stadt sollte die neue Hauptstadt von Karakalpakistan werden, da die alte 170 Kilometer stromaufwärts liegende Hauptstadt To'rtko'l zu abgelegen war und außerdem durch das damalige Hochwasser des Amudarja dauernd überschwemmt wurde. Daher gibt es in Nukus zwar keinerlei Altstadt, aber ein sehr interessantes Museum.

Der Künstler und Ethnograf Igor Sawizki kam 1950 erstmals aus Moskau mit einer ethnografischen Expedition angereist und verliebte sich in die Gegend. Wenige Jahre später zog er von Moskau nach Nukus. Von 1957 bis 1966 legte er eine umfangreiche Sammlung von Schmuck, Teppichen, Münzen, Kleidung und anderen Artefakten aus der Region an und überzeugte die Behörden von der Notwendigkeit eines eigenen Museums. Dann fing er an, russische Avantgarde-Kunst der 1920er- bis 1940er-Jahre zu sammeln. An einiges kam er günstig heran, weil es im fernen Moskau verfemt war, hier aber niemanden interessierte. So entstand in Nukus die zweitgrößte Sammlung von Kunst der russischen Moderne nach dem Russischen Museum in St. Petersburg. Das Sawizki-Karakalpakistan-Kunstmuseum wird auch der Louvre des Ostens genannt.

Doch morgen möchte ich mich erst mal um meinen Rücken kümmern und Pablo versucht Diesel aufzutreiben. An der Hotelrezeption geben sie mir einen Fahrer mit, der mich in ein Krankenhaus fährt. Das ist ein riesiger Gebäudekomplex in Plattenbauweise. Draußen auf dem Rasen sitzen viele Familien, die die Kranken besuchen und ihnen Speisen mitbringen. Die Versorgung mit Mahlzeiten in Krankenhäusern ist hier Angelegenheit der Angehörigen, nicht der Krankenhäuser.

Nach ein wenig Wartezeit kommen wir in einen Raum, in dem eine Schwester mit einem großen Formularbuch sitzt, daneben eine Ärztin und ein Krankenpfleger, ich soll auf der Liege Platz nehmen.

Die Frau mit dem Buch führt das Gespräch, trägt alles ein, danach tastet die Ärztin ganz kurz meinen Rücken ab und gibt dem mich begleitenden Assistenten Anweisungen, was zu tun sei – erst mal zum Röntgen. Ich möchte protestieren, ich habe keinen Bandscheibenvorfall, ich kenne meinen Rücken. Eigentlich hatte ich eher auf einen Chiropraktiker gehofft, der einrenken kann. Aber darauf hört hier niemand, wäre bei uns möglicherweise auch nicht anders. Vor dem Röntgen machen sie noch Ultraschall. Bei dem vorsintflutlichen Röntgengerät krieg ich vermutlich so viel Dröhnung ab, dass ich diese Untersuchung getrost als mein persönliches Fukushima bezeichnen kann.

Mit den Untersuchungsergebnissen geht es wieder in den Besprechungsraum, jetzt ordnet die Ärztin ein MRT an. Und mir wird das jetzt zu blöd, ich will nicht in die Röhre. Ich bitte sie, mir einfach ein schmerzstillendes Medikament zu geben, und will hier nur noch weg. Immerhin, all das hat absolut und überhaupt nichts gekostet. Auch das MRT wäre für lau gewesen. Respekt! Übrigens, auch die Fahrten haben mich nichts gekostet, das gilt als Service des Hotels.

Es ist gar nicht schwer, in Usbekistan Diesel zu bekommen, jeder kann selbst welchen besorgen oder weiß, wo es welchen auf dem Schwarzmarkt gibt. Schon bei dem Autoschrauber, der das Radlager repariert hat, konnten wir 20 Liter kaufen. Pablo hat einfach an der Hotelrezeption gefragt. Er musste nur um die Ecke in einen Hinterhof fahren. Dort stand eine uralte Zapfsäule ohne Verkleidung. Daraus werden hier Trecker betankt. Das war das einzige Mal in Usbekistan, dass wir Diesel aus einer Zapfpistole getankt haben. Übrigens, unsere Reservekanister sollten wir bis zur Ausreise kein einziges Mal benötigen.

Nur einen Geldautomaten finden wir wieder nicht.

14. Juni: von Nukus nach Buchara

Kurz hinter Nukus erleben wir aber erst mal eine große Überraschung. Mitten in der Wüste sehen wir links von der Straße ein Flugzeug stehen. Das wollen wir uns von Nahem ansehen und biegen ab. Hier gibt es nirgendwo asphaltierte Fläche, wie ist das dahin gekommen? Es handelt sich um eine dreistrahlige Jakowlew Jak-42. Letzter Besitzer war oder ist die technische Hochschule von Nukus, vorher flog die Maschine für die Aeroflot unter der Flugnummer CCCP-42305. Diese Informationen verdanke ich dem Schwarmwissen von Facebook, in diesem Fall verkörpert durch Chris.

Von Nahem kann man sehen, dass das Teil ziemlich schrottig ist. Ein Flügel ist abgebrochen und nur auf Holzstelzen wieder aufgestellt, ein paar Fensterscheiben fehlen. Hinten mittig kann man die Gangway raufgehen. Im Innenraum sieht man nur noch den Rumpf und die Spanten, der ebenerdige Boden ist größtenteils nicht mehr vorhanden. Pablo geht auf den Spanten nach vorne und scheucht dabei eine Menge Vögel auf.

In etwa zwei Kilometern Entfernung sind Gebäude, ein Wachtturm, sieht irgendwie nach etwas Militärischem aus. Als wir längst wieder draußen sind und am Auto stehen, kommt ein Jeep angebraust. Ein Zivilist und einer in Kampfuniform steigen aus und grüßen freundlich. Sie sprechen kein Englisch, aber es ist klar, was sie wollen, wir sollen hier nicht sein. Ich glaube, sie haben nicht mitbekommen, dass wir schon in dem Flugzeug drin waren, sondern vermuten, dass wir gerade erst angekommen sind. Ich zeige auf meinen Fotoapparat und frage, ob ich ein Foto machen dürfe, die beiden sagen energisch Nein. Ich zucke mit den Schultern, tu so, als ob ich gehorche, und verstaue den Apparat im Auto. Dann gibt es noch den üblichen Smalltalk, das Bayern Munschen gut ist und Manchester. Hier stehen sie alle auf ManU, weil deren Spieler Reklame für Chevrolet auf ihren Trikots haben.

Nach einer freundlichen Verabschiedung fahren wir weiter. Meistens scheinen diese beiden Jungs übrigens wachsamer zu sein, denn im Netz gibt es wenig Fotos von diesem Flugzeug aus der Nähe. Aber man kann es auf Google Maps finden unter den Koordinaten 42 3884363, 59 9544250.

Heutiges Tagesziel ist Xiva, der erste große Name der alten Seidenstraße auf unserer Strecke. Gegründet im 6. Jahrhundert, wuchs diese Stadt schnell zu einem wichtigen Handelsposten auf den Karawanenstrecken von Europa nach China und Indien.

Die Altstadt von Xiva ist rausgeputzt wie ein großes Freilichtmuseum. Es sieht aus wie eine dreidimensionale Postkarte und gehört zum UNESCO-Weltkulturerbe. Die Zusammensetzung der Nationalitäten der Passanten ist ungefähr die gleiche wie auf dem Markusplatz in Venedig, dem Empire State Building oder Schloss Neuschwanstein. Hier gibt es eine alte Moschee neben der anderen und dazwischen Madrasas. Das heißt übersetzt Koranschule und das sind in all diesen Orten immer die prächtigsten Gebäude. Kuppeldächer und die Vorderfronten sind oft mit Ornamenten und vor allem blauen Fliesen gekachelt. Das Blau gibt es in allen Schattierungen von hell bis dunkel, Töne, die im Sommer kühlend wirken. Außerdem haben sie ein oder zwei Minarette.

Da die Stadt auch strategisch-militärisch wichtig war, wurde sie im Laufe der nächsten tausend Jahre oft erobert und zerstört, letztmalig 1740 durch die Perser. Würde ich jetzt beginnen, vollständig aufzuzählen, wer wann von wo in diese Stadt eingefallen ist, wäre das Buch zu Ende, bevor wir Xiva wieder verlassen können.

Und wo wir gerade dabei sind, ich muss mal etwas schneller fahren, denn sonst ist das Buch zu Ende, bevor wir in China sind. Ich werde daher zum Beispiel die bekanntesten Sehenswürdigkeiten, deren Besuch uns in den nächsten zwei Wochen bevorsteht, nicht ausführlicher beschreiben, weil ich sie als bekannt voraussetze. Wir müssen ab jetzt ein wenig chinesischer reisen, also nicht so sehr in die Tiefe gehen, sondern aussteigen, kurz mal Fotos machen, drei Sätze verlieren, einen Haken setzen und weiter geht's. Eben genau so, wie es chinesische Touristen in Europa machen: »Oh, it's Monday, that must be Paris.« Das müssen wir zum Glück nur hier im Buch, in real durften wir das viel mehr auskosten.

Wir fahren weiter, möchten zum Übernachten aus der Stadt raus. An einem Lokal, an dem Café dransteht, gibt es Abendessen. Aber leider keinen Kaffee danach. Nicht überall, wo Café draufsteht, ist auch Kaffee drin. Wieder mal ist es längst dunkel, bis wir an unserem geplanten Übernachtungsplatz ankommen, einem See. Zehn Minuten später sind wir aber auch schon wieder weg – vertrieben von Killermücken. Wir suchen uns einen anderen Platz, an dem man keine Kröten hören kann, denn wo die sind, sind meistens auch Mücken.

15. bis 19. Juni: Buchara (Buxoro)

Auf dem Weg nach Buchara treffen wir Jörg wieder, den radelnden Rentner. Die Stadt ist der zweite große Name auf der alten Seidenstraße, in vielen anderen Sprachen heißt sie Buxoro. Sie hat eine ähnliche Geschichte und ein ähnliches Aussehen wie Xiva, aber sie ist noch größer und die Gebäude sind es ebenfalls. Wir finden einen guten Standplatz ganz nah an der für Fahrzeuge abgesperrten Altstadt.

Gemeinsam mit Jörg besichtigen wir die gesamte Altstadt ausgiebig und finden nach zwei Tagen sogar einen funktionierenden Geldautomaten. Der spuckt allerdings nur Dollar aus.

An einem Tag ist alles abgesperrt, denn Präsident und Außenminister von Bangladesch kommen zu Besuch. Es ist witzig, irgendwie fallen wir für sämtliche anwesenden Sicherheitskräfte aus dem Raster. Alles ist weiträumig abgesperrt, es gibt Polizei, Spezialpolizei, Militär, zivile Sicherheitskräfte, kein Mensch kommt durch, aber die Touristen werden unbehelligt überall durchgelassen, als wenn nichts wäre. Ich kann Pablo die ganzen zivilen Kräfte zeigen, die unterwegs sind, mit und ohne Knarre. Bei genauerem Hinsehen erkennt man, wie sie emsig hin und her laufen, heimlich mit den Kollegen funken, ihre versteckten Knarren zurechtrücken und einheimische Passanten abdrängen. Plötzlich kommt die hochoffizielle Delegation aus einem Restaurant und der Präsident samt Tross läuft vielleicht drei bis vier Meter an uns vorbei zur Wagenkolonne. Selbst jetzt werden wir völlig in Ruhe gelassen, während nach außen hin alles hektisch gesichert wird, witzig.

Am nächsten Tag fahren wir mit einem Elektrokarren zu einer etwas entfernter gelegenen Sehenswürdigkeit. Der Fahrer spricht wenige Worte Deutsch. Er war als junger Mann beim Wehrdienst in der roten Armee in der Nähe von Magdeburg stationiert. Er zeigt uns ein Tattoo auf seinen Fingern, ein Buchstabenkürzel. Er sagt, das ist das Zeichen von den Soldaten, die in Deutschland stationiert waren. Und dann zeigt er uns Fotos, dass gestern der Präsident bei ihm im Elektrokarren gesessen habe, darauf ist er mächtig stolz. Als wir aussteigen, dient er sich auch gleich den nächsten Touristen an, ob sie nicht eine Runde im »Presidenski Scooter« fahren möchten.

Ganz in der Nähe unseres Stellplatzes gibt es ein Justizmuseum. Zindan ist der Name, es war früher mal ein Gefängnis. In einer Zelle der Festung sind Wachsfiguren angekettet und die karge Einrichtung nachgestellt.

Ich lasse beim Stadtspaziergang auf einer Parkbank mein Teleobjektiv stehen, und als ich es eine Viertelstunde später bemerke, gehe ich hektisch zu dem Punkt zurück, an dem ich es zuletzt sicher hatte. Doch auch nach zweimaligem Ablaufen der Strecke ist es nicht zu finden. Ich könnte mich in den eigenen Po beißen über meine Doofheit, das Teil aus den Augen verloren zu haben. Schließlich gehe ich davon aus, dass es wohl geklaut wurde. Ich glaube, ich weiß, wo ich es abgestellt und vergessen habe. Am besten, ich besorge mir hier und jetzt sofort ein neues, damit ich mich nicht weiter ärgern muss und weil morgen ein weiteres Fußballspiel ist. Ich frage einen der vielen Uniformierten von der Touristenpolizei, wo es hier zu einem Fotogeschäft geht, indem ich auf die Kamera zeige und Teleobjektiv sage. Er spricht aber besser Englisch, als ich dachte. Seine Miene hellt sich für einen Moment auf und er wird hektisch. Er spricht auf Usbekisch in ein Funkgerät und sagt, ich solle warten. Tatsächlich kommt zehn Minuten später jemand mit dem Objektiv an. Keine Ahnung, was da passiert war, bestimmt hatte es jemand gefunden und abgeliefert. Jedenfalls wollte der Polizist gerne das obligatorische Foto zusammen mit mir machen und ein Video, in dem ich in die Kamera sage,

Die Seidenstraße ist allgegenwärtig, hier an der Zitadelle »Ark« in Buchara

wie toll die Tourist Police von Buchara ist, weil ich mein Teleobjektiv wiederbekommen habe. Seitdem ist Oybek Fayziyev mein Facebook-Freund. Das Video erschien auf der Facebookseite der örtlichen Tourist Police und am nächsten Tag sprachen mich andere Touristenpolizisten darauf an.

Außerdem besuchen wir wieder ein Fußballspiel, FC Buchara gegen Spitzenreiter Paxtakor Taschkent. Ich halte zur Heim-Mannschaft. Wie üblich verliert die Mannschaft, zu der ich gehalten habe. Genauer gesagt werden sie mit 0:5 weggefenstert. Ich frage mich, warum meine Freunde in Deutschland mich nicht mehr zu Fußballspielen mitnehmen, sondern mich stattdessen immer auf Schalke schicken wollen.

Unsere Weiterreise verzögert sich, weil Pablo und mich die Rache des Zarathustra ereilt. Es wird gesagt, das macht jeder Tourist in Usbekistan mindestens einmal durch. Meistens kann man nicht mal rausfinden, welche verdorbene Speise oder Getränk es gewesen ist, eine einzige Bakterie reicht ja schon. In unserer Misere ist uns Tim behilflich. Wir stehen so nah an der Altstadt, eigentlich schon quasi in der Altstadt, dass es unmöglich ist, für solch ein Geschäft mal in die Büsche zu gehen. Aber Tim arbeitet in der Rezeption eines besseren Hotels am Platz. Er ist russisch-stämmig und spricht gut Englisch. Das sind hier nicht wenige, eben das Erbe aus alten Zeiten wie in Moldawien oder der Ukraine. Tim macht diese Arbeit als Studentenjob und ist sehr glücklich, dass sich all das bald ändert. Denn er hat jetzt die dritte und letzte Hürde des strengen Auswahlverfahren genommen und darf in drei Monaten nach St. Petersburg zum Medizinstudium. Danach oder nebenbei möchte er Deutsch lernen und später nach Deutschland kommen. Er erzählte interessante Dinge von seiner Bewerbung. Man hat den Eindruck, Russland möchte bedrängten, russisch-stämmigen Menschen in den ehemaligen Ländern helfen beziehungsweise sie fördern. Das wichtigste Kriterium für dieses Stipendium ist neben der fachlichen Qualifikation die Kenntnis der russischen Sprache. Tim betont (natürlich), innerhalb dieses Rahmens würden aber auch usbekisch-sprachige junge Leute einen Zuschlag bekommen. Tim ist Fußball-fan, aber nicht vom FC Buchara, sondern von Paxtakor Taschkent, Tim steht auf die Sieger.

19. bis 20. Juni: von Buchara über Navoiy nach Samarkand

Die 300 Kilometer von Buchara nach Samarkand wären zwar zu schaffen gewesen, aber wir lieben es ja, zu bummeln und uns Zeit zu lassen. Wir fahren heute nur bis kurz vor Navoiy. Wir überholen zwei Radler und machen gemeinsam Pause unter einem schatten-spendenden Baum. Lias und Fabio aus Graz, ein langer Dünner und ein kurzer Drahtiger, 20 und 21 Jahre alt und auf dem Weg von Graz nach Tokio (graz-tokyo.at). Wir verstehen uns auf Anhieb gut. Sie sind begeistert, als wir erzählen, dass in Samarkand in drei Tagen ein Fußballspiel ist, das könnten sie schaffen. Denn sie haben einige Sponsoren und sie sind unter anderem ernannt worden zu Sportbotschaftern des österreichischen Erstligisten Sturm Graz. Sie haben die Vereinsflagge mit und freuen sich, die dann endlich mal ausführen zu können.

Abends gehen wir in einem der typischen usbekischen Restaurants essen. Man hockt ohne Schuhe auf einem Podest an einem niedrigen Tisch. An den Ecken sind Holzpfosten, die ein Dach tragen. Die ganze Konstruktion steht eineinhalb Meter erhöht auf Stelzen, eine Treppe führt herauf.

Da das ein muslimisches Restaurant ist, gibt es leider kein Bier, an den Nachbartischen können wir aber die Wodkaflaschen unterm Tisch sehen. Bigotterie gibt es eben vielerorts, man könnte auch sagen, die Einflüsse aus Russland sind genauso stark wie die aus Mekka.

Die Gegend hier ist sehr fruchtbar und deswegen auch sehr dicht besiedelt, dazwischen weite Baumwollfelder. Daher finden wir abends auch erst nach längerer Suche einen ruhigen, abgelegenen Schlafplatz. Das war für uns jetzt über mehrere Wochen völlig anders, willkommen zurück in der Zivilisation.

Auf halber Strecke liegt die Stadt Navoiy (115 000 Einwohner). Das gibt mir die Gelegenheit, die erstaunliche Geschichte zu erzählen, warum in dem Vielvölkerstaat Usbekistan etwa 185 000 Koreaner leben:

Viele Koreaner sind aus wirtschaftlichen Gründen Ende des 19. Jahrhunderts von der koreanischen Halbinsel aus nach Norden gezogen und haben sich in der Region um Wladiwostok angesiedelt. Sie werden »Korjo-Saram« genannt. Stalin hat sie einige Jahrzehnte später nach Zentralasien deportiert – genau wie viele Wolgadeutsche. Der Unterschied zu den Deutschstämmigen besteht aber darin, dass sie nicht ohne Weiteres zurück nach Korea gehen können. Einige tun es trotzdem, für sie gibt es in Seoul beispielsweise russischsprachige Kirchen. Aber sie bekommen in Korea nur schwer neue Aufenthaltstitel. So lebten in Südkorea im Jahr 2005 etwa 15 000 usbekische Staatsbürger.

Daher leben nach wie vor viele Korjo-Saram auf dem Gebiet der ehemaligen Sowjetunion, zum großen Teil in Usbekistan, aber auch in Russland, Kasachstan und Kirgistan. Alleine in Taschkent leben schätzungsweise 50 000. So gibt es zahlreiche koreanische Restaurants. Sie pflegen ihre Traditionen bis heute und sprechen – neben Usbekisch und Russisch – nach wie vor Koreanisch.

Einer der bekanntesten Korjo-Saram zu Sowjetzeiten war der Rockmusiker und Poet Viktor Zoi, sozusagen das Ostblock-Gegenstück zu Jim Morrison.

Die koreanische Wirtschaft profitiert von den Korjo-Saram in Usbekistan und jetzt kommen wir wieder nach Navoiy. Hier gab es einen Regionalflughafen. Den baute Korean Air Cargo zu einem großen Stützpunkt für Luftfracht aus, denn er liegt genau auf halbem Weg zwischen Südkorea und Europa.

In der Luftfrachtsprache wird das Prinzip Hub-and-Spoke genannt. Durch die Bündelung von sogenannten Feeder-Flügen (Zubringerflüge) aus oder in Regionen mit wenig Verkehrsaufkommen zu oder von einem zentralen Umsteige-»Hub« können (Umsteige-) Verbindungen angeboten werden, die im Point-to-Point-System nicht wirtschaftlich durchzuführen wären. Man spart sozusagen einen Schritt. Auf deutsche Verhältnisse »übersetzt« hieße das zum Beispiel: Luftfracht von Dortmund in eine vergleichbare Stadt in Südkorea würde nicht mehr vom Flughafen Dortmund über die Flughäfen Frankfurt und Seoul zum Empfängerflughafen geliefert, sondern nur über Navoiy, man spart eben den einen Schritt.

Davon profitieren nicht nur Koreaner in Korea, sondern auch die Korjo-Saram, denn nicht wenige finden dort Arbeit. So bekommt auch Korea ein großes Stück des Kuchens ab von den Gewinnen, die sich über die neue Seidenstraße erwirtschaften lassen, während man in Europa weiter schläft.

20. bis 23. Juni: Samarkand

Schon der Name hört sich an wie ein Märchen aus 1001 Nacht, ein weiterer berühmter Haltepunkt für Karawanen auf der alten Seidenstraße.

Über die IOverlander-App haben wir einen wunderbaren Stellplatz gefunden. Ein kleines ruhiges Wäldchen mitten in der Stadt, in dem Elias und Fabio morgen auch ihr Zelt aufschlagen können.

Weniger als zehn Minuten zu Fuß zum Registan. Ich behaupte mal, das ist einer der kunsthistorisch schönsten urbanen Plätze der

Welt. Zu drei Seiten wird er eingerahmt von Madrasas, eine aus dem 15. und die anderen beiden aus dem 17. Jahrhundert. Alle drei sind größer als alle anderen Madrasas, die wir bisher in Xiva und Buchara gesehen haben, eine ist prächtiger als die andere.

Abends werden wir hier Zeugen einer Lightshow zur Geschichte der Seidenstraße. Die großen Fronten der drei Gebäude werden als Projektionsfläche genutzt. Diese Show findet leider nur sehr unregelmäßig statt, immer nur dann, wenn sich Sponsoren finden, die ein paar tausend Euro hinblättern für die 25-minütige beeindruckende Präsentation.

Jetzt geht es weiter zum Spiel, ein Ticket kostet 1,50 Euro. Fabio und Elias schaffen es so gerade eben, sie treffen 20 Minuten vor dem Anpfiff am Stadion ein. Aber wohin sollen sie mit ihren voll bepackten Fahrrädern? Kein Problem, sagt die Polizei, einfach mit ins Stadion nehmen und hinter die Polizeiabsperrung stellen, da passiert mit Sicherheit nichts. Ich stelle mir zwei Usbeken mit vollbepackten Fahrrädern an der Polizeiabsperrung zu einem Bundesligaspiel vor und verwerfe den Gedanken gleich wieder. Das Spiel ist zwar nicht qualitativ auf hohem Niveau, aber es ist toll anzusehen, wie sich der krasse Außenseiter Samarkand durch Kampf und Einsatz ein 2:1 erarbeitet, wie fanatisch die Leute mitgehen und wie kindlich leicht sie sich über den Arbeitssieg freuen. Fabio und Elias haben erstmals die Gelegenheit, ihre Vereinsflagge von Sturm Graz hochzuhalten. Im Stadion gibt es kein Bier und im Supermarkt gegenüber vom Stadion ebenfalls nicht. Der Eintritt kostet 1,50 Euro. Ich mache in der Halbzeit Fotos von den beiden Radlern mit der Vereinsflagge von Sturm Graz.

In Samarkand versacke ich einen Abend auf einer Hochzeit, Fabio, Elias und Pablo an einem anderen Abend gemeinsam mit einem weiteren Overlander aus München, der ebenfalls mit seinem Wohnmobil in dem Wäldchen parkt. Eines Morgens steht außerdem ein Auto aus Südafrika da, mit Kennzeichen aus Südafrika, der gute Ricky mit Freundin, und ein besonders luxuriöses mit Kennzeichen aus Quebec/Kanada, darin Marie und Benoit aus

Montreal. Hinter unserem Auto haben Fabio und Elias ihr Zelt aufgeschlagen. Man kann sich jedenfalls sicher sein, auf solchen Reisen interessante Menschen zu treffen, mit Sicherheit niemals Langweiler.

Ricky ist letztes Jahr von Kapstadt bis Lissabon gefahren, dann war er ein paar Monate wieder zu Hause und seine zweite Etappe ist jetzt von Lissabon nach Wladiwostok. Marie und Benoit zeigen uns ihr mobiles Schloss, sie umrunden damit die Welt (td-mbm.com).

Alle Overlander, die wir bisher getroffen haben, sind übrigens schneller als wir unterwegs. Ausnahme: die Radfahrer. Von denen treffen wir einige unterwegs immer wieder. Aber diejenigen, die mit dem Auto unterwegs sind, sind größtenteils schon wieder zuhause in Europa, während wir noch auf dem Hinweg sind, und zwischendurch waren sie schon in Wladiwostok oder am Baikalsee.

Ich muss hier unbedingt mal die Frage der Feuereimer ansprechen. Seit der Überfahrt über das kaspische Meer auf dem Schiff fallen sie mir auf und jetzt auch hier in Usbekistan. Auf den Schiffen und an vielen öffentlichen Orten, zum Beispiel in Museen, auf Zitadellen und Minaretten, überall sieht man mal einen Holzkasten mit Notfallversorgung der Feuerwehr. Der hängt an der Wand oder ist hinter einem dünnen Zaun in einem Schrank oder in einer Ecke untergebracht. Darin sind meistens Sachen wie ein Hammer oder Spitzhacke, ein Helm, ein Erste-Hilfe-Kasten, ein Feuerlöscher und ein bis drei Löscheimer. Aber es sind eben keine Löscheimer, sondern geometrisch gesehen Kegel, die aussehen wie ein großes Hütchen. Ich vermute, das hat etwas mit dem Erbe der Sowjetunion zu tun, denn diese roten Hütchen haben wir in mehreren Ländern dort gesehen. Wir können es uns nicht erklären, was das soll. Man kann die Dinger weder abstellen noch stapeln. Ich habe das bei Facebook als Frage gepostet und die Leute haben sich echt Mühe gegeben, die Diskussion ging tagelang. Auch Leute von der freiwilligen Feuerwehr haben sich beteiligt, die immer interessiert daran sind, was andere machen, um möglicherweise draus zu lernen,

Hütchen statt Eimer zum Löschen

aber es musste erst weite Kreise ziehen, bevor das Schwarmwissen zuschlug: Ein alter Feuerwehrmann aus Ostdeutschland brachte schließlich die Erklärung und sie leuchtet auch sofort ein: Bilde eine Kette zum Löschen. Tauche zum Nachfüllen die Eimer in den See, den Brunnen, wohin auch immer. Nimm einen Eimer oder ein Hütchen, dann weißt du, wozu das gut ist. Der Eimer lässt sich leer sehr viel schwerer unter Wasser drücken, außerdem schwappt das Wasser dabei über, wenn es schnell gehen muss, und tauft alle Umstehenden. Das spitze Hütchen hingegen lässt sich viel leichter leer ins Wasser runterdrücken.

23. bis 24. Juni: Fahrt nach Taschkent

Die 300 Kilometer haben wir mal wieder nicht an einem Tag geschafft. Das lag vor allem daran, dass wir zu spät losgekommen sind. Uns hat es so gut gefallen in Samarkand und gestern Abend war es spät geworden. Für die Übernachtung haben wir uns einen lustigen Platz gesucht. Die Grenzziehung zwischen den Stan-Ländern (Kasachstan, Usbekistan, Tadschikistan, Kirgistan) erfolgte zu Stalins Zeiten zum Teil nach ziemlich absurden Kriterien. Es mussten irgendwelche Kontingente eingehalten werden, Kungeleien und Befindlichkeiten berücksichtigt werden. An der Grenze zwischen Usbekistan und Kirgistan führte das schon zu Konflikten, die kurz davor waren, militärisch zu eskalieren. Jedenfalls ist hier die direkte Strecke zwischen Taschkent und Samarkand unterbrochen, weil eine Landesgrenze dazwischen liegt, beziehungsweise zwei. Denn ein Zipfel des Territoriums von Kasachstan ragt sozusagen herüber, als die Autobahn zu Sowjetzeiten gebaut wurde, war das egal. Heute macht die Straße nach Taschkent einen Schlenker, aber wir fahren geradeaus weiter. Laut Straßenkarte ist da heute kein Grenzübergang mehr, wir kommen irgendwann an eine Schranke. Da sitzt einer in einem Häuschen, irritiert, dass mal jemand kommt, und schickt uns zurück. Die Zufahrtsstraße von

(Mindestens) 13 Störche auf einem Foto

etwa zwölf Kilometern ist zweispurig, sehr gut in Schuss, doch es gibt keinen Verkehr. Wir fahren noch zwei Kilometer und machen Feierabend.

Diese Nacht ist wieder wunderbar ruhig und das, obwohl wir mit unserem Auto mitten auf einer Autobahn stehen. Allerdings sieht man in der Ferne wieder etwas, was erst mal wie ein großer Waldbrand aussieht, aber vermutlich das übliche Müllfeuer ist.

Entlang der Strecke gibt es eine Stromleitung, auf der zahlreiche bewohnte Storchennester sind. Die Jungen sind schon fast so groß wie ihre Eltern, in wenigen Tagen werden sie die Nester verlassen. So kommt es, dass in jedem Nest gleich mehrere große Störche sind. Auf mehreren Kilometern sind auf jedem Mast entlang der Straße sogar gleich mehrere Storchennester, hier herrscht anscheinend Wohnungsnot für Störche.

Am nächsten Tag steuern wir das Hotel Anvar's Guests in Taschkent an. Ich erwähne den Namen gerne, weil es uns dort gut gefallen hat. Als wir in die Stadt fahren, kommt uns wieder ein niederländischer LKW von Rynart entgegen.

24. bis 30. Juni: Taschkent

Bei Anvar zwei Ecken weiter gibt es eine Autowerkstatt, die ist so sauber, so gut aufgeräumt und organisiert, das übertrifft sogar den Standard einer überteuerten deutschen Fachwerkstatt. Dort bringen wir den Ford am nächsten Vormittag hin, wir wollen hier in der Stadt sowieso nicht Auto fahren. Wir brauchen einen neuen Hauptbremszylinder. Es funktioniert zwar noch alles, aber der alte ist ein wenig undicht und damit ist nicht zu spaßen.

Taschkent war zwar auch einer der großen Namen auf der alten Seidenstraße, davon ist jedoch nichts mehr zu sehen, denn die Stadt wurde 1966 durch ein Erdbeben größtenteils zerstört. Es gibt ein paar interessante Museen und in der Nähe der Universität eine Fußgängerzone, in der abends viele Kleinkünstler bewundert werden können.

Am nächsten Morgen gehen wir zur deutschen Botschaft, denn wir müssen noch das Problem mit den Visa für China lösen. Ich weiß ja, dass es zu lange dauern würde, für uns beide jeweils einen zweiten Pass zu beantragen, denn die werden von der Bundesdruckerei in Deutschland hergestellt und das kann Wochen dauern. Aber es gibt sogenannte vorläufige Ausweise, die haben die in der Botschaft in der Schublade liegen und könnten sie sofort ausstellen. Mein Plan ist es, mit unseren normalen Pässen aus Usbekistan auszureisen, denn in denen ist ja auch der Einreisestempel drin, und mit den vorläufigen Ausweisen nach Kasachstan einzureisen – das geht. Von Kasachstan wollen wir die normalen Pässe nach Deutschland schicken, um das Visum zu beantragen. Ich gehe davon aus, dass das Ganze nur eine Formsache ist und wir in einer Stunde diese Dokumente in den Händen halten. Aber es soll ganz anders kommen:

Wir klingeln an der Botschaft. Die sind so eingeigelt und eingezäunt und abgeschirmt, dass man sich fragt, wovor die Angst haben. Eine namenlose Stimme am Haupteingang fordert uns in akzentfreiem Deutsch auf, den Hintereingang zu benutzen, an dem die Visastelle für Usbeken ist. Ich sage, ich sei kein Usbeke und möchte daher kein Visum für Deutschland beantragen, aber da ist die Stimme schon wieder weg.

Also gehen wir außen an der langen Seitenmauer des parkähnlichen Geländes entlang zum Hintereingang, der von einem usbekischen Polizisten bewacht wird. Dort werde ich über die Wechselsprechanlage abgefertigt von jemand, der Deutsch mit Akzent spricht.

Nachdem ich mein Anliegen vorgetragen habe, kommt jemand mit einem kleinen Papierschnipsel raus, vielleicht halb so groß wie ein Fünf-Euro-Schein, darauf steht eine Adresse, aber auf Russisch, das kann ich nicht lesen. Und eine Telefonnummer, die brauche ich nicht, denn ich bin ja hier. Zudem eine Mailadresse info@taschkent.diplo.de, dorthin solle ich mein Anliegen mailen. Ich bin verdutzt, wieso mailen, ich bin doch hier und habe Ihnen gerade gesagt, was ich will. Der freundliche Usbeke antwortet, er habe mit dem Vizekonsul gesprochen und das ginge jetzt nicht anders.

Also muss ich nun auf meinem Handy eine Mail über die Mauer schicken, mein Anliegen ein weiteres Mal erklären und um Einlass in »meine« Botschaft bitten. Ich schreibe da auch rein, dass ich vor der Tür sitze und warte. Nach einer halben Stunde bitte ich über die Sprechanlage um zwei Stühle, da der Polizist es uns untersagt, auf der Treppenstufe zum Seiteneingang der Botschaft zu sitzen. Sie bringen uns dann letztlich einen Stuhl. Pablo wird die Warterei zu blöd, er geht in die Stadt. Ich habe zum Glück ein Buch dabei und hier ist Schatten.

Nach knapp drei Stunden habe ich endlich die richtige Idee: Ein Hilferuf auf Facebook – immerhin verfolgen viele unsere Reise. Ich schreibe also, dass ich in der usbekischen Hautstadt Taschkent vor »meiner« Botschaft stehe, aber nicht reingelassen werde. Das liest unter anderem mein Facebook-Freund Udo Schiefner und handelt umgehend. Udo ist Bundestagsabgeordneter und er oder sein Büro ruft kurzerhand beim deutschen Botschafter in Taschkent an. Innerhalb von weniger als fünf Minuten geht auf einmal genau das, was angeblich drei Stunden nicht möglich war: Ich werde wenigstens mal hereingelassen. Leider hat Udos Anruf nur den Einlass beschleunigt und nicht meinem weiteren Anliegen auf die Sprünge geholfen.

Erst mal kommt eine Sicherheitskontrolle von einer Intensität, wie wenn man zum Hochsicherheitsgerichtssaal am Düsseldorfer Oberlandesgericht zu einem PKK-Prozess möchte. Sein Handy darf man überhaupt nicht mit hineinnehmen, wie im Knast. Bei wem haben sich die Botschaftsangehörigen meines Landes so unbeliebt gemacht, dass diese Einbunkerung erforderlich ist? Oder ist das nur, weil viele Leute in Usbekistan sauer darauf sind, wie bräsig die da arbeiten? Sowohl die Ausweiskontrolle als auch die Durchsuchung werden von usbekischen Mitarbeitern vorgenommen.

Dann geht es über einen kurzen, rundherum eingezäunten Gang durch den Garten vorbei an einem Warteraum in ein angrenzendes aus mehreren Containern bestehendes Gebäude. Vom Gang im Garten aus kann man vorne einen Teil des eigentlichen Botschaftsgebäudes und des großen gepflegten Gartens darum herum sehen. Es wird umso deutlicher, dass wir hier hinten in der Schmuddelecke der Botschaft sind, deutlich ausgegrenzt durch Zäune, Absperrungen, Sicherheitskontrollen und Überwachungskameras.

Aber egal, ich hoffe, nun den Antrag auf die vorläufigen Ausweise stellen zu können und habe mich innerlich schon darauf eingestellt, dass die uns bestimmt morgen noch mal antanzen lassen, sie abzuholen, zumal Pablo ja jetzt nicht dabei ist. Aber es kommt noch anders. Ich komme in einen Raum, in dem es vier Schalter mit Panzerglasscheibe und Wechselsprechanlage gibt, wie in den Besuchstrakten von Hochsicherheitsgefängnissen, der vierte Schalter in der Ecke ist abgetrennt durch eine Tür.

Ich soll an Schalter eins, die anderen Schalter sind nicht besetzt und außer mir ist auch kein anderer Bittsteller hier. Nun soll ich dem freundlichen usbekischen Mitarbeiter hinter der Glasscheibe ein weiteres Mal mein Anliegen vortragen, auch die interne Kommunikation scheint hier suboptimal geregelt zu sein. Anstatt dass ich nun den Antrag auf die Dokumente abgeben kann, bekomme ich für morgen 14 Uhr einen Termin, um den Antrag auf die Dokumente zu stellen. Die haben sie ja wohl nicht mehr alle! Ich fragte, wieso und ob dann erst ein deutscher Beamter da sein kann. Nein, eigentlich sei das nicht vorgesehen, ob ich darauf bestehen würde, mit einem deutschen zu sprechen? Mir ist das egal, ich dachte ja nur, ich sei hier in der deutschen … ach egal, okay, dann bis morgen 14 Uhr.

Als ich zurückgehe, sehe ich hinter den hohen Zäunen einen athletisch gebauten Mann aus dem Container kommen, er trägt ein T-Shirt mit der Aufschrift »Polizei« und geht zurück in die Vorderhausvilla. Ey, war der jetzt wegen mir da? Wovor haben die Angst?

Es ist kaum zu glauben, aber als ich am nächsten Tag mit Pablo wieder am gleichen Schalter dem gleichen Mann gegenüberstehe, verlangt dieser ein weiteres Mal, dass ich mein Anliegen schildern möge, diesmal schriftlich, und leiht mir dazu einen Zettel und einen Kuli aus. Er spricht immer mit jemanden, den ich nicht sehen kann. Dieser jemand gibt die Anweisungen, will aber ums Verrecken nicht selbst mit mir reden. Dann sagt er, sie müssten jetzt die Stadt Wuppertal und das Konsulat in Las Palmas kontaktieren, sie bräuchten Meldebescheinigung und Geburtsurkunde. Was für ein Quatsch, dass wir sind, ist doch belegt durch unsere gültigen Pässe. Pablo hatte sogar die beiden geforderten Dokumente dabei.

Ich sage, wenn das alles mehr als eine Woche dauern würde, dann würde das sowieso keinen Sinn ergeben, denn wir dürfen nur 30 Tage in Usbekistan bleiben und die sind in einer Woche um. Antwort: Wir leben in Zeiten der elektronischen Datenübermittlung, das sollte doch schneller gehen. Sie knüpfen uns 140 Euro Gebühr ab und sagen, sie melden sich wieder.

Und dann bekomme ich den Schnösel von nebenan doch noch zu sehen, denn er muss seinen mutmaßlich sehr gut bezahlten Popo vom Nebenzimmer zum Computer bewegen, da etwas nicht so funktioniert, wie er es von nebenan die ganze Zeit anweist. Er ist schätzungsweise Anfang 30, verhält sich aber gegenüber dem mindestens 15 Jahre älteren Usbeken, der die ganze Arbeit macht, wie ein Chef der unangenehmsten Sorte. Mich nimmt der Rüpel überhaupt nicht wahr, nicht mal einen angedeuteten Gruß gibt es.

Mir fällt der Blödeldialog ein: Na, wie viel Leute arbeiten bei euch im Betrieb? Antwort: Knapp die Hälfte.

Was soll man anderes erwarten von einer deutschen Behörde, in der Adelige bis heute bessere Karrierechancen haben als Bürgerliche? Wer das bestreiten will, möge sich nur mal die Namen aller Botschafter und aller anderen höheren im Auswärtigen Amt Beschäftigten ansehen. Ich erwarte etwas anderes! Wir leben nicht mehr in den Zeiten des Wiener Kongresses. Die Tatsache, dass Botschafter bis heute mit »Eure Exzellenz« angesprochen werden, gehört nach meiner Überzeugung auf den Müllhaufen der Geschichte, denn es steigt den falschen Leuten zu Kopf und macht sie hochnäsig, wie sie es sind. Die Beamten des Auswärtigen Amtes sind Angestellte des Volkes wie alle anderen Beamten auch, aber so verhalten sie sich nicht, weil sie sich als etwas Besseres fühlen. Das kann man sich ja auch gut vorstellen bei den Arbeitsbedingungen: Dieser Jungspund aus der Botschaft zum Beispiel hat bestimmt studiert und bekommt ein selbst für deutsche Verhältnisse sattes Gehalt für sein Alter, sogar im Vergleich zu denen, die auch studiert haben. Auf mich machte er den Eindruck, als wenn der das Gehalt nicht nur bekommt, sondern auch meint, dass er es verdient. Weil in Usbekistan alles billiger ist als in Deutschland, kann er von dem Geld in Saus und Braus leben und das verdirbt mitunter den Charakter. Auch der Einwand, dass auch die Botschafter anderer Länder auf hohen Rössern sitzen und Exzellenz genannt werden, ist für mich kein Grund, diese alten Zöpfe hierzulande nicht abschneiden zu wollen. Ich denke, in Deutschland wäre es an der Zeit, auch die Strukturen des Außenministeriums zu demokratisieren und in der bürgerlichen Demokratie des 21. Jahrhunderts ankommen zu lassen.

Das Warten auf die vorläufigen Ausweise ist der Grund, wieso wir eine ganze Woche in Taschkent bleiben und – wo wir schon mal da sind – uns diese Stadt ansehen. Ich besuche ein Technikmuseum mit interessanten Ostblock-Oldtimern. In der Nähe unseres Hotels gibt es ein Museum für Kunsthandwerk. Außerdem gehen wir mehrmals koreanisch essen, endlich mal kein Schaschlik!

Das Interessanteste aber ist ein Treffen mit Yasur. Er stammt aus einer wohlhabenden Familie und ist Rechtsanwalt, wir haben ihn in Baku kennengelernt beim Europa-League-Finale. Er lädt uns zu einem sehr guten Essen ein. Es ist wie bei Orkhan in Baku, wenn man die Namen der Gerichte weiß, gibt es sehr leckere Sachen und nicht immer nur das Gleiche.

Wir reden über Politik. Ich glaube, Yasur hat den 2016 verstorbenen Diktator Islom Karimov sehr verehrt. Mehrmals sagte er, er glaube, der sei möglicherweise kein guter Politiker, aber ein guter Mensch gewesen. Ich frage ihn, ob er denn als Strafverteidiger auch Regimegegner verteidigen würde, wenn sich das ergäbe. Er bejahte das, denn er meinte, die Verteidigung eines Angeklagten sei Bestandteil eines gerechten Verfahrens. Ich frage weiter: ob er sich dann die Inhalte des Angeklagten zu eigen machen würde. Er antwortet spontan, vor allem würde er versuchen, das für ein günstiges Urteil erforderliche Bestechungsgeld aufzutreiben.

Yasur ist sehr fromm. Er steht früh morgens auf und betet zuerst. Danach wäscht er sein Auto. Er arbeitet jetzt als Justiziar eines usbekischen Unternehmens aus dem Gesundheitswesen.

Er würde gerne Usbekistan verlassen, am liebsten in Richtung USA.

In einem erinnert mich Usbekistan an die Ukraine: die Aufbruchstimmung, weil politisch jetzt ein anderer Wind weht oder viele das zumindest hoffen. Der usbekische Diktator ist 2016 verstorben und hat – anders als seine Diktatorenkollegen in Aserbaidschan oder aktuell in Kasachstan – vorher nicht für einen Nachfolger gesorgt. Gewählt wurde der Abgeordnete Shavkat Mirziyoyev. Er erklärt bis heute den Weg seines Vorgängers fortsetzen zu wollen, tut das aber in vielen Bereichen gar nicht. So fährt er kontinuierlich den unsinnigen Baumwollanbau zurück und versucht das Verhältnis zu den Nachbarstaaten zu verbessern. Die Länder der Region sind sich alle untereinander nicht grün. Das Verhältnis dieser Staaten zueinander lässt sich am besten mit dem russischen Sprichwort erklären: Schlimmer als ein Feind ist ein ehemaliger Freund.

Auch die Öffnung des Landes für den Tourismus und die neu geschaffene Visafreiheit werden dem innovativen Präsidenten zugeschrieben.

Es gibt allerdings einen Bereich, da tritt der neue Staatschef in die Fußstapfen des alten Staatschefs: das gute Verhältnis zu China. In den letzten Jahren unter Karimow hat China Russland, das traditionell den größten Anteil am Handelsumsatz ausmacht, auf den zweiten Platz verdrängt, während die Investitionen chinesischer Unternehmen in den Bereichen Infrastruktur, Energie und Telekommunikation gar keine Konkurrenz haben. Daran knüpft auch Mirziyoyev an, er war bereits drei Mal auf Staatsbesuch in China.

Yasur und viele andere erhoffen sich von ihm eine weitere behutsame Demokratisierung und Öffnung des Landes auch in Richtung Westen.

Weil uns die Wartezeit in der Stadt zu lang wird und sich am Wochenende sowieso nichts tun wird, fahren wir für zwei Tage in die Berge. Nordöstlich von Taschkent ragen die letzten Ausläufer des Tian-Shan-Gebirges nach Usbekistan rein, der Ugam-Chatkal-Nationalpark. Es gibt dort einen Stausee in der Nähe der Stadt Chorvoq. Dort oben in den Bergen ist es nicht so heiß, im Gegenteil, wir bekommen sogar angenehmen Regen und einen kühleren Abend mit. Unerfreulich ist jedoch, dass das gesamte Ufer des Stausees überall in Privatbesitz ist und man praktisch nicht ans Wasser kommt. An einer Stelle gibt es einen Strand, da vermietet der Besitzer den Zugang, für zwei Personen und das Auto zahlen wir fünf Euro. An dem Parkplatz werde ich Zeuge einer Unfallflucht. Ein Auto parkt neben einem anderen ein, das Kind öffnet die hintere Tür und donnert sie dabei voll gegen das Nachbarauto. Der Vater begutachtet die Macke und parkt das Auto um. In Deutschland hätte ich mich jetzt eingemischt, aber was hätte ich hier machen sollen?

Zurück in Taschkent, gehen wir nicht in Anvars Hotel, sondern zu einem Overlanderplatz, ein kleines Wäldchen mitten in der Stadt. Am nächsten Morgen müssen wir wieder in die Werkstatt, die uns vor einigen Tagen den neuen Hauptbremszylinder eingebaut hat, denn vorne rumort wieder ein Radlager. Wenn ich jetzt mal die beiden direkt vor unserer Abfahrt mitzähle, dann ist jetzt das fünfte fällig.

Die Botschaft hat sich natürlich nicht gemeldet, alles andere hätte mich mittlerweile auch überrascht. Wir wollen nicht weiter warten und das geht auch nicht, weil wir nach 30 Tagen Usbekistan wieder verlassen müssen, hatten wir ja auch sowieso vor.

Kasachstan

1. Juli: Abschied von Usbekistan

Wenn man Grenzübertritte mit dem LKW gewohnt ist, empfindet man jeden, aber auch wirklich jeden Grenzübertritt mit einem anderen Verkehrsmittel im Vergleich dazu als einen Spaziergang. Aber was uns heute passiert, ist wirklich das Erstaunlichste, was ich je an Grenzen erlebt habe. Und dabei fängt alles mit einer Pleite, Pech und Panne an, die ebenfalls eine Premiere für mich darstellt. Wir wollen ins kasachische Schymkent und haben den direkten Weg gewählt. Wir kommen durch die erste Schranke und fahren in die Grenzstation ein.

Das erste Häuschen ist wie üblich die Passkontrolle zur Ausreise. Diese Hürde ist einfach. Aber an der zweiten Station scheitern wir, denn uns wird gesagt, diese Grenze ginge nicht für unser Fahrzeug. Ich erwidere, vor uns stünde ein PKW, hinter uns ein Bus, wieso dann nicht auch wir. Ja, aber unser Fahrzeug sei »Kategorie B« und das ginge nicht. Ich versteh' nur Bahnhof. Ich bin noch nie an einer Grenze gescheitert und zurückgeschickt worden, aber man macht ja bekanntlich alles zum ersten Mal. Als wir wieder an die Schranke kommen, um aus der Grenzstation herauszufahren, guckt der dortige Grenzer fragend und ich sage: »nix Granitza, Kategorie B.« Er deutete mit der Hand vorm Gesicht den Scheibenwischer an, aber dann lacht er und sagt zu uns: Welcome to Usbekistan.

Wir fahren also 34 Kilometer parallel zur Grenze (übrigens mit Zäunen, Wachtürmen, Stacheldraht und gerodeten Streifen) bis zum nächsten Übergang. Dort nimmt sich wieder ein Grenzer, der halbwegs gut Englisch spricht, unserer an und geleitet uns durch alle Kontrollen. Er will vieles wissen über Deutschland. Er sagt, Grenzer dürften 20 Jahre nicht ins Ausland, aber bald sei diese Frist für ihn vorbei und er möchte unbedingt mal nach Westeuropa fahren. Bei der Kontrolle unseres Fahrzeuges durch seine Kollegen haben wir – wie jedes Mal hier in den Stan-Ländern – den Eindruck, die sind mehr an der Einrichtung interessiert und staunen über die

Dusche, als dass sie uns auch nur den Hauch eines Bösen zutrauen oder bei uns suchen. Es bleibt immer Zeit für einen Scherz oder ein paar Sätze mit Händen und Füßen.

Diesmal interessieren sie sich beispielsweise für den Karton mit Kinderspielzeug, genauer gesagt für die Knicklichter. Wir zeigen sie ihnen und bieten ihnen einige an. Aber sogar das lehnen sie ab, um nicht als korrupt zu gelten. Lediglich die bereits leuchtenden nehmen sie an, als ich sage, der Spaß sei in acht Stunden ohnehin vorbei.

An dieser Grenze ist ziemlich viel los. Drüben auf der kasachischen Seite stauen sich die LKW knapp einen Kilometer. Gerade kommen knapp zehn nagelneue Baumaschinen (Schieber mit großen Reifen) in die usbekische Grenzstation rüber: Direktimporte aus China. Nachdem auf der usbekischen Seite alles erledigt ist, passiert etwas Überraschendes: »Unser« Grenzer lädt uns in die Kantine zum Abendessen ein. Dort sitzen ein gutes Dutzend Uniformierte und Zivile, alle begrüßen uns mit Handschlag.

Auf der kasachischen Seite geht es dann ähnlich freundlich weiter. Alle sind sehr hilfsbereit. Der Zuständige für die Berechnung der Straßensteuer findet keine Kategorie, in die wir reinpassen, und entscheidet irgendwann einfach, dass wir gar nichts zu bezahlen bräuchten. Der uns »betreuende« Kontrolleur ist wieder derjenige Kollege, der ein wenig Englisch kann. Er möchte genauer wissen, wohin wir fahren möchten. Er sagt aber dazu, das sei jetzt NICHT wegen der Kontrolle, sondern weil er uns Tipps geben will, was es dort noch Interessantes zu sehen und zu besichtigen gibt. Und die Tipps sind gut.

Er spricht auch einige wenige Worte Deutsch, die aber akzentfrei. Er erklärt uns auch, woran das liegt: In seiner Schulklasse vor zig Jahren waren nur wenige Russen und Kasachen, die meisten in seinem Dorf, welches in Sichtweite liegt, waren Deutsche (die aber mittlerweile fast alle weg sind).

Hier sei ein kurzer historischer Einschub gestattet. Die Zwangskollektivierung Ende der 1920er- und vor allem Anfang der 1930er-Jahre führte 1932/33 nicht nur zur großen Hungersnot mit mehreren Millionen Toten in der Ukraine, sondern auch in Kasachstan. In Kasachstan kam das vor allem dadurch, dass Stalin versuchte, die Nomaden sesshaft zu machen. Das geschah gegen deren Willen, denn die Nomaden wussten, dass das Land nicht fruchtbar genug ist, um Viehherden permanent an der gleichen Stelle weiden zu lassen. Als die Nomaden nun nicht mehr weiterziehen durften, gingen zuerst die Viehherden ein, danach breitete sich der Hunger unter den Menschen aus. Die Angaben, wie viele starben, reichen von 38 bis über 60 Prozent der Bevölkerung des Landes. Nun waren ganze Landstriche des ohnehin schon dünn besiedelten Gebietes menschenleer. In genau diese Gegenden hat Stalin dann andere Volksgruppen deportieren lassen, etwa die Wolgadeutschen und die Korjo-Saram. Die neuen Siedler kamen mit dem unwirtlichen Terrain natürlich noch schlechter zurecht, viele starben oder überlebten nur, weil ihnen die Einheimischen, die die Hungersnöte überlebt hatten, weiterhalfen. Es gibt anrührende Geschichten darüber, wie die verbliebenen Einheimischen auf die Neuen nicht mit Fremdenfeindlichkeit reagierten, sondern mit Gastfreundschaft, in Deutschland schwer vorstellbar. Diejenigen Deutschstämmigen, die überlebten, lebten meistens gemeinsam in deutschen Dörfern und Kleinstädten. Die allermeisten von ihnen sind seit den 1990er-Jahren nach Deutschland ausgesiedelt.

Nach der Grenze die übliche Prozedur: Autoversicherung besorgen, eine SIM-Karte von Kasachstan haben wir ja noch.

Direkt hinter der Grenze wird die Straße viel besser, eine neue Autobahn mit sehr gutem Belag. Die wurde von Chinesen gebaut und führt bis nach Korgas, dem kasachisch-chinesischen Grenzort. Die Chinesen haben sogar die Rampen auf die Parkplätze gebaut, damit die Leute weiterhin ihre Fahrzeuge selbst reparieren können. Das sind die einzigen Rampen dieser Art im öffentlichen Raum, die ich kenne, die nach 1989 gebaut wurden.

Wir fahren noch bis einige Kilometer vor Schymkent. Dann verlassen wir die Autobahn, es ist schon dunkel. Zwei bis drei Kilometer weg von der Autobahn an einer Weggabelung halten wir uns links, wenige hundert Meter später ist dort eine Sackgasse, wir halten am Straßenrand zur Nachtruhe.

2. bis 3. Juli: Schymkent

Gut, dass wir heute Nacht an der letzten Weggabelung nicht rechts abgebogen sind. Da wären wir direkt in ein Militärcamp gefahren. Nun stehen wir oberhalb und neben uns hat ein PKW geparkt, wie ich durch den Vorhang sehen kann. Darin sitzt jemand, der wohl auf uns aufpassen soll, deswegen brechen wir dann auch recht zügig auf. Auf dem Weg zur Autobahn verlieren wir zwei unserer drei Reservekanister, die auf dem Dach festgeschnallt waren. Na egal, Usbekistan haben wir hinter uns und die Kanister haben nichts und niemanden getroffen.

Mit gut einer Million Einwohner ist Schymkent die drittgrößte Stadt Kasachstans. Die frühere Hauptstadt Almaty ist die größte Stadt. Die zweitgrößte Stadt hieß bis vor Kurzem Astana und bekam wenige Monate vor unserer Reise den Vornamen des kürzlich in den Ruhestand gegangenen Diktators Nur-Sultan. Es ist amüsant zu sehen, wie jetzt überall die Schilder ausgetauscht werden.

In Schymkent gehen wir frühstücken, dann suchen wir uns ein Hotel. Als ich vom Frühstück dorthin fahren will, fahre ich los und schnalle mich erst im Losfahren an. Daraufhin hält ein Streifenwagen und die wollen gleich 40 Euro. Erstens habe ich eigentlich nichts falsch gemacht und zweitens, selbst wenn, dann wäre der Preis ungefähr zehnmal höher als landesüblich. Ich verlange, dass ein Protokoll aufgenommen wird. Die beiden Streifenpolizisten haben ein Heft mit vorgefertigten Texten drin, davon reißen sie nun einen Schnipsel raus, einer der beiden setzt noch einen Haken als Unterschrift drunter und das sehen sie als Protokoll an. Ich weiß, dass die im Unrecht sind, habe aber keine Chance, weil sie am längeren Hebel sitzen, ich muss die 40 Euro hinblättern und die stecken sich die privat in die Tasche.

Solche korrupten Bullen (ja, die nenne ich so!) zerstören das gute Image, das die Grenzer gestern aufgebaut haben. Das ist nun schon

Parole auf Russisch und Kasachisch: »Die Steuerfahndung grüßt die aufrechten Steuerzahler«.

der zweite Fall von Wegelagerei von der Trachtengruppe, das wirft kein gutes Licht auf Kasachstan. Der erste war vor einigen Wochen bei der Einreise aus Aserbeidschan. Angesichts dieser beiden Vorfälle möchte ich lieber gar nicht wissen, wie sehr LKW-Fahrer hierzulande ausgeplündert werden – und in den davor durchquerten Ländern leider größtenteils auch.

Nach dem Einchecken ins Hotel wollen wir zu DHL, aber das machen wir jetzt lieber mit dem Taxi. Kasachstan ist für uns genauso günstig wie Usbekistan, eher sogar noch ein wenig preiswerter. Bei DHL geben wir unsere Pässe nebst Visa-Antrag und Passfotos nach Deutschland auf und zahlen 60 Euro dafür, dass die auf dem schnellstmöglichen Weg nach Berlin geschickt werden. Wir hatten gefragt, wie lange das dauert, und bekamen zur Antwort: zwei bis drei Werktage bei zollfreien Sendungen. Das kommuniziert DHL auch auf seiner Internetseite, aber es stimmt leider nicht. Wir sind jetzt ohne Ausweisdokumente unterwegs.

Auf dem Rückweg mit dem Taxi ins Hotel wird dieses in einen Unfall verwickelt: Dem Auto hinter uns rauscht jemand hinten drauf und er fährt dadurch dem Taxi hinten auf – es tut einen ziemlichen Schlag. Da habe ich gerade eben erst meinen Hexenschuss auskuriert, die nächsten Tage habe ich jetzt nicht mehr Rücken, sondern Nacken.

Wir steigen aus, die ohnehin schon überfüllte Kreuzung versinkt im Verkehrschaos. Der Unfallverursacher hat sein Auto dabei geschrottet, der hinter uns sieht auch nicht gut aus. Unser Taxifahrer hingegen begutachtet die kleinen Kratzer und Beulen an seinem Auto und beschließt, dass die nicht so gravierend sind, bedeutet uns einzusteigen und wir fahren weiter. Sachen gibt's …

Schymkent hat keine Altstadt und überhaupt viel zu viel Verkehr. Daher fahren wir direkt am nächsten Morgen 140 Kilometer weiter. Wir möchten zu einem See, der in der Nähe der Stadt Taras liegt, den Teris-Aschibulak-Stausee. Der See wird in keinem Reiseführer erwähnt, daher fahren hier sonst auch nur Einheimische hin. Wir hatten ihn auf der Straßenkarte gesehen und sind auf gut Glück dorthin gefahren und das hat sich auch gelohnt. Der See ist sehr schön, aber es fällt mal wieder auf, wie viel Müll herumliegt. Was das betrifft, sind die Leute hier ziemlich schmerzfrei, Müll liegt eigentlich überall herum. Seit dem georgischen Strand nördlich von Batumi sind wir fast täglich mit dem widerlichen Plastikmüll konfrontiert, der selbst in den einsamsten und/oder schönsten Gegenden überall rumliegt und rumfliegt. Wer das Dosenpfand in Deutschland eine schlechte Idee fand, sollte sich hier mal umsehen. Auch für die Idee, Pfand auf Plastikflaschen zu nehmen und zehn Cent für eine Plastiktüte zu verlangen, finden sich hier am Ufer und im See unzählige hässliche Argumente.

Abgesehen davon ist es wirklich idyllisch. Hinter dem See sieht man die schneebedeckten Gipfel des Tian-Shan-Gebirges und in unserem Rücken sind die sogenannten Schwarzen Berge, in Landessprache die Karatau-Berge. Die sind gar nicht schwarz, sondern bräunlich. Vielleicht kommt der Name daher, dass sie nicht so hoch sind und daher selten Schnee auf den Bergspitzen liegt.

4. bis 7. Juli: Taras

Vom Stausee fahren wir in die Stadt Taras. Wir brauchen noch mal ein Hotel, da wir weitere Papiere einscannen und nach China mailen müssen. Wir trödeln hier ein wenig in der Gegend herum, weil wir damit rechnen, in einigen Tagen zurück nach Schymkent zu müssen, um unsere Pässe wieder bei DHL abzuholen, dann mit frischen China-Visa.

So besuchen wir zum Beispiel in Taras mal wieder ein Fußballspiel, ein kasachisches Erstligaspiel. FK Taras, Drittletzter der Tabelle gegen Schlusslicht FK Aqtöbe: 1:1. Ich fotografiere den Mannschaftsbus des FK Aqtöbe. Es ist ein ausrangierter Bus der Firma Hecker Reisen aus Liebenau. Ich habe oft solche Fotos an die früheren Besitzer der Fahrzeuge geschickt und die haben sich meistens herzlich bedankt. Sie waren hocherfreut, dass ihre Fahrzeuge immer noch fern der Heimat treue Dienste leisten. Das hat sich jedoch geändert. Die Firma Hecker Reisen hat sich bis heute nicht bei mir gemeldet. Ein Handwerksbetrieb aus Mecklenburg-Vorpommern hingegen bedankte und entschuldigte sich zugleich, beim nächsten Fahrzeug würden sie genauer darauf achten, die alten Beschriftungen zu entfernen. Wie kann man nur so humorlos sein? Wenn beispielsweise dieser Mannschaftsbus ein paar rostige Stellen mehr hat, als der deutsche TÜV erlauben würde, dann fällt das doch nicht auf Hecker in Liebenau zurück. Ich fand das eher witzig, dass ein ausgedienter deutscher Reisebus nun als Mannschaftsbus für eine kasachische Erstligamannschaft dient.

In vielen Großstädten der sozialistischen Länder gab und gibt es Vergnügungsparks, so auch hier in Taras. Anders als im Westen bieten die Fahrgeschäfte weniger Overthrill und haben keine englischen Fantasienamen, dafür sind sie viel erschwinglicher. Viele existieren bis heute genauso, wie sie damals gebaut wurden. Die Fahrgeschäfte sind herrlich anachronistisch und haben auch Preise von damals. Sie quietschen und ächzen und wecken intensive Kindheitserinnerungen. Es fällt auf, dass es ein besonders vielfältiges Angebot für kleine Kinder gibt. Bei uns auf der

Kirmes gibt es ja immer nur wenige Sachen für die Kleinen, hier ist das ganz anders.

Ich greife tief in die Tasche und möchte für 70 Cent eine Fahrt mit dem Riesenrad buchen. Aber die Preise sind auf 50 Prozent runtergesetzt, so zahle ich nur 35 Cent. Da könnte man ja glatt überlegen, zweimal zu fahren. Es ist jedenfalls eine helle Freude mitanzusehen, dass hierzulande noch nicht alles der kapitalistischen Profitmaximierung geopfert wurde. Profitieren können davon vor allem die Kinder. Hier haben auch viele Restaurants und Geschäfte Spielecken für kleine Kinder, da könnten wir in Westeuropa eine Menge lernen, wenn es denn gewollt wäre.

Über die Auftragsnummer können wir die Sendung unserer Pässe nachverfolgen und jetzt werden wir langsam nervös. Denn innerhalb von weniger als 48 Stunden gelangten sie zwar von Schymkent nach Frankfurt, aber seit dem 5. Juni liegen sie jetzt da und nichts passiert.

Nach mehreren teuren Telefonaten wissen wir auch, warum. Der Mann vom Visa-Service in Berlin sagt uns, dass es ein riesiger Fehler war, die Sachen mit DHL zu verschicken anstatt mit einem seriösen Anbieter, und das sehen wir mittlerweile genauso. Denn unser Umschlag liegt nun beim Zoll in Frankfurt und das kann dauern. Die seriösen Anbieter wie General Overnight, UPS und Co. kümmern sich selbst um die Verzollung der ihnen anvertrauten Sendungen in Deutschland, daher dauert das niemals länger als einen Tag. DHL hingegen lässt das einfach liegen, verweist einen an den Zoll und der wiederum verweist einen an DHL. Die einen sagen, man soll bei den anderen anrufen und umgekehrt. Da sind die anscheinend gut eingespielt und lassen jeden Beschwerdeanrufer elegant auflaufen. Die Wartezeiten werden in Wochen gerechnet und nicht in Tagen.

So lange sind wir jetzt dank der Deutschen Botschaft in Taschkent, DHL und dem deutschen Zoll ohne Pässe unterwegs und hoffen, dass wir in keine Kontrolle kommen.

Die chinesischen Behörden wiederum wollen das Visum spätestens 28 Tage vor der geplanten Einreise (21. August) sehen und damit schließt sich der Teufelskreis. Es ist zum Haareraufen: Unsere Sendung hat keinerlei Wert, der zu verzollen wäre, dann könnte ich eine Verzögerung ja noch irgendwie verstehen, die gäbe es auch in vielen anderen Ländern. Die Pässe sind sowieso Eigentum der Bundesrepublik Deutschland und das ändert sich auch nicht durch deren Aushändigung an Dritte. Darüber hinaus beinhaltet die Sendung zehn Blatt Papier sowie vier Passfotos, der Wert der Sendung dürfte daher mit Sicherheit weit unter zehn Cent liegen und somit unbestritten zollfrei sein. Es ist eine Unverschämtheit, dass die Bundesbehörde Zoll das nicht in weniger als einer Stunde kontrollieren kann, aber wahrscheinlich wurden auch bei denen so viel Leute eingespart, dass die verbliebenen Kontrolleure zu viel Arbeit haben.

Die Verantwortlichen bei DHL wiederum sind zu bräsig, dem Zoll mal Dampf zu machen. Den Eigentümer von DHL interessiert anscheinend nur, dass am Jahresende die Kassen klingeln, anstatt mal die Verantwortlichen zu kundenfreundlicherem Verhalten anzuhalten. DHL gehört der Deutschen Post AG. Der deutsche Staat hält über die Kreditanstalt für Wiederaufbau noch etwas mehr als ein Fünftel der Aktien, sie werden nach und nach an Investoren verhökert. Kriterium scheint dabei der größte Reibach zu sein auf Kosten der Einschränkung des Servicegedankens. Das Internet ist voll von Beschwerden über DHL, der Zorn hat inzwischen sogar den auf die Deutsche Bahn übertroffen – und das will etwas heißen.

Wir beginnen zu rechnen: Wenn die das diese oder nächste Woche doch noch hinkriegen, diese zollfreie Sendung wieder in den Umlauf zu bringen, und wenn DHL dann keine weiteren Böcke schießt, kann doch noch alles klappen. Wenn die Bundesbeamten aber noch weitere drei Wochen über unseren Brief grübeln, dann können wir nicht mit dem Auto nach China fahren.

Fazit:

Erstens: Nie wieder DHL! Der Spruch hat sich mal wieder bewahrheitet: DHL = Dauert Halt Länger. Zweitens: Die Wartezeiten beim deutschen Zoll erinnern an Dritte-Welt-Länder, selbst in Moldawien, dem ärmsten Land Europas, wären sie kürzer.

Genau wie vor der Deutschen Botschaft in Taschkent setze ich auch jetzt über Facebook einen Hilferuf ab und schildere das Problem. Mein Blogartikel trägt die Überschrift:

»DHL und Deutscher Zoll – eine Kombination, die Unglück bringt.«

Und wieder greift Facebook-Freund Udo Schiefner zum Telefon. Außerdem kommt Hilfe durch Rüdiger Grünhagen vom Westend-Verlag. Ohne deren Hilfe wäre das gesamte Projekt geplatzt. Mit einer Engelsgeduld ruft Rüdiger ab jetzt jeden Tag bei DHL und beim deutschen Zoll an. Letztlich erfolgreich, sonst gäbe es dieses Buch nicht.

Ich bekam heute von einer dubiosen Mailadresse Post, dahinter scheint die Botschaft zu stecken. Absender: TASC Visabearbeitung (wieso Visabearbeitung? Ich habe kein Visum für Deutschland beantragt, so weit kommt das noch …).

»Sehr geehrter Herr Dieckmann,
wir nehmen Bezug auf Ihre Anträge für vorläufige Reisepässe und teilen Folgendes mit: Laut Mitteilung des Konsulats der Bundesrepublik Deutschland in Las Palmas hat Ihr Neffe Pablo Milan Antonio Dieckmann zwei gültige Reisepässe. Wir bitten um Mitteilung, ob er beide Pässe hat und in welchen Pass das chinesische Visum eingeklebt werden soll.
Mit freundlichen Grüßen
Die Visastelle

Botschaft der Bundesrepublik Deutschland«

Was soll denn jetzt der Quatsch? Pablo hat keine zwei Pässe, er hatte ja extra in Las Palmas angerufen und sich bestätigen lassen, dass der alte Pass dort angekommen ist.

Ich habe natürlich am gleichen Tag noch geantwortet, dass keiner von uns beiden zwei Pässe hat. Diese Mail war aber bis heute das Einzige, was ich als Antwort der Deutschen Botschaft in Taschkent auf meine Mail, die ich vom Handy aus seinerzeit am Hintereingang der Botschaft über die Mauern geschickt hatte, erhielt.

7. bis 9. Juli: Aksu-Jabagly

Wir fahren ein Stück zurück Richtung Schymkent. Am Wegesrand besichtigen wir das Mausoleum von Aisha Bibi aus dem 11. Jahrhundert. Hier kommen nicht nur Touristen hin, bis heute kommen auch Frauen aus der Gegend, um dafür zu beten, schwanger zu werden oder eine glückliche Familie zu haben.

Dann fahren wir weiter in Richtung Aksu-Jabagly, dem ältesten Naturschutzgebiet Zentralasiens. Viele Wanderungen dort sind nur mit einem Guide erlaubt. Wir finden aber eine asphaltierte Straße, die über einige Kilometer so steil nach oben führt, dass ich sie nur im zweiten, teilweise sogar nur im ersten Gang hochfahren kann. Ein Verkehrsschild weist auf eine 12-prozentige Steigung hin, aber das sind klassische Fakenews. Alle Verkehrsschilder, die auf eine Steigung hinweisen, sind mit 12 Prozent beschriftet. Anscheinend gibt es keine Schilder mit anderen Prozentzahlen. Bei einem starken Gefälle wird übrigens auch das Schild mit den 12 Prozent Steigung angezeigt und nicht das mit dem Gefälle.

Wir beobachten zahlreiche Greifvögel, das Wetter ist mal wieder traumhaft, wolkenloser Himmel und wegen der Höhe auch nicht allzu heiß. Nach dem Anstieg fahren wir über eine Hochebene, zahlreiche Kamele grasen am Straßenrand. Dann kommt ein kleines Dorf. Den Namen weiß ich nicht, ich weiß nicht mal, ob das Dorf einen Namen hat. Aber fünf Kilometer weiter finde ich auf der Karte ein Dorf mit dem Namen Imeni Karla Marksa. Auf der Autobahn sind wir übrigens an einem Ort mit dem Namen Pionierlager vorbeigefahren.

Nach dem Dorf jedenfalls ist die Welt zu Ende. Wir fahren auf einer großen Wiese querfeldein bis zu einem Bach, holen die Campingmöbel raus und genießen bei einem Bierchen den Sonnenuntergang und die Berglandschaft.

Wildes Camperparadies: Übernachten am Ende der Welt

Ein Cowboy kommt mit seiner Herde vorbei. Als er die Kühe in den Stall gebracht hat, kommt er noch mal zurückgeritten. Er möchte sich das Wohnmobil von innen ansehen, dafür kann Pablo sich mal auf das Pferd setzen.

Ein anderer Junge reitet später vorbei, freihändig ohne Sattel. »Pferde sind die Flügel der Menschen.« Das Sprichwort stammt zwar aus Kirgistan, aber auch hier haben die Menschen einen starken Bezug zu Pferden, alle lernen schon als kleine Kinder reiten.

Am nächsten Morgen fahren wir in die Kleinstadt Jabagly. Laut Reiseführer kann man dort in einem Guesthouse Ausflüge buchen. Hier lernen wir Yan kennen, eine zierliche Hongkong-Chinesin, die alleine unterwegs ist. Wir buchen einen gemeinsamen Ausflug für übermorgen, morgen gehen sie und Pablo gemeinsam in die Berge wandern und ich mache mir einen faulen Tag.

Nachmittags retten Pablo und ich noch ein Pferd. Es ist mit einem langen Seil an einem Pflock auf einem Feld angebunden. Aber neben dem Pflock steht eine über einen Meter hohe Distel, in der sich die Leine so hoffnungslos verheddert hat, dass das Pferd buchstäblich nicht mehr vom Fleck kam. Pablo und ich brauchen gar kein Wort zu wechseln, anhalten, aussteigen, gemeinsam die Leine enttüddeln. Ich habe keine Ahnung von Pferden, aber dass es sich über die Befreiung freut, ist offensichtlich. Es schnaubte immer und bewegte den Kopf rauf und runter, als wollte es uns Danke sagen.

Der Besuch des Aksu-Canyons am übernächsten Tag ist spektakulär. Ein tief eingeschnittener Canyon mit einem türkisgrünen, reißenden Gebirgsbach unten im Tal.

10. bis 23. Juli: Kasachstans Naturschutzgebiete

Da wir nun auf unsere Pässe warten, haben wir die Gelegenheit, alle Naturschutzgebiete Kasachstans abzuklappern, die letzten Tage warten wir dann in der Hauptstadt.

Am beeindruckendsten ist der tief eingeschnittene, 80 Kilometer lange rötliche Scharyn-Canyon, er liegt etwa zwei Autostunden östlich von Almaty. Die Landschaft sieht wirklich aus wie in Arizona.

Pablo meint: »Wenn ich Jim Knopf bin und du Lukas und wir mit Emma unterwegs nach China sind, dann ist das hier das Tal der Dämmerung und Prinzessin Li ist jetzt auch mit dabei.« Wo wir gerade dabei sind: In der Originalfassung reisen Jim Knopf, Lukas und die Lokomotive Emma nach China. Wegen einiger Klischees wurde aus Gründen der political correctness daraus später eine Reise nach Mandala. Als ich Kind war, reiste Jim Knopf noch nach China und ich glaube, ich habe damals bei der Lektüre dennoch keinen Schaden genommen.

Wir treffen Andrea, die hier mit dem Fahrrad unterwegs ist. Andrea ist Life-Coach, was man ungefähr mit Therapeutin übersetzen kann. Sie ist Neuseeländerin, lebt aber in West-Australien. Gemeinsam fahren wir zu viert (Andrea aus Neuseeland, Yan aus Hongkong, Pablo aus Spanien und ich) zum Köl-Say-See. Wobei das eigentlich doppelt gemoppelt ist, denn Kol oder Köl heißt See. Der See liegt auf 1900 Meter Höhe und sieht aus wie ein idyllischer Bergsee in den Alpen.

Andrea hat schon oft große Reisen unternommen. Ich frage sie, wie das eigentlich ist, wenn man von solch einer Reise zurückkommt. »Oh, it's terrible«, ruft sie aus. Du bist 20 Minuten interessant für die Leute und ab da fangen sie an, dir ihren Alltagskram zu erzählen. Jeder ist in seiner Blase und du stehst dazwischen, verstehst sie alle nicht und willst wieder weg. Sie sollte recht behalten, das kann ich persönlich bestätigen.

Yan, Pablo und ich besuchen auch den Altyn-Emel-Nationalpark. Wir sehen Gazellen, Wildesel und zahlreiche Greifvögel. Einen Tag fahren wir zu der sogenannten singenden Düne. Der Name kommt daher, dass der Wind auf dem Sand einen Ton erzeugt, wir haben ihn aber nicht gehört. Die Piste dorthin war grottenschlecht. Es ist ein weltweites Phänomen, dass Schotterstraßen manchmal geriffelt sind, also aus ganz vielen Querrillen bestehen. Das löst einem an alten Autos jede Schraube. Wir haben unseren rechten Außenspiegel auf die Art verloren. Das haben wir zwar bemerkt und ihn wieder eingesammelt, aber am nächsten Tag bei der nächsten Riffelpiste im Dunkeln hat er sich dann endgültig verabschiedet. Anton, ein Autoschrauber aus Almaty, hat uns später einen neuen zurechtgebastelt.

Den meisten Fahrzeugen, die hier unterwegs sind, machen die schlechten Straßen nichts aus. Es sind entweder hochmoderne Pick-ups und Jeeps oder uralte sowjetische Fahrzeuge, die zwar anfällig für Pannen, aber sehr robust sind.

Bei den LKW fällt auf, dass es keine beladenen LKW gibt, sondern die sind alle entweder leer oder total überladen. In Steigungen sind sie dann manchmal nur noch mit Schrittgeschwindigkeit unterwegs.

In diesem Naturschutzgebiet lernen wir auch Hanna und Timo kennen. Die beiden haben sich ein Jahr Auszeit nehmen können. Sie waren ohne Auto in China und haben sich dann in Kirgistan einen grünen VW-Bus gekauft. Den hatte jemand aus Deutschland mitgebracht, jedoch nicht die notwendigen Importpapiere besorgen können. Dadurch hat der VW-Bus zwar seit Jahren keinen TÜV mehr, aber nach wie vor eine deutsche Zulassung. Gemein-

Überladener LKW, Modell Donald Trump

sam mit den beiden haben wir zu fünft unseren ersten Abend am Lagerfeuer. Das wurde aber auch Zeit! Leider vertreibt das Feuer nicht – wie gewünscht – die Mücken.

Und unser in Deutschland gekauftes Autan hat bestenfalls eine Placebo-Wirkung. Auf dem Tisch steht eine Lampe, da wimmelt es von Mücken. Ich habe auf der Reise die Erfahrung gemacht, dass es am besten ist, in den jeweiligen Ländern Mittel gegen die örtlichen Mücken zu holen, ansonsten helfen nur Textilien.

Am Tag nach dem Besuch der (nicht) singenden Düne möchten wir zu den roten Bergen (Katutau) und zu den weißen Bergen (Aktau). Weil wir unserem Transit keine weitere Riffelpiste zumuten möchten, mieten wir für überteuertes Geld einen UAZ 452 mit Fahrer. Ich wollte immer schon mal in so einer Karre mitfahren. Allerdings ist nicht nur der Spitzname dieses Autos wegen seines Aussehens Kastenbrot, der Fahrer scheint auch dumm zu sein wie ein Kastenbrot. Das Fahrzeug hat ganz offensichtlich ein Problem mit dem Vergaser. Der Motor kriegt nicht genug Sprit oder Luft und geht dauernd aus, spring danach aber wieder an. Wäre es mein Auto, dann hätte ich als Allererstes nach dem Benzinfilter und nach dem Vergaser geguckt, zum Beispiel nach dem Schwimmernadelventil. Unser Fahrer jedoch hat das Fahrzeug dann immer wieder einfach nur neu gestartet und gehofft, dass sich das Problem von selber löst. Hat es leider nicht – im Gegenteil.

Bis zur 700-jährigen Weide haben wir es noch geschafft. Anstatt dort mal nach dem Auto zu gucken, trinkt der Fahrer lieber das eine und das andere Schnäpschen mit dem dortigen Ranger, während wir die Oase besichtigen.

Dann wollen wir weiter, rauf in die roten Berge. Aber das Auto geht immer öfter aus. Am Fuß der Berge geht gar nichts mehr und jetzt stellt der Fahrer unter Beweis, was für ein Knaller er ist. Er öffnet die Motorabdeckung zwischen dem Fahrersitz und dem Beifahrersitz. Ich denke mir, jetzt sieht er endlich mal nach dem Vergaser oder dem Dieselfilter. Aber was macht der Idiot? Er nimmt eine Wasserflasche und kippt sie über den heißen Motorblock, das ist alles. Erstaunlicherweise hilft das aber nicht, das Auto springt immer noch nicht an. Vorhin in der Ebene war noch Handy-Empfang, hier in dem ersten Tal des Gebirges ist keiner mehr, na toll.

Jetzt meint er, wir sollen zu Fuß laufen, das Ziel sei nicht mehr weit. Und um uns zu motivieren, steigt er aus und stapft voran. Das Ganze ist total sinnlos, denn selbst wenn wir da jetzt hingingen, löst sich das Problem mit dem Auto ja nicht von selbst, bis wir wieder zurückkommen.

Pablo und Yan haben keine Lust, untätig am Auto zu warten, und stapfen ebenfalls los. Ich wiederum habe keine Lust, bei der Hitze so weit bergauf zu gehen, und suche mir ein schattiges Plätzchen, zum Glück habe ich ein Buch im Rucksack.

Rettung naht in Form von dem grünen VW-Bus von Hanna und Timo. Die kommen wirklich wie gerufen. Sie können uns drei nicht nur mitnehmen, wir fahren dann auch gemeinsam zu den weißen Bergen, der anderen Attraktion hier. Und diese weißen Berge sind wirklich spektakulär, denn sie sind gar nicht, wie ihr Name sagt, nur weiß, sondern bunt, geradezu knallbunt in unterschiedlichsten Farbtönen und Felsformationen.

Timo und Hanna wollen gerne an diesem magischen Ort über

Nacht bleiben, aber sie haben ja uns im Gepäck und sind so nett, uns die 30 Kilometer ins Dorf zurückzufahren.

Dort bekommen wir einen kurzen Moment lang die hässliche Seite von Kasachstan zu spüren. Wir wollen unser Geld für Mietwagen und Fahrer zurück. Das hatten wir an Saltanat gezahlt, einer Geschäftsfrau, Inhaberin des größten Guesthouses im Dorf und, wie wir später erfahren, im Dorf sehr unbeliebt. Sie hatte mehr verlangt, als das Tourist Office uns als Preis genannt hatte. Das hätte sie eigentlich schon nicht tun dürfen. Und jetzt will sie das Geld nicht zurückzahlen. Über Drohungen mit der Polizei lächelt sie nur, hier im Dorf gibt es keine. Aber wir sind hartnäckig und weichen ihr eine Dreiviertelstunde lang nicht von der Seite. Das Einzige, was sie stört, ist, dass andere Gäste das mitkriegen. Sie sagt dann, sie habe kein Geld. Pablo treibt jemand auf, der seine Hotelrechnung bezahlen will, nun hat sie Geld. Letztlich zahlt sie uns den halben Preis zurück.

Wenn wir mit dem Transit unterwegs sind, fahren wir ganz besonders brav, denn wir sind ja die ganze Zeit ohne Pässe unterwegs. Einmal haben wir richtig Dusel. Vor uns kommen zwei Militärlaster aus einem Waldweg. Von dem einen springen zwei Dutzend Uniformierte ab und laden aus dem zweiten eine Absperrung aus, die sie mitten auf die Straße stellen und dann jedes Fahrzeug kontrollieren. Ich halte scheinheilig Führerschein und Fahrzeugschein hin, er möchte die »Migration Card« sehen, das ist der Zettel, den man bei der Einreise in den Pass gelegt bekommt. Prima, den haben wir gleich hier griffbereit. Puuh … noch mal Schwein gehabt.

Einige Tage verbringen wir in Almaty, der größten Stadt Kasachstans und ehemaligen Hauptstadt des Landes. Früher hieß die Stadt Alma Ata, das bedeutet Großvater der Äpfel. Der Apfel ist das Symbol der Stadt. Früher wuchs hier eine ganz besondere Sorte, die Früchte waren groß wie Honigmelonen. Die Sorte ist zwar verschwunden, aber mittlerweile fängt man an, sie zu rekultivieren. Überall in der Stadt gibt es Denkmäler von und mit Äpfeln.

In Almaty gibt es an zahlreichen Plattenbau-Wohnhäusern Gedenktafeln für ehemalige Bewohner. Darunter Militärs, Ministerialbeamte und auffallend viele Wissenschaftler. Letzteres liegt daran, dass die Sowjets beim Überfall der Deutschen viele Wissenschaftler hierhin ins sichere Hinterland umgesiedelt haben. Vielen gefiel es hier offensichtlich so gut, dass sie nach Kriegsende hier blieben.

Die Stadt hat ein leichtes Gefälle von Süd nach Nord. Am Südrand der Stadt geht es gleich hoch ins Tian-Shan-Gebirge. In die ersten Gebirgstäler kann man mit dem städtischen Linienbus zum Wandern fahren, was Yan und Pablo auch über mehrere Tage ausgiebig nutzen. Ich besuche mal wieder ein Fußballspiel, diesmal ein Europa-League-Qualifikationsspiel Kairat Almaty gegen NK Široki Brijeg aus Bosnien-Herzegowina.

Gemeinsam besuchen wir den Hausberg von Almaty, den Köktöbe. Hier oben gibt es eine Sommerrodelbahn, erbaut vom gleichen mittelhessischen Unternehmen wie die Sommerrodelbahn auf der Wasserkuppe in der Rhön. Man hat einen wunderbaren Blick auf die Stadt, auch wenn man nicht das Riesenrad benutzt, was hier oben eigentlich sowieso ziemlich wenig Sinn ergibt. Es gibt außerdem ein teures Restaurant, ein Haus, das auf dem Kopf steht, Verkaufsstände für Souvenirs sowie jede Menge weiterer Möglichkeiten, Geld auszugeben. Das Berühmteste hier oben dürfte ein Beatles-Denkmal sei. Es ist allerdings schwierig, von den vier Pilzköpfen ein Foto zu machen, da sich ununterbrochen Touristen neben den Beatles gegenseitig fotografieren.

Auch in Almaty gibt es eine Straße in der Fußgängerzone, wo an lauen Sommerabenden viele Spaziergänger flanieren und Kleinkünstler ihre Darbietungen zum Besten geben. Dieses Viertel heißt Arbat, genau wie das Viertel in Moskau, wo die Straßenkünstler zuhause sind. Hier sehen wir Akrobaten, Musiker, Breakdancer und andere Artisten. Ein Mädchen spielt so schlecht Geige, dass man ihr Geld geben möchte, damit sie aufhört, und ein Mann spielt so schön Saxofon, dass man ihm Geld gibt, damit er bitte weiterspielt.

Kirgistan

Hauptstadt: Bischkek
Bevölkerungszahl: 6 256 700
Fläche: 191 800 km²
Amtssprache: Kirgisisch, Russisch
Religionen: Sunnitisch muslimisch, christlich, russisch-orthodox

Währung: Som
BIP (insg.): 8 Mrd. US-Dollar
Wichtigster Exportpartner: Vereinigtes Königreich
Wichtigster Importpartner: China
Warenimporte aus China: 40,2 Prozent

Unnützes Wissen: Das Goethe-Institut finanziert einen Deutschlehrer in Rotfront.

23. bis 24. Juli: von Kasachstan nach Kirgistan

Seit gestern Spätnachmittag sind wir wieder im Besitz unserer Pässe. Bereits vor einigen Tagen wurden sie dann endlich vom Zoll in Frankfurt weiter auf den Weg nach Berlin geschickt. Das Express-Visum gab es innerhalb von 24 Stunden, der ganze Spaß hat allerdings für zwei Personen über 800 Euro gekostet, plus den Versand zurück nach Kasachstan, diesmal aber bitte nicht mit DHL, sondern mit General Overnight.

In einer Woche wären unsere 30 Tage in Kasachstan rum gewesen und vor allem muss die Agentur in China die Kopie des Visums spätestens 28 Tage vor Einreise haben, das wäre dann morgen. Wurde aber schon von Berlin aus geschickt, ufz.

Jetzt kommt die nächste Baustelle: Yan möchte eine chinesische Freundin in Karakol treffen, das liegt ganz im Osten von Kirgistan. Ich möchte zwei Tage später meinen Nachbarn Matthes in Osch abholen, das liegt ganz im Westen des Landes. Er ist für drei Wochen Urlaub hier. Außerdem möchte ich später einen Freund in der

Hauptstadt Bischkek treffen, aber ich erfahre, dass er zurzeit auch grad in Karakol im Haus seines Großvaters ist. Also gut, auf nach Karakol! Und danach dann einmal quer durchs ganze Land. Und später dann noch mal quer durchs Land zurück, denn die chinesische Grenze liegt im Südosten.

Es gibt drei Bezeichnungen: Kirgistan, Kirgisistan und Kirgisien. In Wikipedia steht Kirgisistan. Kirgisien funktioniert nur in Deutsch, nicht in Englisch oder anderen Sprachen. Ich habe mich hier einheitlich für Kirgistan entschieden, da Kirgisen mit diesem Ausdruck ihr Land bei Sportwettkämpfen anfeuern, das scheint mir die authentischste Quelle zu sein.

Die Sprachen Aserbaidschans, Kasachstans, Usbekistans und Kirgistan sind Turksprachen, also mit der türkischen Sprache mehr oder weniger nah verwandt. In Aserbaidschan gibt es eine eigene Schrift, die anderen drei Länder verwenden die kyrillische Schrift, haben jedoch – genau wie im Ukrainischen – einige zusätzliche Buchstaben, in jedem Land sind es andere. So können wir sagen, dass wir seit der Ukraine bis einschließlich China, Laos und Kambodscha in jedem Land andere Schriftzeichen vorfinden. Die Türkei versucht seit Jahren, in den Ländern der Turkvölker die lateinische Schrift (wieder) einzuführen, aber da gibt es ein Kräftemessen mit Russland, denn dort leben auch noch viele Menschen, die russischsprachig sind.

Auf einer Baustellenstrecke ist ein Stück Schotterpiste, dort treffen wir Sam mit seinem Fahrrad. Er ist Kanadier und wir bieten ihm an, ihn mitzunehmen, bis die Strecke wieder besser wird. Letztlich fährt er dann sogar bis Karakol mit.

24. bis 25. Juli: Karakol

Ich habe einige Freunde in Kirgistan und angesichts deren Gastfreundschaft fühle ich mich in diesem Land immer bestens informiert, betreut und versorgt. Obwohl wir recht spät erst im Haus von Ermeks Großvater ankommen, gibt es selbstverständlich noch etwas zu essen. Yan ist mit ihrer Freundin in ein Guesthouse gegangen und Pablo und ich wollten eigentlich im Wagen schlafen, aber

Ermek hat schon Betten vorbereitet, auch für Sam, den Kanadier. Der ist übrigens ziemlich kurz angebunden, man könnte fast schon sagen unfreundlich. Betten heißt in Kirgistan, dass Futons auf dem Boden ausgerollt werden.

Wir sind ganz froh, dass sich Sam morgens vom Acker macht. Als ich mich mit Pablo darüber unterhalte, wie unfreundlich der war, weist Pablo zu Recht darauf hin, dass wir eigentlich einen guten Schnitt haben, denn unter den vielen Reisenden, die wir getroffen haben, waren nur die beiden Schweizer auf der Fähre über das Schwarze Meer ein wenig unangenehm und der Kanadier sehr unangenehm, alle anderen hingegen sehr freundliche und interessante Leute.

Die Frauen gehen in den Bergen wandern. Pablo und ich fahren mit Ermek ein Flusstal hinauf, bis wir an heiße Quellen ankommen. Diese sind aber derzeit wegen Renovierungsarbeiten geschlossen. Das Wasser ist radonhaltig, eigentlich darf man nur nach ärztlicher Verordnung rein. In Fachkreisen ist bis heute umstritten, ob die heilende Wirkung das Risiko durch die radioaktive Strahlenbelastung rechtfertigt oder nicht.

Gut, dann fahren wir eben an den See. Der Yssykköl liegt 1600 Meter hoch, eingerahmt von den Bergen des Tian-Shan-Gebirges, und ist nach dem Titicacasee der zweitgrößte Gebirgssee der Welt. Ich war letztes Jahr zu den World Nomad Games hier.

Wir sprechen mit Ermek darüber, was sich zu besichtigen lohnt. Die beiden Chinesinnen wollen unbedingt auf den Viehmarkt hier in Karakol, der ist aber erst in fünf Tagen. Uninteressant, sagt Ermek, da habe ich mich schon als Kind immer gelangweilt. Ja, du, wollen die Blicke antworten, aber die beiden versuchen es anders: Wie wäre es mit dem Songköl-See? Warum wollt ihr alle immer nur zu diesem Songköl, das ist öde da, antwortet er. Ihr müsst zum See von Sary-Tschelek! Haben wir dann auch gemacht und es nicht bereut! Der See steht in kaum einem internationalen Reiseführer, viele Kirgisen hingegen sagen, das sei der schönste Ort des Landes, und das angesichts eines Landes mit so vielen schönen Orten.

Die Überlandstraßen von Kirgistan sind gut. Die meisten wurden nicht nur von chinesischem Geld bezahlt, sondern auch von chinesischen Unternehmen und chinesischen Arbeitern gebaut. Die Straßenbeläge müssen die Temperaturschwankungen zwischen heißen Sommern und kalten Wintern vertragen können. Sobald man aber die großen Verbindungsstrecken verlässt, sind die Straßen so schlecht wie in der Ukraine.

Kirgistan ist das einzige Land der gesamten Region, das stolz darauf ist, wirklich demokratisch zu sein. Wie in den anderen Stan-Ländern hatte sich nach dem Zerfall der Sowjetunion erst mal eine pseudodemokratische Diktatur etabliert. In zwei Aufständen 2005 und 2010 wurde sie aber davongejagt.

26. bis 29. Juli: von Karakol nach Taschkömür

Matthes kommt uns von Osch entgegen. So müssen wir nicht mehr das gesamte Land von Ost nach West durchqueren, sondern nur noch drei Viertel. Ich kenne die Strecke, man kann das an einem Tag schaffen. Muss man aber nicht, wir jedenfalls nicht. Wir planen lieber zwei Tage dafür ein. Wir, das sind zurzeit Pablo und ich sowie zwei Chinesinnen, aber ohne Kontrabass. Zuerst geht es den gesamten See an der Nordseite entlang, das sind etwa 150 Kilometer. Wir kaufen Stockfisch am Straßenrand. Danach geht es durch ein Flusstal runter in die Ebene, eine Weile entlang der kasachischen Grenze, die Hauptstadt lässt man links liegen und steht dann im Stau. An der nördlichen Umgehungsstraße von Bischkek steht man eigentlich immer im Stau. Keine Ahnung wieso, denn die Straße führt eigentlich ins Nichts beziehungsweise bis zur kasachischen Grenze, die aber wenig frequentiert ist. Man muss hier 30 Kilometer lang in Schrittgeschwindigkeit fahren, bis man endlich nach links abbiegen und hoch in die Berge fahren darf. Wenige Kilometer nach diesem Abzweig suchen wir ein Guesthouse für Yan und ihre Freundin sowie einen Standplatz für uns. Pablo und ich entwickeln langsam Routine im Finden guter Standplätze.

Am nächsten Morgen gibt es eine böse Überraschung. Es gibt eine Mautstelle für die Passstraße und da stellt sich heraus, dass Ausländer ein Vielfaches von dem bezahlen müssen, was Einheimische bezahlen. Aber das muss man wohl akzeptieren oder unten bleiben.

Der Töö-Ashuu Pass führt bis auf 3 200 Meter Höhe, dann geht's wieder ein wenig runter in eine Hochebene. Bei der Fahrt nach oben auf die Passhöhe halten wir auf einem Parkplatz an, um das Kühlwasser zu kühlen, damit es wieder kühlen kann. Da spricht uns ein älteres Ehepaar an, auf Deutsch, aber mit einem kleine Akzent. Sie stammen aus einem Dorf wenige Kilometer von hier, haben vor 25 Jahren rübergemacht und sind jetzt aus Deutschland zu Besuch gekommen. Auf der Hochebene sieht man Jurten von fern und nah. Mache sind in der Nähe der Straße, manche absichtlich weit weg, hoch oben in den Hügeln und unten am Fluss. Oft steht neben der Jurte einer dieser alten russischen, geräumigen Bauwagen, sozusagen als Zweitwohnung. Genau wie die Sinti und Roma in Europa ziehen die Nomaden hier nur im Sommerhalbjahr herum und wohnen im Winter in festen Behausungen.

Aber auch eine Jurte ist äußerst stabil. Die runde Außenwand besteht aus einem hölzernen Scherengitter, was wie eine Ziehharmonika zusammengeschoben werden kann beim Umzug. Auf dem Boden liegen viele dicke Teppiche, Jurten betritt man auf Socken. Das wichtigste Bauteil einer Jurte ist das runde Dachteil, genannt Tündük, auf Kasachisch Shangrak. Das ist ein hölzerner Reifen mit zwei mal drei gekreuzten Balken. Der Tündük ist in der Flagge Kirgistans enthalten. Im Dach der Jurte ist auch ein Loch, das als Ausgang für ein Ofenrohr dient, eine gute Jurte kann man bullig warm aufheizen. Der Auf- oder Abbau einer Jurte dauert für Geübte nur zwei bis zweieinhalb Stunden.

Nach der Hochebene kommt ein weiterer Pass über 3 200 Meter und dann geht's ein Tal runter, durch das ein rauschender Gebirgsbach fließt.

Am Ausgang des Tals liegt der Ort Toktogul. Der gleichnamige Stausee liegt mehrere Kilometer weiter. Am Grund dieses

Sees liegt der alte Ort Toktogul. Der Stausee ist sehr wichtig, um die flussabwärts gelegenen Gebiete mit Wasser zu versorgen, aber auch zur Stromproduktion. Sowohl um das Wasser als auch um die Energie gibt es Streit zwischen Kirgistan und dem flussabwärts gelegenen Usbekistan. Das Verhältnis zwischen diesen beiden Ländern ist ohnehin schlecht, da die kirgisische Regierung sich schwer damit tut, den im Süden des Landes lebenden Usbeken Minderheitenrechte zu gewähren. 2010 kam es zu gewaltsamen Auseinandersetzungen in Osch, andere sagen, es gab ein Pogrom gegen die Usbeken. Die Anzahl der Usbeken, die aus der Region geflüchtet sind, liegt zwischen einer halben und einer ganzen Million Menschen.

In Toktogul treffen wir Matthes, meinen Nachbarn. Wir gehen zu fünft gut essen. Es gibt die üblichen Sprachschwierigkeiten beim Bestellen, aber Matthes spricht zum Glück ein paar Worte Russisch. Ich persönlich finde ja, dass die kirgisische, die usbekische und die kasachische Küche ziemlich ähnlich sind, aber ich vermute, Kirgisen, Usbeken und Kasachen würden das bestreiten.

Danach fahren wir drei Jungs das Flusstal wieder hoch, dass wir vorhin von der Hochebene heruntergefahren sind. Wir finden ein schönes Plätzchen direkt neben dem rauschenden Gebirgsbach. Es gibt einen kleinen Steg über den Bach und Matthes kann auf der anderen Seite sein kleines Zelt aufschlagen. Da ich nachts nicht schlafen kann, weil der rauschende Bach so laut ist, habe ich das Auto in der Nacht fünf Meter weiter vorgefahren. Dass ein Bach so laut rauscht, dass man nicht schlafen kann, habe ich vorher noch nie erlebt.

Am nächsten Tag möchte ich das Grab eines kirgisischen Freundes besuchen, der vor zwei Jahren viel zu jung gestorben ist. Es liegt oberhalb vom Dorf Kyzyl-Uraan, südlich vom Toktogul-See in den Bergen. In der kirgisischen Tradition geht man kaum oder nie zum Grab. Man gedenkt der Toten auf andere Art. Sei es ein kleiner Ort im Haus, ein Foto, ein Datum, aber meistens nicht am Grab. Da ich mir aber des Weges nicht mehr ganz sicher bin, hatte ich jemand von der Familie gebeten, mich zu begleiten. Haben sie auch gerne gemacht und sich noch bedankt für mein Kommen. Meine vier Mitreisenden haben dankenswerterweise Geduld und Verständnis aufgebracht. Dann sind wir weiter gefahren in Richtung Osch, wo Matthes gerade hergekommen war.

Es ist zwar gar keine Autobahn, aber die Straße heißt Bischkek-Osch-Highway und ist die wichtigste Verbindungsstrecke des Landes. Sie wurde von den Chinesen gebaut und das ist ein Beleg dafür, dass die chinesische Regierung gerne einen Plan B bereitstehen hat und am besten auch noch die Pläne C und D. Denn eigentlich ist die aktuelle Hauptverkehrsader der kasachisch-chinesische Grenzübergang bei Korgas. Außerdem haben China und Russland ein gutes Verhältnis, über die Mongolei und Russland gäbe es ebenfalls einen Weg. Dennoch hat China auch in Kirgistan die Straßen zu den beiden Grenzübergängen nach China gut ausgebaut. Dabei geht es aber immer nur darum, dass Chinesen nach Kirgistan kommen oder das Land durchqueren, niemals andersherum. Es ist für Kirgisen sehr schwer, ein chinesisches Visum zu bekommen.

In Taschkömür biegen wir rechts ab und fahren wieder rauf in die Berge. Der Touristenort, in dem wir übernachten, heißt Arkit. Hier lernen wir einen jungen Kirgisen kennen, der ebenfalls Ermek heißt. Übrigens: In Kirgistan habe ich keinen einzigen Vornamen gehört, den ich vorher schon mal gehört hatte. Männliche Vornamen sind Ermek, Nuraly, Suiun, Adyrbek und Kubandik, Frauen heißen Saltanat, Salkyn und Asema. Dieser besagte Ermek jedenfalls hat einen Nebenjob als Touristenführer, um sich sein Studium der Volkswirtschaft zu finanzieren. Er zählt die vielen chinesischen Investitionen in Kirgistan auf. Im Gegenzug erhalten chinesische Unternehmen dafür unter anderem Schürfrechte für die Goldvorräte und andere Rohstoffe. China übernimmt auch die Auslandsschulden anderer Länder und vermittelt in Konflikten zwischen Nachbarstaaten. China hat dabei nicht nur wirtschaftliche Interessen. Es gibt einige Unruheherde in der Region, meistens sind es ethnische Konflikte. Und China hat große Angst davor, dass solche

Konflikte eskalieren und nach China rüberschwappen. In Kirgistan leben viele Uiguren und auf der chinesischen Seite leben viele kirgisischstämmige Menschen. Mit wirtschaftlichen Fördergeldern und Infrastruktur-Projekten versucht die chinesische Regierung daher, die Entwicklung Kirgistans zu stabilisieren und somit durch wirtschaftliche Sicherheit auch eine politische zu schaffen.

Nicht nur die chinesische Regierung ist an einem guten Verhältnis interessiert, auch die kirgisische Regierung. Man vertraut zwar mehr auf den guten Draht nach Russland, aber China ist buchstäblich naheliegender. Weniger Interesse gibt es beim Volk selbst, viele Menschen haben Vorbehalte gegen China und Chinesen. Das liegt unter anderem an dem immer stärker werdenden kirgisischen Nationalismus, das gab es vorher in diesem Land noch nie. In den letzten Jahren entwickelten sich eine exzessive Paranoia und auch Verschwörungstheorien. So gibt es zum Beispiel die Idee, dass die chinesische Regierung absichtlich Männer nach Kirgistan schickt, um kirgisische Frauen zu heiraten, um langsam, nach und nach, das Land zu erobern – von innen. Dem versucht China entgegenzusteuern, so wurden in den letzten Jahren drei Konfuzius-Institute eröffnet.

Doch jetzt legen wir die Politik wieder beiseite und fahren rauf zum See nach Sary-Tschelek. Zum Glück muss ich die Piste nicht dem Transit zumuten, uns fährt der Besitzer des Guesthouses mit seinem UAZ Patriot, einem russischen SUV.

Der See ist wirklich traumhaft schön. Es gibt hier fast nur kirgisische Touristen. Nur ein Pärchen aus Antwerpen hat sich auch hierhin verirrt. Die Einheimischen gehen kaum wandern, sondern bleiben an dem öffentlichen Picknick-Platz. Yan, Pablo und einige wenige andere gehen auch in dem See baden, das Wasser hat etwa 19 oder 20 Grad. Während Matthes, Yan und Pablo danach wandern gehen, bleibe ich an dem Tisch mit einem guten Buch sitzen. Aber ich komme nicht zum Lesen, denn mich sprechen dauernd freundliche Menschen an. Meistens bieten sie mir obendrein etwas zu essen an sowie irgendwelche hochprozentigen Getränke, die ich aber größtenteils ablehne. Hätte ich alles an diesem Vormittag angenommen, dann würde ich bereits mittags sturzbetrunken unter besagtem Tisch liegen.

Es fällt übrigens auf, dass es hier oben fast gar keine Möglichkeit zum Geldausgeben gibt, obwohl hier bestimmt 100–200 Menschen picknicken. Es gibt lediglich ein kleines Zelt mit ein paar Souvenirartikeln, das ist alles.

Abends essen wir in einem Restaurant, in dem auch eine Feier stattfindet, an der nur Frauen teilnehmen. Die Bedienung erklärt uns, das sei ein Klassentreffen. Wie schon in Kasachstan bei solchen festlichen Gelegenheiten fällt mir auf, dass die Musik nicht nur zu laut ist, sondern viel zu laut. Und wenn sie dann aufgedreht wird, weil eine Runde getanzt wird, dann wird die Lautstärke waffenscheinpflichtig. Wir verbringen das Abendessen jedenfalls ziemlich stumm, weil ein Gespräch sowieso nicht möglich ist. Es gibt mal wieder Plov und zu trinken selbst gemachten Kompott. Das ist ein nicht alkoholisches Getränk, welches aus getrockneten Früchten aufgekocht wird. Viele kulinarische Spezialitäten tragen der Tatsache Rechnung, dass Nomaden selten einen Kühlschrank zur Verfügung haben. Kompott wird aus getrockneten Früchten gemacht. So kann man sie besser lagern, ohne dass sie verderben. Für den Kompott gibt es verschiedene Fruchtmischungen, die mit Wasser aufgekocht werden, und dann wird gewartet, bis es wieder kalt ist, und schon hat man einen leckeren Saft.

Der Milch können die Kirgisen auch das Wasser entziehen, am liebsten wird dafür Stutenmilch verwendet. Es kommt Salz dazu und die Masse wird zu weißen Bällchen geformt, die man überall kaufen kann. In Kirgistan und Afghanistan heißen diese Bällchen Kurut, im Iran Kaschk. Es gibt einige Speisen und Getränke hier, die ich absolut nicht mag. Dazu gehören diese weißen Kurut-Bällchen aus getrockneter Milch und dazu gehört auch Kumys, die alkoholhaltige vergorene Stutenmilch.

30. Juli bis 1. August: von Taschkömür nach Arslanbob

Die Freundin von Yan muss sich nun leider schon wieder auf den Weg Richtung Bischkek machen. Sie hatte nur acht oder neun Tage Urlaub genommen und die gehen jetzt dem Ende zu. Yan, Matthes, Pablo und ich fahren nach Arslanbob. Das liegt auch in den Bergen und ist die Region mit den größten Walnusswäldern der Welt.

Übrigens heißt der Bezirk, in dem wir uns die ganze Zeit aufhalten genauso wie die gleichnamige Bezirkshauptstadt Dschalalabat, nicht zu verwechseln mit dem 1500 Kilometer entfernten Dschalalabad in Afghanistan. Etwa 30 Kilometer führt die Straße direkt an der Grenze zu Usbekistan entlang. Man sieht einen gerodeten Streifen, Stacheldraht und Wachttürme.

Vor uns fährt ein alter Mercedes. Plötzlich fliegt bei voller Fahrt aus dem Beifahrerfenster eine leere Plastikflasche raus. Im nächsten Dort hält der Mercedes links an. Ich bin stinkesauer. Ich nehme mir eine leere Plastikflasche, bei uns liegen ja noch welche herum, und halte neben ihm an. Wenn ich sauer bin, fluche ich lieber auf Deutsch. In jeder anderen Sprache würde ich mich lächerlich machen und meistens verstehen die Leute sehr genau, was man meint. Ist auch in diesem Fall so. Ich blaffe die Leute an, es wäre so schön hier, wenn nicht so viel Müll rumliegen würde, und solche Asis wie den Mercedesfahrer braucht kein Mensch. Der tut so, als wenn er nicht versteht, was ich meine, aber seine Ehefrau macht ihm einen Strich durch die Rechnung, indem sie es ihm erklärt. Ich glaube, wenn Müllwegwerfer öfters einen solchen Anschiss bekämen, dann könnte das die Welt etwas müllfreier machen. Wo wir gerade bei dem Thema sind: Das ist hier echt ein Problem, überall in der Natur liegt Müll herum, überall in den Geschäften gibt es diese leichten Plastiktüten, die hinterher in den Büschen hängen bleiben. Es gibt ja durchaus schon eine Sensibilisierung, es gibt erste getrennte Müllsammelbehälter und immer mal wieder die Idee, wie bei uns eine Gebühr für Plastiktüten zu erheben. Das scheitert meistens an der Korruption. Dennoch kann man den Eindruck gewinnen, dass eine Bewusstseinsbildung im Gange ist, aber viel zu langsam.

20 Kilometer vor Arslanbob gehen Yan und Pablo in einem Fluss schwimmen, an dem wir vorbeifahren. Pablo nutzt eigentlich jede Gelegenheit, mal ins Wasser zu springen. Temperaturen sind ihm dabei wurscht, lediglich wenn es zu dreckig ist, nimmt er davon Abstand.

Am Ortseingang von Arslanbob sehen wir einen blauen VW-Bus im Grünen stehen. Er gehört Sandra und Christian aus der Schweiz, bei ihnen sind außerdem Caroline und Frank aus Hamburg. Die beiden sind per Anhalter unterwegs, sie kommen aus China. Sandra und Christian hatten sie auf dem Pamir Highway in Tadschikistan getroffen, sie sind gemeinsam hierhergekommen.

Dazu muss ich mal erklären, dass gemeinsam erlebte Langzeit-Reisen einerseits die intensivste Möglichkeit ist, Freundschaften und auch Liebesbeziehungen zu leben, es ist aber andererseits anstrengend und ein gewisses Risiko, da man sich intensiv auf der Pelle hängt. Wir haben auf dieser Reise manche Liebesbeziehung in die Brüche gehen sehen, meistens fahren die Leute dann getrennt zurück. Auch haben wir Freundschaften erlebt, die an ihre Belastungsgrenzen stießen. Umso dankbarer bin ich, dass es zwischen Pablo und mir gut lief. In den ersten Wochen hat es da auch geruckelt, bis man jeweils die Macken des anderen kannte, aber seitdem sind wir ein super Team. Erleichtert wird das dadurch, dass bei uns öfters auch andere mitfahren. Ein wenig Input dritter baut so manche Spannung ab oder macht sie unwichtiger.

Doch zurück nach Arslanbob. Ich bringe Matthes, Yan und Pablo in ein Guesthouse und fahre zurück zu den Schweizern und Hamburgern. Denn es lockt ein Lagerfeuer. Ich liebe Lagerfeuer und das ist erst das zweite auf dieser Reise, obwohl wir schon monatelang unterwegs sind. Hier habe ich endlich mal Gesinnungsgenossen getroffen, die zündeln alle vier genauso gerne wie ich.

Sandra und Christian erzählen von völlig anderen Erfahrungen, die sie mit ihren schweizerischen Botschaften gemacht haben: Sie waren im Iran unterwegs, als ihnen das Getriebe von ihrem VW-Bus teilweise kaputt ging. Der vierte Gang ging nicht mehr rein.

Macht nichts, dachten sie, wir haben ja den dritten und fünften Gang, fahren wir erst mal aus dem Land raus. In Usbekistan haben sie dann die vier schweizerischen Botschaften von den Stan-Ländern angeschrieben und gefragt, wer helfen kann. Alle vier haben innerhalb von 24 Stunden geantwortet und alle boten Hilfe an. Krass, und ich warte bis heute, und das sind nun schon mehrere Wochen.

Am erfreulichsten fiel die Antwort aus Taschkent aus: Es meldete sich ein Botschaftsmitarbeiter direkt aus der Schweiz, der grad auf Fortbildung sei und am Wochenende wieder nach Taschkent fliege, er könne gerne ein Ersatzteil aus der Schweiz mitbringen (natürlich gratis), man müsse ihm das nur bis Freitagabend ins Hotel bringen, am Samstag würde er fliegen und am Montag könnten sie sich das dann in der Botschaft abholen. Kosten würde sie das natürlich gar nichts.

Als Sandra und Christian am Montag zur Botschaft kamen, wurden sie erstens sofort freundlich zum Vordereingang eingelassen und bekamen zweitens sofort einen Kaffee angeboten. Da sollte man unsere diplomatischen Piefkes mal in die Lehre schicken, bis sie lernen, dass Höflichkeitsregeln nicht nur dem Adel und den fremden Staatsoberhäuptern gegenüber gelten.

Caroline und Frank sind eineinhalb Jahre unterwegs. Auch sie kommunizieren ihre Reise in einem Blog: heightwithoutflight. wordpress.com. In Turkmenistan hatten sie Ricky aus Südafrika getroffen, der in Samarkand neben uns stand. Ricky ist mittlerweile schon auf dem Rückweg von Wladiwostok.

Auch in Arslanbob gibt es einen dieser postsowjetischen Vergnügungsparks, den besuchen wir am nächsten Tag. Eigentlich wollten wir zum Viehmarkt, aber da hätten wir früher aufstehen müssen. Übrigens sieht man hier einige tief verschleierte Frauen, sonst tragen sie hierzulande maximal ein Kopftuch. Das liegt daran, dass das hier die religiöseste Gegend des Landes ist. Pablo bekommt einen Anschiss von einem verknöcherten Intoleranten mit Bart. Wir verstehen erst gar nicht, was er will. Als klar wird, dass der über Pablos kurze Hose wettert, sagt Pablo ihm, er solle ihn doch mit seinem Islam in Ruhe lassen, ich glaube, ich hätte unfreundlichere Worte gewählt. Am nächsten Abend machen wir wieder Lagerfeuer, ich wünschte, die Zeit würde stehen bleiben.

Pablo, Matthes und Yan bekommen im Guesthouse etwas anderes angeboten: Der Besitzer sagt, er wolle sich ein zweites Standbein aufbauen, und beginne jetzt, Walnusswein zu produzieren, ob sie den mal probieren möchten.

Usbekistan

1. bis 3. August: von Arslanbob über Osch nach Kokand

Wir überlegen nun, in welche Richtung wir weiter fahren möchten. Das Buch, welches ich gerade lese, hat den schönen Titel *Ohne Plan durch Kirgistan*. So haben wir uns hier bisher auch bewegt, das macht Spaß. Den gleichen Weg zurück wollen wir nicht, da waren wir ja schon. Daher bleiben nicht mehr viele Optionen. Das Ferganatal in Usbekistan hatten wir uns vor einigen Wochen ja eigentlich ansehen wollen, aber wegen der ganzen Passangelegenheit sind wir dann Richtung Schymkent gefahren. Matthes wollte vor einigen Jahren mal ins Ferganatal, da ging das allerdings noch nicht, weil alles vom Militär gesperrt war. Es handelt sich dabei um eine sehr fruchtbare Ebene, im Sommer ist es allerdings immer viel zu heiß hier. Wenn wir dann jetzt nach Usbekistan rüberfahren würden, dann könnten wir ja auch gleich noch die 100 oder 200 Kilometer weiter nach Taschkent fahren und fragen, was denn nun eigentlich mit unseren Anträgen ist.

So machen wir das dann auch. Wir nähern uns sozusagen spiralförmig unserem Ziel.

Und wieder war die Grenze mit beiden Seiten in weniger als einer Stunde durch. Einen Geldautomaten gibt es auf usbekischer Seite sowieso nicht, noch schnell eine Versicherung abschließen (in Kirgistan hatten wir keine, es gab bei der Einreise keine Möglichkeit, eine abzuschließen) und weiter geht's.

Auf usbekischer Seite haben wir eine weitere Panne. Eigentlich sogar zwei in einer Stunde, eine kleinere zuerst und eine halbe Stunde nach der Reparatur eine große. Doch der Reihe nach: Beim Zurücksetzen nach einer kleinen Pause (Pablo wollte schwimmen, aber der Fluss war zu siffig) kollidiere ich unter dem Wagenboden mit einem Stein, der den Auspuff nach vorne geschoben und somit krumm gebogen hat. Das reparieren wir provisorisch mit Draht und fahren bis zum nächsten Schrauber. Der bastelt alles in allem eine Dreiviertelstunde mit einer Kette, einer Stange, dem Lehrling und viel Geduld die Sache wieder gerade. Und das alles bei 42 Grad Mittagshitze. Und jetzt kommt der Klopper: Der will partout kein Geld dafür! Das ist Usbekistan!

Ich habe ihm dann wenigstens unsere Flasche aserbaidschanischen Sekt und ein wenig Spielzeug für seine drei Kinder aufnötigen können. Danach haben wir dann unseren ersten echten Breakdown: Wir bleiben mit eine Panne liegen. Ein Krach, lautes Scheppern und schnell stehen geblieben. Erster Gedanke: Auspuff doch runtergefallen, aber das war's nicht. Innerhalb von wenigen Minuten hält jemand zum Abschleppen an. Der schleppt uns ganze 40 Kilometer bis nach Kokand. Es scheppert hässlich, obwohl der mit seinem SIL-LKW nur vorsichtige 18 Kilometer fährt, aber was sollen wir machen, wir sind mitten in der Pampa.

In der Werkstatt ist schnell klar: Vorne an der Kardanwelle ist das Getriebeflanschlager kaputt. Das Wort kannte ich bis eben gar nicht. Das ist da, wo die Kardanwelle ins Getriebe reingeht. Die Jungs hier bauen das defekte Lager aus der Welle ratzfatz aus, in Deutschland würden die vermutlich gleich die ganze Kardanwelle austauschen. Der Werkstattchef schlägt vor, was jetzt zu tun sei, aber ich glaube, Google Translate war da nicht ganz präzise in der Übersetzung:

»Errettet, sag dem kleinen Sohn, N das sind die Meister, sieh dir die Akte an, wenn du sie bringst, und so ist die Beleidigung eindeutig Schmerz, welche Art von Gehör.« Hää?

Irgendwie kamen wir dann trotz Google zusammen. Morgen früh fährt einer von der Werkstatt mit dem Taxi ins 280 Kilometer entfernte Taschkent, um ein neues Lager zu besorgen. Für die Taxifahrt und das Ersatzteil wollten sie 35 Euro Vorschuss, die ich gerne gleich zahle.

Jemand warnte uns davor, dass der Abschlepper unverschämt viel Geld haben wollte. Mag ja sein, aber die 20 Euro, die der wollte für seine drei Stunden Zeitaufwand, habe ich ihm gerne gegeben, in Deutschland wäre ich nicht mit dem Zehnfachen hingekommen.

Kokand ist blöd heiß, sodass der Tag sehr anstrengend ist. Abends gehen wir zusammen mit Narisa, einer der Angestellten des Hotels, essen. Die müssen immer 24 oder 36 Stunden Schicht schieben, und wenn sie mit einem essen gehen, fragt man sich, ob sie das jetzt aus Interesse nach Feierabend machen oder ob es Bestandteil ihrer Arbeit ist, die eh so billig ist, dass der Chef vielleicht einfach nur die diffuse Anweisung gibt, die Touristen bei Laune zu halten. Aber ich will hier nichts gegen den Chef des Hotels gesagt haben, denn als Narisa uns in ein Restaurant ausführt, sitzt der zusammen mit ein paar Kumpels einige Tische weiter. Als sie ihm sagt, dass wir in seinem Hotel wären, übernimmt er kurzerhand die Zeche für uns alle. Respekt und danke!

4. bis 7. August: Taschkent

Wir fahren durch das Ferganatal und danach über einen hohen Bergpass nach Taschkent. Oben in den Bergen ist endlich diese drückende Hitze weg, die im Hochsommer immer über dem Ferganatal liegt.

Am nächsten Tag gehe ich zur Botschaft, mein Erscheinen hatte ich denen bereits vor drei Tagen per Mail angekündigt: »(…) Ich weise Sie darauf hin, dass ich meine Reiseerlebnisse nächstes Jahr in Buchform veröffentlichen werde. Es wird mir ein Vergnügen sein, meine persönlichen Erlebnisse mit der Deutschen Botschaft in Taschkent zu erzählen. (…)«

Der Besuch selbst ist witzig. Auf dem Gang in die Container, in denen die Schalter sind, ist auf der linken Seite ein Wartezimmer. Eigentlich mehr so ein Glaskasten mit ein paar Bänken, da soll ich noch den berühmten einen Moment Platz nehmen. Die Tür geht etwas schwer auf. Ich hatte etwas zu lesen mit, daher stört es mich auch nicht, dass aus dem einen Moment eher zwei Momente werden. Schließlich kommen zwei kirgisische Bittsteller und wollen oder sollen ebenfalls in den Warteglaskasten. Aber die Tür geht nicht mehr auf. Am Ende sind die beiden, mehrere Bedienstete von der einen und ich von der anderen Seite am Ziehen und Drücken, bis sie plötzlich nachgibt.

Dann soll ich in dem Schalterraum in dieses Separee. Ich will die Tür nicht schließen, obwohl der freundliche Herr Wetzlau mich dazu auffordert. Denn oben in der Neonröhre brummt eine große Hornisse.

Herr Wetzlau stellt mich noch einer Dame vor, die schräg hinter ihm sitzt, eine Anwärterin. Und dann stellt er sich vor, er sei nur als Urlaubsvertretung aus Berlin hierhin beordert und Sie sehen ja, wie viel Arbeit hier … und dann muss er auch schon wieder weg. Ich beginne ein fröhliches Gespräch mit der Anwärterin und bin dabei bester Laune, heute bin ich ja ohne Erwartungen hierhin gekommen. Ich erzähle ihr die ganze Geschichte, zeige auf die Hornisse und frage sie lachend, ob das jetzt hier die neuen Methoden wären.

Ich erzähle ihr auch den ganzen Fall und dass ihre Leute jetzt volle sechs Wochen nicht aus dem Quark gekommen sind. Sie bittet um Verständnis, dass sie dazu jetzt nichts sagen könne, und ich sage, das solle sie auch lieber nicht, das wäre nicht gut für sie. So plänkelt das Gespräch hin und her und ich habe den Eindruck, da hören welche zu. Irgendwann jedenfalls kommt jemand, den ich noch nie gesehen habe, mit einer Mappe und bringt mir 70 Euro und die solle ich quittieren. Das ist deswegen doppelt lustig, weil ich noch gar nicht dazu kam, denen zu sagen, dass ich jetzt den vorläufigen Ausweis nicht mehr haben möchte, sondern lieber mein Geld zurück. Nur der Anwärterin hatte ich das eben erzählt.

Dann sagen sie noch, Pablo könne morgen vorbeikommen und sich ebenfalls die 70 Euro abholen. Er müsse allerdings eine Erklärung dabeihaben, die besagt, dass er seinen Antrag auf einen vorläufigen Ausweise zurückziehe und die 70 Euro zurückhaben möchte – komisch, ich brauchte das nicht, aber egal.

Pablo wird auch erst übermorgen in die Botschaft gehen, denn morgen ist ein Ausflug angesagt, noch mal rauf in die Berge im Dreiländereck zu Kirgistan und Kasachstan zum Urugach-See.

Wir treffen uns noch mal mit Yasur und besuchen gemeinsam ein Fußballspiel von Paxtakor Taschkent. Irgendwie kommt mir diese Reise langsam vor wie ein Roadmovie, in dem bestimmte Leute dazukommen, wieder gehen und später wieder dazukommen, obwohl man längst tausend Kilometer weiter ist.

Kasachstan

7. bis 10. August: Sairam-Ugam State National Park

Heute brechen wir ein zweites Mal von hier Richtung Kasachstan auf. Jetzt wissen wir ja auch, welche Grenze wir nehmen müssen, Kategorie B und so. Der Grenzübertritt geht auch genauso locker und freundlich wie letztes Mal.

Wir möchten den einzigen Nationalpark ansteuern, den wir letztes Mal ausgelassen haben, den Sairam-Ugam State-National Park. Er grenzt an Aksu-Jabagly, in dem wir ja schon waren. Es ist wesentlich schwieriger, hier schöne Orte zu finden, denn in den Reiseführern wird das Gebiet kaum erwähnt, auch nicht im Netz, jedenfalls nicht in für uns zugänglichen Sprachen. Irgendwann finden wir dann aber doch genau das, was wir suchen. Die Nächte zwei und drei verbringen wir an einem wunderschönen Platz an einem Gebirgsbach, tagsüber gibt es Wanderungen in nahezu unberührte Gegenden. Hier ist auch wieder so ein Ort, an dem man nichts dagegen hätte, wenn die Zeit mal eine Weile stehen bliebe.

So langsam müssen wir uns wieder Richtung Bischkek orientieren. Matthes fliegt von da heim und wir müssen von dort Richtung China aufbrechen. Es gibt eigentlich nur zwei mögliche Wege, den Bischkek-Osch-Highway zurück oder die Strecke über Kasachstan. Der Vorteil dabei: Da müssten wir nicht wieder hoch in die Berge. So kommt es, dass wir nun ein zweites Mal die chincsische Autobahn in Kasachstan über Schymkent und Taras nehmen. Hundert Kilometer hinter Taras muss man dann rechts abbiegen.

Kirgistan

In Bischkek gibt es gleich mehrere Basare. Der Osch-Basar ist nicht nur der größte der Stadt, sondern der größte von ganz Zentralasien. Hier könnte man tagelang zwischen den Marktständen herumlaufen, an denen Gewürze, verschiedene Mischungen Kompott, Kräuter, Gebäck, ach einfach alles vom Schulheft bis zur Gießkanne verkauft wird.

Wir treffen Ermek wieder, der inzwischen auch von Karakol wieder zurück ist. Zusammen mit Matthes besuche ich das Pokalhalbfinale zwischen zwei Mannschaften aus der Hauptstadt. Wir besichtigen das Frunse-Museum. Michail Wassiljewitsch Frunse, geboren 1885, war ein Bauernsohn, der sich schon in jungen Jahren Lenin und den Bolschewiki anschloss. Nach der Niederschlagung der Revolution von 1905 wurde er verhaftet, zum Tode verurteilt und später zu lebenslänglicher Haft begnadigt. Nach zehn Jahren konnte er fliehen. Er nahm an der Oktoberrevolution teil, wurde 1921 ins Zentralkomitee der Partei gewählt und 1925 Nachfolger Trotzkis als Oberbefehlshaber der sowjetischen Streitkräfte. Ende des Jahres starb er bei einer Operation, bis heute gibt es Gerüchte, dass da nachgeholfen wurde.

Später wurden in der gesamten Sowjetunion viele Straßen, Schulen und Metrostationen nach Frunse benannt, auch mehrere Städte. Von 1926 bis 1991 hieß seine Geburtsstadt nicht Bischkek, sondern Frunse.

Das Auto ist mal wieder in der Werkstatt, wir möchten es noch checken, bevor wir nach China kommen, da ich nicht weiß, wie es dort ist mit Werkstätten und Ersatzteilen für den alten Ford Transit aussieht. Als der vor 28 Jahren gebaut wurde, waren die allermeisten Chinesen noch mit den Fahrrad unterwegs.

Asanovich »Suiun« Toksobaev, ein Freund, der beim kirgisischen Fernsehen arbeitet, lädt uns zu einer Besichtigung des Senders ein. Wir sehen uns die Sendestudios an, die Aufnahmetechnik, den Hörfunkbereich und am Schluss die Kantine.

Ich treffe Caroline und Frank wieder, die Lagerfeuerfreunde aus Arslanbob. Es ist heiß und trocken, wir gehen an einen Badesee. Dort ist der Bereich, in dem man noch stehen kann, durch Bojen gekennzeichnet. Wenn man darüber hinausschwimmt, bekommt man von einem Bademeister, der extra darüber wacht, den buchstäblichen Anpfiff.

Wir verabschieden Matthes, dessen Urlaub leider zu Ende ist.

17. bis 19. August: von Bischkek nach Yssyköl

Heute sind wir zu viert unterwegs. Yan, Pablo, Nursultan und ich. Nursultan spricht sehr gut Englisch und wohnt in Moskau. Er ist hier geboren und spricht perfekt Kirgisisch und Russisch. Jedes Jahr kommt er hierher in den Urlaub.

Als Erstes möchten wir heute nach Rotfront. Ja, der Ort heißt so. Er hieß mal Bergtal und wurde von Mennoniten gegründet. Zu Stalins Zeiten wurden viele deutschstämmige Menschen von der Wolga nach Zentralasien deportiert. Da machten sich die Menschen auch in Bergtal Sorgen, was mit ihnen wohl geschehen würde. Stalin konnte sie aber nicht nach Zentralasien strafversetzen, da waren sie ja schon. Um ihn milder zu stimmen, haben die kreuzbraven Einwohner von Bergtal gezeigt, dass sie auch scheinheilig können, und ihren Ort in Rotfront umbenannt.

Heute haben wir den ersten Regentag seit Monaten. Man kann auch sehen, dass es einen Temperatursturz in den Bergen gegeben hat, die Schneegrenze ist um mehrere hundert Meter gesunken.

Hier unten wechselt das Wetter zwischen Regen und Nieselregen, obendrein ist es windig und kühl. Daher kommen wir natürlich auch in Rotfront leider mit niemand ins Gespräch. Immerhin kann ich ein Foto machen (lassen) von mir, dem Transit und dem Ortsschild Рот-Фронт.

Auf dem Weg nach Rotfront kommen wir durch einen Ort, der Lyuksemburg heißt. Höchstwahrscheinlich entstand der Name nicht im Andenken an die gleichnamige Stadt, sondern an Rosa Luxemburg. Lyuksemburg und Rotfront liegen nur 40 Kilometer voneinander entfernt. In Kasachstan sind wir übrigens an einem Ort vorbeigefahren mit dem Namen Pionierlager.

Auf der Karte entdecke ich zufällig, dass ganz in der Nähe eine Sehenswürdigkeit ist, der Igeti-Canyon. Also nichts wie hin, ohne Plan durch Kirgistan.

Der Canyon ist auch sehr schön, aber der strömende Regen spricht gegen einen ausführlicheren Spaziergang. Während wir den Canyon rauffahren, überholen wir jede Menge Radfahrer. Über eine Entfernung von 20 Kilometer sind es über 100 Radfahrer, die wir überholen. Ich würde ja gerne wissen, woher die kommen und wieso die selbst bei dem Wetter hier radeln. Das sollen wir aber erst einige Tage später erfahren.

Wir fahren weiter zum Yssyköl. Diese Strecke sind wir vor zwei Wochen genau in die andere Richtung gefahren. Vor dem See fährt man durch ein tiefes Tal, in dem neben der Straße auch ein Fluss fließt, der Tschüi. Hier gibt es eine lustige optische Täuschung, die mich jedes Mal wieder irritiert. Ich habe immer den Eindruck, man fährt dieses Tal runter, eben runter zum See. Aber der Tschüi fließt andersherum, kommt einem also entgegen. Entweder kann der Eindruck nicht stimmen oder wir haben hier einen Fluss, der bergauf fließt.

Der erste Ort direkt an See heißt Balyktschy. Auf der Durchreise hab ich mir hier am Ortseingang immer den leckeren Stockfisch geholt. Heute machen wir hier Feierabend. Zum ersten Mal seit Langem setzen wir uns zum Abendessen im Restaurant nach drinnen, weil es draußen viel zu kalt ist.

Nursultan und ich gehen danach noch an den Strand des Sees, ein kleines Lagerfeuer machen.

19. bis 20. August: Kotschkor – Naryn – Torugart

Heute fahren wir an der Südseite des Sees entlang. Die Straße ist weniger befahren und weniger gut. Nach einer Weile kommt ein See neben dem See, genauer gesagt ein Salzsee, nur getrennt durch einen Hügel. Das Wasser in dem See ist so salzig, dass man quasi obendrauf liegt. Und es gibt schwarze Matsche am See, die gesund sein soll. Pablo hat sich von oben bis unten damit eingerieben. Er war vorher nicht krank, aber wäre er es gewesen, dann wäre er dadurch bestimmt gesund geworden.

Von jetzt ab geht es nur noch bergauf, jedenfalls solange wir noch in Kirgistan sind. Heutige Tagesetappe ist in Kotschkor. Beim ersten Guesthouse, in dem wir anfragen, ist nur noch ein Platz frei. Den bekommt Nursultan gratis, er kommt aber noch mit uns mit, um auf unserer Suche nach einer Unterkunft zu übersetzen. Wir fragen ihn, wieso er dort gratis übernachten kann. Er sagte, weil er Kirgisisch kann, hielt die Frau an der Rezeption ihn für einen Guide und die können für lau übernachten. Unsere Unterkunft ist in Gästezimmern bei einer Familie. Nachdem alles geregelt ist, gehen wir noch gemeinsam essen. Als wir schlafen gehen wollen und ich den Wirt frage, wo mein Zimmer sei, sagt er, ich müsse mir das Zimmer mit einer Polin teilen, die schlafe dort schon. Ich will ihn fragen, ob er sicher sei, dass die Polin da keine Einwände habe, kann mich aber sprachlich nicht verständlich machen. Immerhin stellt sich heraus, dass da zwei getrennte Betten sind.

Frühstück gibt es am Küchentisch der Familie, schade, dass es die Sprachbarriere gibt. Als der ältere Sohn kommt, wird es einfacher, da der ein wenig Englisch spricht.

Dann heißt es Abschied nehmen von Yan. Sie möchte nicht mit nach China kommen, sondern nach Samarkand. Erst mal gehen sie und Nursultan zum Songköl (See) wandern.

Zum ersten Mal seit mehreren Wochen sind Pablo und ich mal wieder nur zu zweit unterwegs.

Doch erst mal sind wir noch nicht unterwegs, da es noch zwei Kleinigkeiten zu reparieren gibt. Zum einen haben die Schotterpisten das alte Plastik der Aufhängungen unserer Scheinwerfer zerbröselt. Unser Auto schielt nach links oben und rechts unten, aber mit ein wenig Draht ist auch dieses Problem schnell gelöst. Außerdem hat sich die Batteriehalterung durch die Ruckelei verabschiedet. Während wir da rumbasteln, kommt jemand von der Au-

Container lassen sich für vieles zweckentfremden. Sogar für den Bau einer Kirche.

towerkstatt gegenüber zu uns, schaut erst zu, hilft dann mit und irgendwann ist er am Machen und wir gucken zu. Er hat Super-Improvisier-Ideen, so kenne ich die Ostblockschrauber. Und hinterher will er nicht mal Geld haben für die halbe Stunde, die er uns geholfen hat. Ich bin mal wieder froh, dass wir das Kinderspielzeug dabeihaben. Da das eh alles Made in China ist, wird es auch Zeit, alles rauszuhauen, Seifenblasen, Flummis, Luftballons, Spielzeugautos und Knicklichter.

Ich versuche, chinesisches Geld einzuwechseln, das bekomme ich aber in keiner Bank des Ortes. Wir begegnen einem deutschen Motorradfahrer und grüßen gegenseitig.

Nach Kotschkor geht es weiter bergauf bis hoch zum Dolon-Pass auf 3 030 Meter Höhe. Bergauf wird der alte Transit ja langsamer, aber bei der dünnen Luft hier oben wird er so viel langsamer, dass zumindest die leeren LKW mich mühelos überholen – peinlich. Wir bekommen faszinierende Berglandschaften zu sehen, die ständig wechseln. Da, wo Häuser stehen, gibt es dieses Phänomen, das man in Kirgistan überall bewundern kann: eine enorme Kreativität, was man aus Seecontainern alles bauen kann. Wohnhäuser, teilweise mehrgeschossig, Verkaufsstände, Bürogebäude, Bushaltestellen und immer wieder Wohnhäuser oder Wohnhauserweiterungen.

Heute fahren wir nur 120 Kilometer und kommen schon nachmittags in Naryn an, der Ort wird auch Atbaschy genannt. Es wimmelt hier von Touristen. Die sind aber nicht auf dem Weg nach China, sondern haben alle die gleiche Route geplant: erst mit dem Jeep in die gleiche Richtung wie wir, dann links abbiegen und an einen See wandern. Ich habe den Eindruck, alle haben diesen gleichen Reiseführer und arbeiten ihn auch alle gleichzeitig ab. Was in dem australischen Reiseführer Lonely Planet drin steht, ist immer überlaufen, und was nicht drinsteht, ist total leer. Diesen Reiseführer gibt es in vielen Sprachen, auch auf Deutsch und Chinesisch. Er wäre der letzte Reiseführer, den ich mir holen würde, weil ich gar nicht unbedingt dahin fahren will, wo alle anderen auch hinfahren.

Naryn hat 40 000 Einwohner, es ist die einzige Ansiedlung im weiten Umkreis. Von hier sind es noch etwa 150 Kilometer bis zur chinesischen Grenze. Aus der Rubrik nutzloses Wissen kann ich noch folgende Information beisteuern: Naryn hat eine Oberleitungsbuslinie und ist somit die kleinste Stadt der Welt mit einer Obuslinie.

Im Ort finden wir zufällig auf Anhieb das CBT-Büro. Das bedeutet Community Based Tourism und war eine Idee des Kirgisischen Tourismusverbandes. Wo man dieses Siegel sieht, spricht jemand Englisch, wird auf Nachhaltigkeit geachtet und auf die Einheimischen Rücksicht genommen. Es gibt Unterkünfte, die dieses Siegel tragen, hier ist es aber ein Büro, in dem einige Festangestellte und viele Freiwillige arbeiten. Sie haben dort gleich eine ganze Liste von möglichen Unterkünften. Einer der Freiwilligen begleitet uns zu einer Privatwohnung, in der wir ein Zimmer bekommen. Er erzählt, dass er Student ist und dieses Tätigkeit während seiner Semesterferien ausübt. Hauptsächlich, um die Sprache zu lernen, aber auch, um Kontakte zu knüpfen.

Wir treffen den Motorradfahrer von heute Morgen wieder und gehen mit ihm und einem französischen Pärchen gemeinsam Abend essen. Die Französin und ich lästern gemeinsam über das wenig abwechslungsreiche Essen in den Stan-Ländern und sie träumt so vor sich hin, escalope à la crème, steak au poivre, coq au vin … Ich freue mich auf China.

Der Freiwillige begleitet mich am nächsten Morgen auch noch zur Bank, aber selbst hier, in der Stadt, die der Grenze am nächsten liegt, gibt es bei keiner der Banken chinesisches Geld zu wechseln.

In Naryn gehen wir noch Mittagessen. Es dauert sehr lange, bis das Essen kommt, aber das macht nichts, wir haben ja noch Zeit. Wir nehmen noch zwei Portionen Nudelsuppe zum Aufwärmen mit. Unterwegs sammeln wir noch Brennholz ein und stapeln es in der Dusche, beides soll sich als kluge Entscheidung herausstellen.

Heute überholen wir wieder jede Menge Radfahrer, das scheinen die gleichen zu sein wie vor einigen Tagen in der Igeti-Schlucht. Zwar regnet es heute kaum, aber es ist kalt hier oben und vor allem pfeift ein fieser Wind.

Ein höher gesetzter MAN mit französischem Kennzeichen überholt uns bergauf. Einige Kilometer weiter sehen wir ihn zum zweiten Mal, weil der französische Fahrer hilft, mit dem MAN einen kirgisischen PKW aus dem Graben zu ziehen. Der Fahrer des PKW ist ziemlich besoffen. Einige Kilometer weiter treffen wir das französische Paar ein drittes Mal. Sie stehen rechts von der Straße und lassen die Luft aus allen vier Reifen ein wenig ab, da sie nun offroad ins Nirgendwo fahren wollen. Die sind sehr gut ausgerüstet und haben eine Kompressoranlage am Fahrzeug, mit der kann man alle vier Reifen gleichzeitig auf gleichem Niveau aufpumpen oder ablassen. Ich glaube, dieses Fahrzeug wäre sogar mondtauglich – einmal Pizza mit allem.

Irgendwann haben wir eine Hochebene erreicht, ab da steigt es kaum noch an und wir sind schon deutlich über 3 000 Metern. Wir kommen an einem liegen gebliebenen Trecker vorbei, an dem zwei Männer am Schrauben sind. Wir fragen, ob sie Hilfe brauchen, und die beiden Männer fragen uns, ob wir den etwa neunjährigen Jungen mitnehmen können. Klar, kein Problem, auch wenn wir nicht wissen, wohin. Aber hier gibt es ja nur diese eine Straße. Sie geben dem Jungen noch den Einkauf mit und weiter geht's.

Diese Strecke hier ist übrigens sehr alt, sie war Bestandteil der alten Seidenstraße. Schon damals zogen die Karawanen über den Torugart-Pass. Irgendwann geht es hier links nach Tasch Rabat, einer Karawanserei aus dem 15. Jahrhundert. Aber die 15 Kilometer Piste dorthin (und zurück) sparen wir uns lieber, wir haben gehört, sie soll sehr schlecht sein. Je höher wir kommen, umso tiefer hängen die Wolken und das Wetter sieht immer ungemütlicher aus. Die armen Radfahrer, die ganze Zeit war schönes Wetter, ausgerechnet jetzt, wenn sie mit so vielen kommen, gibt es diesen Temperatursturz.

Irgendwann sehen wir links von der Straße eine kleine Siedlung mit einem halben Dutzend Häusern, da möchte der Junge hin. Als wir ihn dort absetzen, begegnet uns ein Radfahrer, ein Italiener. Er sagt, er steige aus und ich verstehe erst mal nicht, was er meint.

Etwa 40 Kilometer vor der Grenze kommt ein Kontrollposten. Um weiterzufahren, braucht man entweder eine Genehmigung oder ein gültiges Visum für China. Hier kommen wir ins Gespräch mit einigen der Radfahrer, da auch sie hier halten müssen. Einen versorgen wir mit Verbandsmaterial, weil er sich wund geradelt hat.

Sie nehmen alle an einem Rennen teil, dem Silk Road Mountain Race. Die Disziplin heißt »bikepacking race«. Das Rennen findet zum zweiten Mal statt, es soll jetzt jedes Jahr veranstaltet werden. Die Strecke geht über 1 700 Kilometer und 31 000 Höhenmeter, es gilt als eines der härtesten Radrennen der Welt. Letztes Jahr gab es 100 Teilnehmer, dieses Jahr 140, sie kommen aus der ganzen Welt. Von den 140 schaffen es übrigens 70 bis ins Ziel, der schnellste nach 7 Tagen und 6 Stunden, die letzten nach 14 Tagen und 11 Stunden. Jetzt ist auch klar, was der Italiener vorhin meinte, als er sagte, er steige hier aus.

Bei tief hängenden Wolken, dunklem Himmel, leichtem Nieselregen und sinkenden Temperaturen fahren wir weiter über die Hochebene. Uns kommen einige beladene Schwertransporte entgegen, die LKW haben chinesische Kennzeichen.

Irgendwann ist links in wenigen Kilometern Entfernung ein See zu sehen, der Tschatyrköl. Der drittgrößte See Kirgistans liegt auf 3500 Metern Höhe und hat keinen Abfluss. In den letzten Jahrzehnten sank der Wasserspiegel dennoch kontinuierlich und die Wasserfläche nahm entsprechend ab. Seine maximale Tiefe wird mit 19 Metern angegeben, im Winterhalbjahr ist er mit einer etwa ein Meter dicken Eisschicht zugefroren. Die Durchschnittstemperatur hier oben beträgt übers Jahr gesehen fünfeinhalb Grad plus.

Wir umfahren den See weiträumig. Überall in der Landschaft sieht man vereinzelte Jurten stehen, manchmal auch ein Bauwagen daneben. Die Jurten haben Schornsteine, aus allen heraus kommt Rauch. Da es hier oben kein Holz gibt, heizen die Nomaden mit getrocknetem Kamelkot.

Auf der rechten Seite steht ein sehr hoher Wachtturm und ab da ist rechts von der Straße ein Grenzzaun aus Stacheldraht, zwei Kilometer weiter beginnt sogar ein zweiter. Dabei sind es von hier noch mindestens zehn Kilometer bis zur Grenze und nach rechts weg auch noch einige Kilometer. Oben in den Bergen wird es vermutlich weitere Grenzzäune auf beiden Seiten geben.

Wikipedia sagt bei dem Stichwort Torugart-Pass, dass es hier laut dem Büro der Vereinten Nationen für Drogen- und Verbrechensbekämpfung (UNODC) viel Schmuggel gäbe. Angesichts der massiven Grenzsicherung beider Seiten selbst in diesem schwierigen Gebirgsgelände ist das für mich nur schwer vorstellbar.

Wir sehen eine LKW-Schlange auf dem Standstreifen und einen halben Kilometer weiter kommt die kirgisische Grenzstation. Die Grenze ist übrigens über Nacht geschlossen. Und während der Mittagspause ebenfalls.

Außer der Grenzstation gibt es hier noch eine Tankstelle, fünf Jurten und drei Bauwagen, aber selbst hier auf 3600 Metern Höhe gibt es noch 3G Internet. Ich habe den Eindruck, die Abdeckung mit Internet ist in den kirgisischen Bergen besser als in der norddeutschen Tiefebene.

Nach der Grenzstation geht es noch etwa drei Kilometer weiter und 150 Meter höher, bis die eigentliche Grenzlinie kommt. Und vor der Grenzstation kann man links abbiegen und der Straße weiter folgen. Dort entlang fahren die Radfahrer und all die Touristen, die dem Lonely-Planet-Reiseführer folgen. Einige Kilometer weiter schreibt der Reiseführer eine Wanderung vor.

Wir tanken voll, geben unser letztes kirgisisches Geld für Kekse aus und suchen uns irgendwo zwischen den Jurten einen Standplatz. Es weht ein fieser kalter Wind. Wir haben ja extra für diesen Abend noch Holz in der Dusche liegen und machen ein Lagerfeuer. Aber durch den Wind brennt es wesentlich schneller herunter.

Danach frieren wir im Auto weiter. Wie schön, dass wir heute Mittag Nudelsuppe zum Aufwärmen mitgenommen hatten. Ich heize das ganze Auto durch den Gasherd auf. Die Folge ist, dass Pablo oben im Alkoven eine Schwitzkur bekommt und ich unten im Bett nach wie vor Außentemperatur habe. Na ja, ist ja nur für eine Nacht und morgen wird ein spannender Tag.

China

Hauptstadt: Peking /Beijing
Bevölkerungszahl: 1 392 730 000
Fläche: 9 388 210 000 km²
Amtssprache: Mandarin
Religionen: Volksreligionen, buddhistisch, christlich, muslimisch

Währung: Renminbi Yuan
BIP (insg.): 13 407 Mrd. US-Dollar
Wichtigster Exportpartner: USA
Wichtigster Importpartner: Korea

Unnützes Wissen: Der häufigste Familienname der Welt kommt aus China und lautet »Chang«.

21. August: vom Torugart-Pass nach Kaschgar

Heute ist nichts mit Ausschlafen. Das liegt weniger an der Vorfreude auf den bereits seit letztem Jahr für heute geplanten Grenzübertritt nach China als vielmehr an der Eiseskälte in dem Mobil hier oben. Sowohl draußen als auch im Wagen sind es knapp unter null Grad. Wir hatten bereits am Vorabend überlegt, morgens vor dem Frühstück erst mal einige Kilometer zurückzufahren, um zuerst das Auto und danach uns selbst aufzuwärmen. Denn die Grenze wird sowieso frühestens um neun Uhr geöffnet. Der Wintersturm hat sich gelegt, der Bergsee Tschatyrköl blitzt und blinkt von fern in der gleißenden Morgensonne.

Zum ersten Mal springt das Auto nicht auf Anhieb an und ich bin auf einen Schlag hellwach. Zum Glück liegt es nur an der dünnen Luft hier oben. Ich muss einige Minuten orgeln, damit der Selbstzünder auch wirklich selbst zündet. In der sauerstoffarmen Luft qualmt der Motor auch deutlich mehr als sonst.

Nach dem Frühstück beginnen wir mit der Grenzprozedur. Die Ausreise aus Kirgistan ist in weniger als einer halben Stunde erledigt.

Die Grenzer sind wieder ausgesprochen freundlich. Nach dem kirgisischen Grenzposten geht es zwei Kilometer durch Niemandsland.

Wenn man sich diese zwei Kilometer auf Google Maps ansieht, gibt es ein lustiges Phänomen: Es ist nicht möglich, Routen von China ins Ausland und umgekehrt zu planen. Denn China gibt irgendwelche Daten nicht raus, die erforderlich wären, um die Karten zu synchronisieren. Daher sieht es an jedem Straßengrenzübergang nach China so aus, als würden sich die Straße aus China und die aus dem jeweils anderen Land hier gar nicht treffen, sondern quasi nebeneinander im Sande verlaufen. Tun sie aber nicht, ich hatte es geahnt.

Die eigentliche Grenze ist durch einen Zaun gesichert, der sich bis an den Horizont durch die bergige Landschaft schlängelt. Auf der Straße steht ein großes eisernes Tor, links und rechts sieht man Wachtürme oben auf den Hügeln. Daneben steht ein Grenzstein, auf dem 3752 Metern eingemeißelt ist – die Passhöhe. Vor dem verschlossenen Tor wartet etwa ein gutes Dutzend LKW. Ab und zu kommen weitere hinzu. Die überholen wir zwar alle, aber das nutzt uns nichts, denn das Tor bleibt zu. »Unsere« Agentur Tibetmoto hatte angekündigt, dass unser Guide direkt oben an dem Grenztor auf uns wartet, aber auf der anderen Seite ist niemand zu sehen.

Etwa alle 20 Minuten öffnet sich das Tor und eine Handvoll LKW werden an uns vorbei nach China reingelassen – Blockabfertigung gibt es eben nicht nur in Tirol. Sie stehen dort eine gute Viertelstunde, dann steigt auf der Beifahrerseite je ein Uniformierter ein und die LKW verschwinden von der Bildfläche, Fahrtrichtung China.

Etwa nach einer Stunde ist die LKW-Schlange abgebaut und wir stehen mit dem Wohnmobil als Einzige wartend vor dem wieder verschlossenen Tor. Auf der anderen Seite kommt ein PKW und hält in der Nähe des Tores. Könnte das unser Guide sein? Wir unterhalten uns durch den Zaun, er spricht gut Englisch. Ja, er ist ein Guide, aber er wartet auf eine andere Gruppe. Heute sollen hier 20 Deutsche in einem Bus ankommen. Da können wir ihm nicht weiterhelfen, die haben wir nicht gesehen. Ich frage ihn nach unserem Guide, aber da kann er genauso wenig weiterhelfen.

Um halb zwölf steigen der Guide sowie alle Zöllner und Grenzpolizisten in ihre diversen Fahrzeuge ein und fahren zur Mittagspause. In China ist es eine Stunde später, und da Essen in China wichtig ist, wird die Mittagspause gleich mal auf dreieinhalb Stunden ausgedehnt. Der Guide sagt, um 16 Uhr seien sie wieder da, das könne ich der zwanzigköpfigen Gruppe ja ausrichten.

Kein zehn Minuten nachdem alle weg sind, kommt die deutsche Reisegruppe. Schon von Weitem kann man das rote Spezialfahrzeug eines bekannten deutschen Reiseveranstalters erkennen. Die rollenden Hotels aus Niederbayern bereisen mittlerweile fast alle Kontinente. Die Reisegruppe nimmt die Verzögerung gelassen hin. Beine vertreten, kein Straßenverkehr, Wetter gut, Umgebung schön, endlich mal kein Zeitdruck – was will man mehr. Nur die deutsche Reiseleiterin wirkt unprofessionell nervös.

Hier oben an der Grenze gibt es kein kirgisisches Telefonnetz mehr. Aber es gibt bereits ein chinesisches Signal. Das klappt zwar nicht mit der kirgisischen SIM-Karte, jedoch mit meiner deutschen. Nach einigen teuren Telefonaten kommt heraus, dass unser Guide aufgehalten worden war. Mittlerweile sei er oben an der Grenzstation angekommen, er könne unseren Camper durch den Zaun sehen. Nach der Mittagspause könnten wir »rein«. In diesem Fall kommt uns die Zeitverschiebung von einer Stunde gerade recht, um das wirkt für uns die Pause kürzer.

Der Hotelbus und wir sind die einzigen Deutschen, die heute hier die Grenze passieren. Möglicherweise sogar die gesamte Woche. Während der Tourismus von Chinesen nach Deutschland jährlich neue Wachstumsraten erzielt, stagniert er umgekehrt seit etwa zehn Jahren bei ungefähr 630 000 pro Jahr. Fast alle reisen mit dem Flugzeug an, sehr wenige mit der Eisenbahn und noch weniger über die Straße.

Es ist wie ein Sinnbild des Landes: Das Erste, was man von China zu sehen bekommt, ist eine Baustelle. Auch dieser Grenzübergang wird ausgebaut. Die Bauarbeiter machen – trotz mittlerweile sengender Hitze – keine Mittagspause.

Dann bekommen wir einen weiteren Vorgeschmack darauf, wie sehr sich China von den Ländern unterscheidet, die wir in den letzten Monaten durchreist haben. Es hieß, um 16 Uhr würde die Grenze wieder geöffnet, und tatsächlich kommen pünktlich um fünf Minuten vor 16 Uhr die Fahrzeuge mit allen Bediensteten zurück. Um 16 Uhr öffnet sich das große Tor für den roten Bus und unseren Transit. Wir sind angemeldet, haben quasi eine Kontrolle auf unseren Namen reservieren lassen. Alle müssen aussteigen und an provisorisch eingerichteten Container-Schaltern Schlange stehen, Formulare ausfüllen und mehrere Passkontrollen über sich ergehen lassen. Auch werden die Fahrzeuge ein erstes Mal durchsucht. Währenddessen lernen wir Nijat kennen, unseren Guide. Er ist sehr freundlich, schickt den Wagen, der ihn gebracht hat, weg und fährt ab jetzt bei uns mit.

Die Kontrollbeamten sind freundlich distanziert und wirken absolut humorlos. Das Ganze ist trotz provisorischer Räume effizient organisiert, es gibt kaum Wartezeiten und in weniger als 20 Minuten dürfen unsere beiden Fahrzeuge nebst Insassen passieren.

China – wir kommen!

… ähm ja, aber nur viereinhalb Kilometer weit, bis zur nächsten großen Kontrolle. Der Weg dorthin gleicht dem abgeschirmten Pfad, durch den Raubtiere in die Zirkusarena geführt werden. Rechts und links je sechs Meter hohe Zäune, gekrönt durch dicke Stacheldrahtrollen, darüber Scheinwerfermasten, zwischendurch Wachtürme, eine viereinhalb Kilometer lange Knaströhre.

Es gibt unterschiedliche Angaben über die Grenzstation am Torugart-Pass: Die einen sagen, sie sei knapp fünf Kilometer weiter, die anderen 30 Kilometer beziehungsweise 100 Kilometer. Dazu kann ich jetzt sagen: Alles ist richtig. An jeder dieser Stellen wird irgendwas anderes kontrolliert. Oder auch das Gleiche, weiß der Lurch …

An dieser zweiten Kontrollstelle ist neben mehreren weiteren Passkontrollen auch das Röntgen von Gepäck und Fahrzeugen vorgesehen. Das mit dem Gepäck wird für Pablo und mich eine Lachnummer. Denn was ist denn unser Gepäck? Alles und nichts aus dem Fahrzeug. Also nehmen wir Rucksack oder Tasche und werfen wahllos ein paar Klamotten und Gegenstände rein und stellen sie auf das Gepäckband zum Durchleuchten. Beim Röntgen der Fahrzeuge wird – anders als in manchen westeuropäischen Ländern – genau darauf geachtet, dass die Fahrer sich während des Durchleuchtevorgangs außerhalb des Strahlenbereichs aufhalten.

Bei der Kontrolle der Busreisenden gibt es Stress, weil die Kontrollettis sämtliche Taschenmesser, Küchenmesser und alles, was entfernt danach aussieht, konfiszieren wollten. Leider erweist sich der chinesische Guide dieser Gruppe als genauso nervös wie seine deutsche Kollegin. Nijat sagte uns später, das sei sein erster Job dieser Art gewesen. Die Nervosität der beiden steckt manche in der Gruppe an und es herrscht keine gute Stimmung. Wie ein Fels in der Brandung behält Klaus die Ruhe und den Überblick. Klaus ist der Fahrer dieses »Bus-LKW«, er hat damit schon die meisten Länder dieser Welt bereist.

Diese chinesischen Guides sind übrigens wirklich keine staatlichen Aufpasser, sondern ausgebildete Touristenführer. Man muss dafür einen Lehrgang besuchen und eine Prüfung bestehen, dann bekommt man ein Zertifikat. Allerdings sind diese Guides sehr unterschiedlich gut. Jemand, der beispielsweise bestens Bescheid weiß über die Ming-Dynastie, ist nicht zwingend der beste Mann für Verhandlungen mit Grenzbeamten.

Außer diesem Hotelbus und unserem alten Transit sind nur LKW unterwegs. Einige haben chinesische Kennzeichen, zum Beispiel leere Schwertransporter, die ihre Ladung nach Kirgistan oder in entferntere Länder gebracht hatten und nun leer zurück an ihre Heimatstandorte fahren.

Alle anderen LKW haben kirgisische Nummern. Sie fahren nur bis Kaschgar, dort wird umgeladen. Auf den gesamten weiteren 7 000 Kilometer durch China haben wir hinter Kaschgar nur noch ein einziges Fahrzeug mit europäischem Nummernschild gesehen.

Auch Nijat hat die Ruhe weg. Und wir erst recht, da wir ihn ja dafür bezahlt haben, dass er unsere Probleme zu den seinigen macht. Wir sollen im Auto auf dem Parkplatz warten. Irgendwann holt er mich noch mal, weil ich etwas Chinesisches unterschreiben soll, was ein dicker Uniformierter vor meinen Augen in ein dickes Buch geschrieben hat.

Während die Zöllner und die Mitglieder der deutschen Reisegruppe noch lautstark aneinander vorbeireden, dürfen wir bereits weiterfahren. Nijat erklärte in gutem Englisch, dass die nächste Kontrollstelle erst in 45 Kilometer sei. So haben wir erstmals ein wenig des Gefühl, yeah, strike! mit dem Auto nach China, wir haben's geschafft!

Nijat ist Uigure, er spricht aber auch Chinesisch und gut Englisch. Er ist zertifizierter Reiseführer und ist uns nur für heute und morgen zugeteilt. Er hat zwei Kinder, die er aber wenig zu Gesicht bekommt bei seinen enormen Arbeitszeiten. Er kritisiert erstaunlich offen die Politik der Zentralregierung, weist aber darauf hin, dass man darüber in der Öffentlichkeit nicht sprechen solle. Ich bleibe zurückhaltend, denn in einigen Reisewarnungen hieß es, Spitzel würden sich auch auf diese Art anwanzen, um einen dazu zu verleiten, Kritisches über die Regierung zu sagen. Ich habe allerdings nicht das Gefühl, dass Nijat ein Spitzel ist.

Die meisten dieser Guides haben keine Festanstellung, sondern bieten ihre Dienste Agenturen an, die sie für jeden einzelnen Auftrag anheuern. Nijat versucht, auch selbst direkt an Kunden zu kommen ohne die großen Agenturen, bei denen natürlich auch das meiste Geld hängen bleibt. Er würde gerne Touristen länger begleiten und ihnen Sehenswürdigkeiten zeigen. Ich erfahre erst später, dass er uns nur zwei Tage zugeteilt ist. Wenn ich das richtig verstanden habe, dann hat »meine« Agentur, die ihren Sitz in Yunnan/Südchina hat, hier eine Agentur beauftragt, unser während der Grenzabwicklung zu betreuen. Ab dem vierten Tag bis zur Ausreise haben wir dann den gleichen Guide, aber davon später.

Die nächste Überraschung ist der schlechte Straßenzustand. Genau das Gegenteil hatte ich von China immer gehört: gute, neue, breite Straßen mit gutem Belag. Aber die ersten Kilometer gleichen eher einer Straße der Kategorie B irgendwo auf dem Land in Usbekistan oder der Ukraine. Nach etwa 20 Kilometern wird die Straße besser und besser. Auf unserer gesamten weiteren Strecke durch China wird die Straße nie wieder so schlecht wie hier sein. Ich frage unseren Guide, was ich beim Fotografieren beachten müsste, was ich fotografieren darf und was nicht. Er meint, lediglich Polizei und Militär dürfe ich nicht fotografieren, alles andere sei kein Problem.

An der dritten Kontrollstelle müssen Pablo und ich wieder eine Tasche mit rausnehmen, die als unser »Gepäck« gilt und geröntgt wird. Außerdem werden – wie überraschend – unsere Pässe kontrolliert und fotokopiert. Die Reisegruppe hinter uns hat wieder Gezacker wegen der Küchenmesser. Wovor haben die Machthaber solche Angst?

Bis zur nächsten, ultimativen Grenzkontrolle sind es weitere 70 Kilometer. Wir sind mittlerweile 1500 Meter niedriger. Es ist warm und hier im Tal gibt es auch wieder Feld, Wald und Wiesen. Die Berghänge vor allem zur Linken sehen immer schroffer und verkarsteter aus und werden nach und nach zum Faltengebirge. Zwischendurch sieht man nagelneue Siedlungen aus mehreren Reihen gleicher kleiner Einfamilienhäuser. Sie zeugen von den Versuchen der Regierung, die kirgisischen Nomaden, die auch auf der chinesischen Seite leben, sesshaft zu machen. Im Vorbeifahren sehen sie unbewohnt aus.

Die Ortshinweise und Reklameschilder sind mittlerweile alle nur noch auf Chinesisch, da ist ein Chinese auf dem Beifahrersitz äußerst hilfreich. Den richtigen Weg kann man aber nicht verfehlen, es ist die einzige gute Straße in diesen dünn besiedelten Ausläufern des Tian-Shan-Gebirges. Mit den letzten Sonnenstrahlen des Tages treffen wir vor der Schranke zur letzten, ultimativen – der vierten – Grenzkontrollstelle ein. Die Schranke ist geschlossen, jetzt ist Abendessen-Pause, des bedeutet weitere eineinhalb Stunden Wartezeit. Wie gut, dass mein Buch schön spannend ist. Als ich noch ein paar Fotos von der interessanten Landschaft machen möchte, fährt mich die Reiseleiterin an, ich dürfe keinesfalls fotografieren, ich würde sonst die ganze Gruppe gefährden. Bei den Fotos, die ich danach noch mache, ist es mir herzlich egal, ob mich Chinesen beim Fotografieren sehen, Hauptsache, die nervöse Reiseleiterin erwischt mich nicht.

Die Kontrolleure kommen pünktlich zurück. Um den Einlass in das großes Kontrollgebäude genehmigt zu bekommen, muss man erst in dem kleinen Kontrollgebäude anstehen. Dort werden zum gefühlt 19. Mal heute unsere Pässe kontrolliert und fotokopiert, das scheint alles noch ziemlich analog zu sein. Das große Kontrollgebäude hat annähernd die Ausmaße vom Terminalgebäude eines internationalen Flughafens, es warten aber nicht mal ein Dutzend Fahrzeuge auf Abfertigung. Mittlerweile ist es dunkel, aber Flutlichtmasten erleuchten das Areal taghell. Ich parke unser Wohnmobil zwischen einem kirgisischen Kamaz-LKW und dem roten, bayerischen Hotelbus, hier wird es bis morgen stehen bleiben.

In der Halle gibt es einen weiteren Kontroll-Marathon. Noch mal: Wovor haben die Angst? Es werden biometrische Fotos angefertigt, Fingerabdrücke genommen und diverse Formulare ausgefüllt. Nach einer halben Stunde haben Pablo und ich auch das geschafft. Und wir sind geschafft. Bei der Reisegruppe dauerte das noch wesentlich länger, sie kommen erst nach Mitternacht raus. Wir hingegen werden bei der Fahrzeugkontrolle noch um unsere Vorräte an Honig, Käse und Birnen erleichtert. Beschlagnahmt, sagt der Uniformierte und steckt die Sachen in seine Tasche. Unser Guide meint im Nachhinein, den Honig hätten wir ihm in sein Auto geben sollen. Das sagt er jetzt, tolle Wurst!

Die Agentur hat einen Wagen mit Fahrer geschickt, in den steigen wir jetzt um und fahren ins Hotel. Dachten wir jedenfalls, aber die Kontrollen gehen weiter. Zuerst fahren wir in den Ort zu einer Polizeistation. Wir können im Auto warten, unser Guide verhandelt irgendetwas mit den Uniformierten und tauscht Dokumente aus. Unsere Begleiter nennen diesen Ort Torugart Port. In den Karten ist er noch namenlos, da der ganze Ort nigelnagelneu ist. Danach geht es auf die Autobahn. Aber nach nur einem Kilometer kommt die nächste Kontrollstelle. Kaum zu glauben, aber dort will man unsere Pässe sehen.

Danach können wir eine gute Stunde über die Autobahn fahren, ohne dass es eine Kontrolle gibt. Erst beim Ortseingang nach Kaschgar müssen alle wieder langsamer fahren – Kontrollstelle. Wie üblich wird unser Fahrzeug wieder rausgewunken, Ausländer sind einfach immer suspekt in China. Einfach nur, weil sie Ausländer sind, da unterscheiden sich die chinesischen Behörden nicht von den US-Behörden. Jedes Mal aufs Neue frage ich mich bei den Kontrollen: Wovor haben die Machthaber Angst? Was soll das alles bringen? Als wir nach der Kontrolle in die Stadt reinfahren, werden wir geblitzt. Aber wir waren doch gar nicht zu schnell … Fump! Und schon wieder blitzt es. Und jetzt sehe ich, dass auch alle anderen Fahrzeuge hier geblitzdingst werden. Hier geschieht dir das auch dann, wenn du alles richtig gemacht hast, denn das dient »nur« der flächendeckenden Überwachung aller Verkehrsteilnehmer. Auf der Fahrt zum Hotel werden wir noch mindestens zwei Dutzend Mal geblitzdingst.

Übrigens: Wir hatten uns wochenlang vorher Gedanken gemacht, wie wir das mit unseren Handys an der chinesischen Grenze machen. Anfang Juli hatten die Medien in Deutschland berichtet, dass Touristen bei der Einreise nach Xinjiang eine Software aufs Handy gespielt wird, um es auszulesen und auf verdächtige Sachen zu durchsuchen. Letztlich erwiesen sich alle Vorsichtsmaßnahmen als völlig überflüssig, denn in unsere Telefone hat niemand reingeschaut, nicht mal einen Blick darauf geworfen. Der deutschen Reisegruppe erging es genauso.

Wir kommen um Mitternacht am Hotel an und sind völlig geschafft. Der erste von drei Tagen Grenzkontrolle ist überstanden. In den nächsten beiden Tagen geht es nur noch um die Einfuhr des Fahrzeugs, Pablo hat somit schon mal frei. Neben dem Hotel ist ein Straßenrestaurant, dort bekommen wir zu dieser späten Stunde noch etwas Leckeres zu essen, es gab den ganzen Tag nur ein paar Kekse. Das Bestellen gestaltet sich wegen der Sprachprobleme extrem schwierig, denn unser Guide und Übersetzer ist bereits schlafen gegangen. In diesem Falle ist es aber nicht ganz so schwierig, denn man kann mit dem Finger auf die bereits vorbereiteten Spieße und Bündel in den Kühltheken zeigen, welche man zubereitet haben möchte. Da gibt es nicht nur Fleisch, sondern auch Pilze, verschiedene Gemüse sowie für mich Undefinierbares, aber man kann eben von jedem ein bisschen probieren. Aber Vorsicht! In Xinjiang sind viele Gerichte waffenscheinpflichtig scharf. Xinjiang ist aber zum Glück auch bekannt für gutes Bier.

Wir wundern uns über die Unmengen an uniformierten Sicherheitsleuten verschiedenster Einheiten, die man allüberall sieht und hört. Doch darüber machen wir uns dann morgen mehr Gedanken, jetzt ruft erst mal das Bett.

22. bis 23. August: Kaschgar

Wie in den meisten chinesischen Hotels sind die Betten hier buchstäblich bretthart. Da bekommt das Wort Holzklasse eine ganz neue Bedeutung. In zwei von drei gehobenen chinesischen Mittelklassehotels fühlen sich die Matratzen so hart an wie ein Holzbrett, »abgefedert« durch eine Wolldecke und ein Bettlaken, mehr nicht. Vielleicht sind die harten Betten in China ja der Grund für den Wirtschaftsboom. Alle sind früh auf den Beinen, niemand verschläft so den Boom. Doch Spaß beiseite, dafür haben wir jetzt keine Zeit. Um 8.30 Uhr hat sich der Guide angesagt. Er kommt mit dem Auto, fährt aber nicht selbst, dafür ist extra noch ein Fahrer angeheuert. Die beiden scheinen sich zu kennen. Im Gegensatz zu den vorigen Ländern meint diese Zeitangabe auch genau diese Zeit und nicht irgendeinen späteren Zeitpunkt.

Bevor wir die einstündige Fahrt zurück nach Torugart Port antreten, muss ich noch einen Geldautomaten aufsuchen. Auf dem Weg dorthin fallen mir die Unmengen von Elektrorollern auf, die lautlos aus allen Richtungen kommen. Auf vielen sitzen gleich mehrere Leute. Im Gegensatz zu den meisten anderen chinesischen Provinzen herrscht in Xinjiang Helmpflicht für Roller, aber nur für den Fahrer oder die Fahrerin. Man sieht Mütter mit drei Kindern auf den Rollern, aber nur die Mütter tragen Helme. Außerdem wird Gepäck in unvorstellbaren Mengen und Größenordnungen auf den Rollern transportiert. Einen habe ich gesehen und leider nicht schnell genug fotografieren können, der hatte tatsächlich eine ausgewachsene lebendige Kuh auf seinem Roller dabei. Vor der Bank steht im Gewusel mitten auf dem Gehweg ein Mann mit einer großen 20-Liter-Milchkanne. Wenn jemand Milch kauft, kassiert er zuerst das Geld, dann zieht er eine durchsichtige Plastiktüte aus der Tasche, drückt sie dem Kunden in die Hand und füllt mit einer Schöpfkelle einen halben oder ganzen Liter ab.

In Kaschgar leben gut eine halbe Million Menschen. Ich bin ganz froh, dass ich mir diesen wuseligen Straßenverkehr erst mal von der Rückbank aus ansehen kann. Vor allem fallen die Unmengen Uniformierter auf: Polizei, Geheimpolizei, Zivilpolizei, Militärpolizei, Militär verschiedenster Gattungen, private Sicherheitsleute. Bewaffnet mit Maschinenpistolen, Pistolen, Gummigeschoss-Gewehren, Tonfas, Knüppeln von 30 bis 180 Zentimetern Länge und Schilde der verschiedensten Modelle unterwegs zu Fuß, zu Pferd, alleine oder zu zweit auf Zweirädern, in Autos, in Wasserwerfern, in Panzerwagen und in größerer Anzahl auf LKW und in kleinen und großen Bussen. Unter den Uniformierten sind die Han-Chinesen zwar die größere Mehrheit, aber es gibt auch uigurische Einheiten. Die Han stellen 92 Prozent der chinesischen Bevölkerung und sind mit 1,3 Milliarden Menschen die größte Volksgruppe der Welt. Es sind sozusagen die chinesischen Chinesen, diejenigen, die wir Westeuropäer auch vom Aussehen her am ehesten als Chinesen erkennen. Hier in Xinjiang sind sie aber in der Minderheit.

Für Zweiräder, also Roller und Fahrräder, gibt es eine abgetrennte Fahrspur. Die gilt es vor allem zu beachten, wenn man als Fußgänger eine Straße queren möchte, zumal die meisten Elektroroller nicht nur lautlos, sondern auch ziemlich kompromisslos unterwegs sind. Laut unserem Guide kosten die kleinen Elektroflitzer übrigens umgerechnet nur knapp 600 Euro.

Während der Fahrt raus aus der Stadt werden wir wieder ein bis zwei Dutzend Mal geblitzdingst. Zurück nach Torugart Port fahren wir nun im Hellen und ich bekomme beeindruckende Landschaften zu sehen. Die hügelige Landschaft ist karg wie eine Wüste, es wächst kein Baum und kein Strauch. Kamele suchen die letzten Gräser in einem austrocknenden Flussbett. Das Faltengebirge zu meiner Rechten sieht eindrucksvoll aus. Wie eine Sandrose, aber in groß, als Gebirge. Der Straßenzustand ist top, die Autobahn ist leer, es gibt wenig Verkehr.

Wir kommen an den Checkpoint vor der Einfahrt zur Stadt. Bisher waren die Kontrollen nur nervig, die Kontrolleure aber waren immer entweder freundlich oder wenigstens neutral. Hier erlebe ich den ersten wirklich unfreundlichen Polizisten. Er kapiert nicht, was wir hier wollen, und das ärgert ihn. »Wieso fahren Sie zurück?« Das hat aber auch etwas Tröstliches: Was soll die lückenlose Überwachung bringen, wenn damit so viele Daten produziert werden, dass die Akteure den Überblick verlieren?

Ich brauche gar nichts zu machen, denn Nijat kümmert sich um unsere Belange. Er muss nun in das Büro des Vorgesetzten und wir haben Gelegenheit, uns die Kontrollen anzusehen. Die Autos müssen anhalten, Papiere zeigen und je nach Lust und Laune oder unerfindlichen anderen Kriterien wird das eine Fahrzeug weiter gewunken, das andere muss auf den Parkplatz und die Leute müssen ins Gebäude kommen.

Hier müssen sie drei Stationen durchlaufen, das war auch gestern schon so bei den Kontrollstellen. Erst müssen sie ihre ID-Card auf einen kleinen Scanner legen, der das das Foto abgleicht und die Daten einscannt, dann folgt ein Fingerabdruck-Gerät und schließlich noch ein biometrisches Dingsda. Die Leute kennen das und machen es geduldig mit. Auf dieser Wache aber ist das erste Gerät kaputt. Und anstatt einen Zettel oder Absperband oder sonst was dahin zu hängen, sehen die Kontrolettis jedem zu, wie er es zuerst versucht, um ihm danach gütig zu sagen, dass er diese »Hürde« auslassen darf. Dann fahren wir weiter zu dem großen Kontrollgebäude, auf dessen Parkplatz wir gestern Abend unser Wohnmobil zurückgelassen hatten.

Bei der Einfahrt kommen an der Schranke gleich zwei Uniformierte auf uns zu und der eine befestigt beim Näherkommen den großen schwarzen Polizeischild an seinem Unterarm. Und wieder frage ich mich, wovor die eigentlich Angst haben.

Unser Auto muss mitsamt Fahrer draußen bleiben, Nijat und ich laufen in das Kontrollgebäude und klappern dort einige Schalter ab. Mein Pass wird kontrolliert und fotokopiert. Wir treffen Klaus wieder, den Fahrer des roten Hoteltrucks. Er und ich dürfen wieder in unsere Fahrzeuge einsteigen und dann das Areal verlassen. Wir fahren aber nur wenige hundert Meter in ein Industriegebiet, in dem viele kirgisische LKW am Straßenrand warten. Eines der Gebäude ist das Zollamt. Das Industriegebiet sieht aus wie alle Industriegebiete, egal wo man in der Welt ist, aber mit einer Ausnahme. Auf vielen Mauern, die die Grundstücke umgrenzen, liegt gleich rollenweise Stacheldraht.

Nijat erzählt, an der Kontrollstelle hätten sie den Röntgenscan vom Vortag an der zweiten Kontrollstelle nicht anerkannt, sodass das Fahrzeug neu geröntgt werden muss. Vor was haben die Angst? Sonst könnten wir jetzt schon wieder nach Kaschgar fahren.

Nun wird ein weiterer Agent engagiert. Der Guide erklärt mir, der habe gute Drähte zum Zoll, man wolle nun versuchen, das Scannen durch ein Bakschisch abzuwenden, denn das könne sonst mehrere Tage Wartezeit bedeuten. Nach zwei Stunden Wartezeit klappt das dann auch. Wir fahren auf das Zollgelände, ein wichtig aussehender Uniformierter kontrolliert Fahrgestellnummer und Motornummer und gibt den heiß ersehnten Stempel auf das umfangreiche Formular. Damit ist der vorübergehende Import meines Fahrzeugs besiegelt. Morgen müssen wir dann noch zum chinesischen TÜV, um danach ein chinesisches Kennzeichen zu bekommen. Wir machen uns auf den Rückweg nach Kaschgar, erstmals fahre ich mit meinem eigenen Fahrzeug über eine chinesische Autobahn.

Pablo hatte einen angenehmeren Tag. Er ist durch die Stadt gebummelt. Nijat hatte uns gestern gesagt, eine chinesische SIM-Karte könnten wir erst bekommen, wenn wir Xinjiang verlassen haben, hier sei die für Ausländer nicht erlaubt. Pablo hingegen hatte mit Hilfe des Hotel-Wifis eine Stelle gefunden, an der es SIM-Karten für Ausländer gibt. Er musste dazu seinen Pass ins Chinesische übersetzen lassen. Damit war er den halben Tag beschäftigt, aber abends präsentiert er mir seine SIM-Karte. Allerdings läuft das Internet in Xinjiang nur sehr langsam, flächendeckend nur 2 G. Angesichts des ansonsten atemberaubenden technischen Fortschritts in China sowie der ansonsten sehr guten Versorgung mit Netzfrequenzen wird es dafür weniger technische Gründe geben. Vermutlich brauchen die staatlichen Mitleser einfach genug Zeit, um alles unter Kontrolle zu behalten.

Das Internet ist in Xinjiang zwar langsamer als im Rest von China, aber dennoch hat es auch hier alle gesellschaftlichen Bereiche durchdrungen. Insbesondere WeChat, das chinesische Facebook, nutzt hier praktisch jeder. Die Plattform eignet sich aber nicht nur zum Kommunizieren, damit wird vor allem auch bargeldlos gezahlt. Ich habe mir zwar einen WeChat-Account zugelegt, nicht jedoch die Bezahlmöglichkeit. An jedem Automaten für Kaffee oder Parkscheine muss ich unseren Guide um Hilfe bitten.

Einer weiterer Unterschied zwischen Facebook und WeChat: Bei Facebook muss man damit rechnen, dass möglicherweise auch Polizei, Geheimdienste oder andere Beauftragte der Regierung mitlesen. Bei WeChat hingegen kann man sich dessen sicher sein.

Wir landen wie gestern in dem Open-Air-Restaurant direkt neben unserem Hotel und treffen dort Mitglieder der deutschen Reisegruppe wieder. Das ist kein Zufall, denn in Kaschgar müssen alle Ausländer im gleichen Hotel absteigen. Sie wollen weiter nach Tibet. Toll, von der einen Problemprovinz Xinjiang in die andere

Problemprovinz Tibet. In diesen beiden Provinzen herrscht mehr oder weniger Ausnahmezustand. Es gibt zahlreiche Kontrollen, Polizei, Geheimpolizei, Zivilpolizei und Militär sind überall zu sehen. Im Rest des großen Landes ergibt sich ein völlig anderes Bild, aber das kriegen diese Reisenden dann leider gar nicht mit.

Unsere Gespräche in dem Restaurant an diesem lauen Sommerabend werden alle paar Minuten unterbrochen. Denn mit einem ohrenbetäubenden Sirengeheul fahren alle paar Minuten drei vergitterte Polizei-Mannschaftswagen im Schritttempo an uns vorbei und man fragt sich wieder: Wovor haben die Angst?

Ich hatte mir ja vorgenommen, China ohne jede Vorverurteilungen zu betrachten und zu beschreiben. Ich wollte es nicht auf die Menschenrechtsfrage reduzieren, wie viele deutsche Medien – von *Bild* bis *Spiegel* – das immer wieder vormachen. Aber in Xinjiang wird einem das sehr schwer gemacht. Xinjiang ist China zum Abgewöhnen. Kontrolle und Repression, wohin auch immer man guckt. Ich habe den Eindruck, es sind mehr »Sicherheits«leute unterwegs als normale Leute. Der durchdringende Sirenen-Lärm dieser Polizeipatrouille im Schritttempo verfolgt einen bis in die tiefsten Träume, denn die fahren rund um die Uhr alle paar Minuten vorbei.

Auch heute geht's wieder um 8.30 Uhr los. Wir müssen in das 50 Kilometer entfernte Antux fahren zum TÜV. Wir, das sind Klaus mit seinem roten Hotelbus und ich mit meinem alten Transit. Wir haben einen Guide gemeinsam. Er ist darauf spezialisiert, ausländische Fahrzeuge über den chinesischen TÜV zu bringen, daher haben wir ihn nur für diesen einen Tag heute. Er fährt mit seinem PKW voran, dann Klaus mit dem großen LKW-Bus und schließlich ich. Auf der Autobahn kann ich mit meinem alten Ford kaum Schritt halten mit dem modernen Rotel-Truck. Die Fahrt raus aus Kaschgar ist für mich aber aus einem anderen Grund völlig ungewohnt: Zum ersten Mal seit tausenden von Kilometern dreht sich niemand nach meinem Fahrzeug um. Das liegt aber nur daran, dass sie alle dem roten Daimler von Klaus hinterhergucken. Würde ich auch tun, wenn ich jetzt nicht hinter ihm herfahren müsste. Wie an jeder Autobahnausfahrt in Xinjiang gibt es auch in Antux einen Polizeiposten und wie jedes Mal an Kontrollstellen werden wir wieder rausgewunken. Auf den Ausländermalus kann man sich in dieser chinesischen Provinz verlassen.

Das Prüfgelände unterscheidet sich kaum von einer größeren Niederlassung von TÜV oder DEKRA in Deutschland. Vor dem noch verschlossenen Tor zur Halle mit dem Prüfstand warten bereits mehrere LKW in der Schlange. Klaus war hier schon öfters und erzählt, dass sie sich manchmal ziemlich pingelig anstellen, außerdem gibt's manchmal lange Wartezeiten.

Zuallererst muss ich bei einem Händler weiß-rote reflektierende Streifen kaufen und die hinten jeweils links und rechts, oben und unten am Fahrzeug anbringen. Das haben in China alle größeren Fahrzeuge, meines zählt anscheinend schon dazu.

Dann soll ich meine Motornummer und meine Fahrgestellnummer reinigen und freilegen, damit sie abgepaust werden können. Ich brauche einen Moment, um diese Anweisung zu verstehen, aber es war so gemeint. Klaus muss dafür sein Fahrerhaus kippen und er bekommt die Anweisung, das solle so bleiben, bis die Kontrolle kommt. Er sagte, das ginge aus technischen Gründen nicht. Hinterher verrät er mir, dass es diese technischen Gründe zwar gar nicht gebe, aber es könnte Stunden dauern, bis die Kontrolle kommt, und so lange will er nicht auf sein Wohnzimmer verzichten.

Nun heißt es warten. Angesichts der LKW-Schlange vor der Halle mit dem Bremsenprüfstand stellt sich die Frage, ob das heute überhaupt noch etwas wird. Aber es sollte ganz anders kommen. Unser Guide macht eine Andeutung, aus der ich schließe, dass da irgendwo Schmiergeld geflossen ist. Bereits um halb elf kam ein wichtig aussehender Polizist gezielt zu uns, überprüft Motor- und Fahrgestellnummer und paust sie tatsächlich mit einem Bleistift und einem speziellen Papier ab. Klaus hebt die Kabine kurz an, da das Gleiche und das war's dann auch schon. Nix Bremsenprüfstand, die schielende Beleuchtung des Wohnmobils oder die ölige Stelle am Motor hat niemanden interessiert, nicht mal nach den weiß-roten Reflektor-Streifen an der Rückseite hat jemand geguckt.

Bereits um elf Uhr sind wir beide wieder auf dem Rückweg und fahren ein weiteres Mal an dem beeindruckenden sandsteinfarbenen Faltengebirge vorbei. Es folgen die üblichen Ausweiskontrollen beim Auffahren auf die Autobahn sowie beim Abfahren am Ende der Autobahn am Ortseingang von Kaschgar. Mich hat der Polizist übersehen – auch in China gibt es Wohnmobile. Aber Klaus' roter Eyecatcher erscheint es dem Polizisten doch wert, kurz von seinem Handy aufzublicken und uns beide rauszuwinken.

Pablo ist unterwegs und ich versuche ein Restaurant zu finden – nicht schwer – und dort dem Kellner klarzumachen, dass er einfach irgendetwas Leckeres zu essen bringen soll – sehr schwer. Uns wurde mehrfach die uigurische Küche empfohlen, aber sie unterscheidet sich für meinen Geschmack viel zu wenig von der kirgisischen oder kasachischen Küche. Das ist zwar lecker, doch wir hatten das jetzt wochenlang. Ich möchte lieber chinesisch essen.

Danach gehe ich noch ein wenig durch die Stadt, aber die vielen Kontrolleure in den unterschiedlichsten Uniformen und in Zivil plus den vielen Überwachungskameras, wohin auch immer man sieht, erzeugen eine bedrückende Atmosphäre. Es hat etwas von Freigang im Hof.

Als ich wieder zurück ins Hotel komme, wartet dort bereits Nyima Tsering. Er stellt sich als unser Guide vor, er begleitet uns ab morgen bis zur Ausreise nach Laos. Er ist klein und drahtig, hat schwarze Haare und trägt immer Flip-Flops. Nyima ist Tibeter und bekennender Buddhist. Er trägt immer eine Kette aus Holzperlen. Das ist zwar eigentlich eine Gebetskette, sie verleiht ihm aber auf den ersten Blick ein hippiemäßiges Aussehen. Man sieht Nyima an, dass er kein Han-Chinese ist, sondern Tibeter. Allerdings hat er sich die chinesische Eigenschaft angewöhnt, etwa einmal pro Minute die Nase hochzuziehen und alle paar Minuten fröhlich durch die Gegend zu rotzen. Er spricht Chinesisch, Tibetisch und Englisch. Er sagt, die Autonummer und den Führerschein bekäme ich morgen früh.

24. August: von Kaschgar nach Aksu

Nach dem Frühstück bekomme ich meinen zeitlich befristeten chinesischen Führerschein (vorübergehend für einen Monat) und die chinesische Autonummer. Bis vor wenigen Jahren musste man richtige Kennzeichen vorne und hinten anschrauben, heute reicht es, das bunt bedruckte Papier vorne in die Windschutzscheibe zu legen.

Wir fahren in die gleiche Richtung wie gestern. Auf einer sehr gut ausgebauten, leeren Autobahn möchten wir heute 470 Kilometer gen Osten bis nach Aksu fahren. Der Weg führt am Nordrand der berüchtigten Taklamakan-Wüste entlang, sie liegt also rechts von uns. Das Gebirge links nimmt immer wieder unterschiedliche Farben und Formen an, mal wird es zum Faltengebirge, mal ist es rötlicher Stein, mal gelblich, mal schroff, mal hügelig. Etwa alle 60 bis 80 Kilometer kommt eine Raststätte. Die Autobahn ist hier jeweils gesperrt, alle müssen raus, denn es ist auch eine Kontrollstelle der Polizei eingerichtet. Das Übliche, einige dürfen passieren, andere werden rausgewunken zur Kontrolle und wir sowieso. Meistens können wir im Auto sitzen bleiben, Nyima regelt das, aber es dauert.

Kurz vor Aksu sieht man links in der Ferne wieder die schneebedeckten Spitzen des Tian-Shan-Gebirges. Die Stadt hat eine halbe Million Einwohner. Obwohl sie viele hundert Jahre alt ist, gibt es praktisch nur Neubauten in dieser Stadt. Alles Ältere und Alte wird abgerissen, überall gibt es Baustellen, und wo vorher ein kleines Haus stand, steht hinterher ein großes oder ein ganz großes.

Nach der langen Fahrt wollen wir vor allem zwei Dinge: ein kaltes Bier und ein warmes chinesisches Essen.

Beim Einchecken im Hotel erfahren wir zufällig den Grund, wieso Ausländer in Xinjiang immer in bestimmte Hotels gehen müssen. Die Hotels dürfen nur Gäste aufnehmen, wenn sie einige Bedingungen erfüllen: einen buchstäblich direkten Draht zur örtlichen Polizei, wo die Pässe beim Fotokopieren gleich rübergeschickt werden, eine Videoüberwachung der Rezeption und ein zusätzliches Zimmer im Hotel für die Polizei, solange Ausländer in dem Hotel Gäste sind. Da die ausländischen Gäste dieses Zimmer quasi mitfinanzieren müssen, ist für sie der Hotelpreis auch oft höher als für Einheimische.

Als Pablo und ich dann im Zimmer sind, klopft es und eine Angestellte zeigt auf meine Schuhe und gestikuliert, wir verstehen nicht, was sie möchte. Ich vermutete, dass sie sich beschwert, weil man das Zimmer nicht mit Schuhen betreten soll, und ziehe sie aus. Aber das ist es nicht. Sie stürzt sich auf die Schuhe, nimmt sie mit und bringt sie mir eine Viertelstunde später blank geputzt zurück.

25. August: von Aksu nach Bügür

Beim Frühstück gibt es einen Stromausfall. Wir haben Glück, kurz vorher wären wir im Aufzug gewesen. Wir laufen zu Fuß die sechs Stockwerke runter, aber das Auschecken dauert, denn natürlich gehen auch die Computer nicht. Während ich bereits im Auto warte, beobachte ich in Lumpen gekleidete Menschen, die in den Mülltonnen nach brauchbaren Resten wühlen. Plötzlich tut es einen Schlag, jemand fährt zu schnell mit seinem SUV an den parkenden Autos vorbei und dengelt meinen Außenspiegel. Und dann fährt der einfach weiter, als sei nichts gewesen, obwohl sein eigener Außenspiegel jetzt eingeklappt ist. Da er am Ende der Fahrspur halten muss, weil jemand im Weg steht, erreiche ich ihn im Sprint. Ich bin total sauer und fluche auf Deutsch: »Du hast sie ja wohl nicht mehr alle! Erst nicht fahren können und sich dann auch noch verpissen wollen.«

Aus seinem Verhalten schließe ich, dass ich ihm ziemliche Schwierigkeiten hätte bereiten können. Denn er schlägt in wilden Gesten die Hände über dem Kopf zusammen und sagt immer wieder sorry, so sorry. Der Spiegel ist leicht beschädigt, aber was hätte ich machen sollen? Ich »entlasse« ihn mit kernigen Flüchen und bin wach für den Tag.

Durch den Morgenstau geht es zurück auf die Autobahn. Die Autobahnen kosten Maut in China und gar nicht wenig. Es ist wie vielerorts in Frankreich: Von der leeren Autobahn aus kann man beobachten, dass auf der parallel verlaufenden Landstraße wesentlich mehr Fahrzeuge unterwegs sind, egal ob PKW oder LKW. Die Maut wird höher, je mehr Brücken und Tunnel verbaut sind, hier in der Wüste ist das nicht der Fall. An der Zahlstelle muss ich jedes Mal schmunzeln über das Ritual. Wenn man langsam neben das Kassenhäuschen rollt, kommt plötzlich zackig ein Arm waagerecht aus dem Fenster dort und zeigt, wo man stehen bleiben soll. Und wenn der Bezahlvorgang beendet ist und Wechselgeld nebst Quittung überreicht sind, geht dieser Unterarm zackig senkrecht nach oben zum Abschiedsgruß. Das sieht aus wie lange einstudiert und alle machen das gleich. So hat sogar der Besuch einer Zahlstelle an der Autobahn höchsten Unterhaltungswert.

Bei Kuqa verlassen wir die Autobahn und fahren Richtung Norden in die Berge. Wir wollten einen Canyon besuchen. Schon die 40 Kilometer Anfahrt führen durch verschiedene spektakuläre Landschaften des Karstgebirges. Als wir am Eingangsbereich zum Canyon ankommen, gibt es jedoch eine Enttäuschung. Wir kommen nicht rein, weil angeblich oder tatsächlich dort Wege verschüttet wurden. Vor einer Woche hatte es in Westchina schwere Regenfälle gegeben und es wird gesagt, die Wege müssten erst wieder freigeräumt werden. Es kann allerdings auch sein, dass das eine Ausrede ist. Wir sollen in den nächsten drei Wochen zahlreiche weitere Touristenattraktionen vorfinden, die zurzeit halb oder ganz geschlossen sind. Das hat eher damit zu tun, dass sich alle auf den großen Ansturm in fünf Wochen vorbereiten. Um den Nationalfeiertag, den 1. Oktober, herum gibt es einige Tage Ferien für alle im gesamten Land. Dieses Jahr soll der Nationalfeiertag noch ganz besonders gefeiert werden, denn die Volksrepublik China wird 70.

Wir sind jedenfalls nicht die Einzigen, die nichts von der Schließung wissen. Zahlreiche Busse spucken chinesische Reisegruppen aus. Die Chinesen nehmen es hin und fotografieren sich gegensei-

Schuhverkauf am Rande der Landstraße

tig vor dem geschlossenen Eingang zum Canyon. Dazu muss man sagen, dass Chinesen offensichtlich sehr misstrauische Freunde haben, die ihnen nicht glauben würden, Sehenswürdigkeiten besucht zu haben, wenn man ihnen nicht ein Beweisfoto von sich selbst vor der jeweiligen Sehenswürdigkeit zeigen kann. So entstehen unglaublich langweilige und schlechte Bilder: Sie vorm Tempel, er vorm Tempel, sie vorm Schrein, er vorm Schrein, sie vor der Buddha-Statue, er vor der Buddha-Statue. Und seit es den Selfiestick gibt, dann noch als krönenden Abschluss beide zusammen vor Tempel, Schrein und Buddha-Statue. Leider kann man den Tempel auf dem Foto nicht gut erkennen, weil davor jemand im Weg steht, und leider kann man die Person davor auch nicht gut erkennen, da sie recht klein ist, damit der ganze Tempel noch aufs Bild passt, aber es scheint weniger um gute Fotos zu gehen als um den Beweis, da gewesen zu sein. Und weil diese stereotypen Fotos noch nicht schlecht genug sind, machen die allermeisten Fotografierten dabei auch noch jedes Mal ein Victory-Zeichen.

Im Eingangsbereich zu dem geschlossenen Canyon gibt es Geschäfte, Restaurants und eine öffentliche Toilette. Die gibt es in China übrigens sehr oft, sie kosten nichts und sind meistens sehr sauber. Auf dieser Toilette findet sich mal wieder eine dieser wunderbaren Prosakreationen, mit denen chinesische Texte angeblich ins Englische übersetzt werden. In Chinesisch steht da, dass man sich nach dem Besuch der Toilette die Hände waschen möge. Die englische »Übersetzung« darunter: »Anything is valuable, especially washing«.

Wir fahren die 40 Kilometer durch die spektakuläre Landschaft zurück zur Autobahn, der Ausflug hat sich trotzdem gelohnt.

Als wir aus den Bergen wieder unten sind am Rand der Wüste, ist es trübe geworden. Das liegt aber nicht an Smog, sondern an einem Sandsturm. Leider haben wir Gegenwind, und weil unser Wohnmobil ungefähr die aerodynamischen Werte einer Wohnzimmerschrankwand hat, wirkt sich der Gegenwind auch erheblich auf Reisegeschwindigkeit und Dieselverbrauch aus. Wir überholen zwei Radfahrer, die wegen des Windes so strampeln müssen, als ginge es steil bergauf. Eigentlich dürften sie gar nicht auf der Autobahn fahren. Nicht mal Motorräder dürfen auf die Autobahn, aber später erklären sie uns, wieso sie dennoch nicht die parallel verlaufene Landstraße nehmen. Jedenfalls halten wir an und es stellt sich heraus, dass Vera und Julius aus Deutschland kommen. Wir laden sie kurzerhand ein, mit uns mitzufahren, die Fahrräder mitsamt Gepäck verstauen wir irgendwie im Wageninneren. Unsere heutige Etappe soll bis in die Kleinstadt Bügür gehen. Das ist der uigurische Name, chinesisch heißt die Stadt Luntai.

Abends gehen wir – wie jeden Abend – extrem lecker essen. Vera und Julius erzählen von ihren Erfahrungen, die sie bisher in China gemacht haben. Xinjiang mit dem Fahrrad ist ein durchgehender Horrortrip. Die meiste Zeit werden sie von zivilen Polizeiautos über mehrere Stunden verfolgt, an Kreisgrenzen wechseln dann die Fahrzeuge. Das ist auch der Grund, warum sie trotz Verbot manchmal auf der Autobahn fahren, nur da werden sie nicht in langsamem Tempo von Polizeiautos verfolgt. Mehrere Nächte mussten sie bereits auf Polizeiwachen verbringen. Dabei sahen sie bei einem Polizisten auf dessen Telefon, dass es einen polizeiinternen Chat über die beiden gibt, mit diversen Fotos von ihnen in den letzten Tagen. Besonders schockiert haben sie die Polizeiknüppel, aus denen vorne Nägel rausschauten. Wir bringen sie in Kontakt mit Fabio und Elias. Die beiden österreichischen Radler, mit denen wir zusammen in Samarkand waren, sind mittlerweile auch irgendwo hier in der Gegend unterwegs, sie müssten jetzt 100–200 Kilometer vor uns sein. Als die vier über WhatsApp miteinander telefonieren, werden wir Zeuge eines gruseligen Erfahrungsaustausches. Alle haben von Xinjiang und der Polizei-»Betreuung« die Nase gestrichen voll. Sie tauschen Tipps aus, wie man dennoch »überleben« kann. Wenn man es beispielsweise schafft, den Verfolgern abends auszubüxen, kann man möglicherweise ungestört schlafen in den kleinen Tunneln, die etwa im Abstand von je einem Kilometer unter der Autobahn durchgehen, möglicherweise eigentlich für Tiere gedacht. Mir tut es besonders leid, dass Vera und Julius keinen anderen Eindruck von China bekommen. Denn sie wollen China verlassen Richtung Altai-Gebirge und da kommen sie leider auf dem Weg durch keine andere Provinz mehr.

Bei der Einfahrt in die Stadt haben wir ein kleines Problem. Um die Stadt frei von LKW zu halten, sind an allen Einfallstraßen Sperrbalken in zweieinhalb Metern Höhe angebracht. Unser Fahrzeug ist aber zwei Meter achtzig hoch. So kommt es, dass wir fast um die ganze Stadt herumfahren müssen, bis wir eine Stelle finden, an der wir mit unserem Wohnmobil reinfahren dürfen.

26. August: von Bügür nach Turpan

Leider trennen sich daher unsere Wege heute schon wieder, Vera und Julius fahren Richtung Norden, nach Urumtschi, wir hingegen wollen weiter nach Osten. Es steht wieder eine weite Strecke auf dem Programm: 530 Kilometer bis nach Turpan. Die Strecke heute ist eher langweilig, nichts als Wüste. Lediglich am nördlichen Horizont sieht man die Berge. Die Autobahn ist wie immer sehr gut ausgebaut und überraschend leer.

Unterbrochen wird die Reise nur durch die regelmäßigen Kontrollen. Wir können uns darauf verlassen, immer zu denen zu gehören, die rausgewunken werden. Die Chinesen müssen entweder Ausländerfeinde sein oder entsetzliche Erfahrungen mit Ausländern gemacht haben, anders kann ich mir diese diskriminierende »Vorzugsbehandlung« nicht erklären. Allerdings sind wir bei Weitem nicht die Einzigen, die zur Kontrolle rausgewunken werden. Fast alle anderen sind Uiguren oder Kirgisen, jedoch wenig Han-Chinesen.

Wir haben es ja noch recht gut bei den Kontrollen. Meistens kassieren sie die Pässe, wir sollen auf den Parkplatz fahren, und während wir im oder neben dem Auto warten, regelt Nyima die Kontrolle. An einer größeren Kontrollstelle müssen wir aber mitkommen in die Polizeistation. Auch viele andere müssen hier vor diversen Schaltern warten. Während Nyima vor uns am Schalter mit dem Kontrolletti spricht, schiebt eine feiste Frau Pablo und mich beiseite und will sich vordrängeln. Sie plustert sich gewaltig auf, aber der Kontrolleur lässt sie abblitzen, er ist ja gerade mit unseren Dokumenten beschäftigt. Hinter uns wird das Gepäck einer Bus-Reisegruppe genauestens durchsucht. Alles in allem kostet uns diese Kontrolle eine halbe Stunde Zeit. Nyima erklärt hinterher: Das war die Spezialpolizei, er nennt sie SWAT. Sie wollten alles ganz genau wissen. Wo kamen wir her, wo waren wir letzte Nacht, wo die Nacht davor, wo fahren wir hin, und wohin danach, wo sind wir nach China eingereist, wo reisen wir aus und so weiter und so weiter.

Die Frage, wohin wir ausreisen, führte schon öfter zu Komplikationen, denn einige der Kontrolettis können mit der Angabe Laos nichts anfangen, das ist einfach zu weit weg. Diese Situation erinnerte mich immer an uniformierte Kontrolleure in den USA: Alles, was außerhalb der Landesgrenzen liegt, ist Terra incognita, erstens muss man es nicht kennen und zweitens ist es sowieso verdächtig, alleine schon, weil man es ja nicht kennt.

In den meisten anderen Ländern der Welt genießen Touristen einen gewissen Sonderstatus. Die Gastgeberländer möchten sich gastfreundlich zeigen und von einer guten Seite präsentieren. Touristen bringen Geld und der Tourismus hilft das Ansehen des Landes im Rest der Welt zu verbessern. Sogar die Regierung von Nordkorea hat das eingesehen, aber in China gilt diese Regel nicht. Es ist ja nicht so, dass man hier etwas gegen Touristen hätte – aber eben auch nicht dafür. Der inländische Tourismus boomt in China geradezu explosionsmäßig. Man kommt kaum nach mit dem Bau von Hotelanlagen und dazugehöriger Infrastruktur. Der prozentuale Anteil der Touristen, die nicht aus China kommen, liegt dabei im kleinen einstelligen Prozentbereich, höchstens. China braucht unsereins nicht als Touristen, es ist ihnen sozusagen egal.

Übrigens sind Chinesen sehr gut im Drängeln. Sogar besser als Deutsche und das will etwas heißen. Es gibt Situationen in größeren Menschenmengen, da ist gar nicht zu denken an die sprichwörtliche fernöstliche Gelassenheit, da heißt es Ellenbogen ausfahren und mitdrängeln, wenn man halbwegs vorankommen will.

50 Kilometer vor unserem heutigen Zielort Turpan fahren wir bei der Stadt Toksun an einem gigantischen Windpark vorbei. So viele Windräder auf einmal habe ich noch nie gesehen, es dürften deutlich über tausend sein. Wir sollten im Laufe der Reise noch an mehreren Windparks dieser Größenordnung vorbeifahren.

Wie bereits erwähnt gibt es an jeder Autobahnabfahrt in Xinjiang eine Kontrollstelle, auch an der Ausfahrt Turpan. Wie üblich werden wir rausgewunken und Nyima verschwindet mit unseren Pässen in der Polizeistation. Ich handle mir derweil Ärger von anderer Seite ein. Neben mir stehen zwei PKW-Erlkönige, die ich natürlich sofort fotografiere. Erlkönig nennt man den getarnten Prototyp eines Neufahrzeugs, die gibt es im LKW- und im PKW-Bereich. Leider kommen in dem Moment die Besitzer zurück und machen einen fürchterlichen Aufstand. Ich weiß ja warum, aber ich stelle mich blöd, ich verstehe ja nicht, was sie sagen. Das verärgert sie immer mehr. Irgendwann kommt auch Nyima von der Kontrolle zurück. Er beschwichtigt beide Seiten und wir einigen uns darauf, dass ich die Fotos lösche. Das ist albern, da man sie ja wiederholen kann, und deswegen stimme ich auch zu.

Die Region um die Oase von Turpan hat eine jahrtausendealte Geschichte und war ein wichtiger Handelspunkt auf der alten Seidenstraße. Davon ist in der Stadt jedoch nichts mehr zu sehen. Auf der Suche nach einem Geldautomaten fahren wir durch die letzten Viertel, in denen Häuser mit ein bis zwei Stockwerken stehen, alle bereits leer und auf die Abrissbagger wartend. Alles, was älter als 30 Jahre ist, kann weg und muss dem Bau neuer Hochhäuser weichen.

27. August: von Turpan nach Hami

Das Hotel ist für mich das erste in China, in dem es nicht nur weiche Betten gibt, sondern sogar morgens Kaffee. Nicht nur Nescafé, nein, richtig guten Kaffee. Den brauche ich auch, denn wir starten recht früh. Wir möchten an den angeblich heißesten Punkt Chinas fahren, die Sonne sollte noch nicht zu hoch stehen, wenn wir dort ankommen.

»Die flammenden Berge« heißt die Touristenattraktion, wegen der scharenweise chinesische Gruppen aus allen Teilen des Landes anreisen. Der Name kommt daher, dass mit viel Fantasie die Formationen des Faltengebirges Flammen ähneln. Das sieht landschaftlich ganz schön aus, aber eigentlich nicht anders als die Faltengebirge, die wir in den letzten tausend Kilometern immer mal wieder auf unserer linken Seite hatten. Aber ungefähr hier in der Gegend spielt eine alte Geschichte. Sie wird in einem Roman aus der Zeit der Ming-Dynastie erzählt und stammt aus dem 16. Jahrhundert. Bekannt wurde aber vor allem die Verfilmung. Unser Guide sagte, alle Chinesen jeden Alters kennen sie. Die Geschichte handelt von der Pilgerreise des Mönches Xuanzang nach Indien. Etwa 602 geboren, wurde er mit 13 Mönch und wenige Jahre später Pilgermönch. Er bereiste die Seidenstraße bis nach Samarkand und brach im Jahr 627 nach Indien auf. Dort blieb er viele Jahre und brachte bei seiner Rückkehr viele alte Schriften mit, die er in den Folgejahren ins Chinesische übersetzte. Ihm schreibt man einen maßgeblichen Anteil an der Verbreitung des Buddhismus in China zu. In dem Roman beziehungsweise Film wurde der Mönch vom König der Affen begleitet. Dieser Affenkönig hatte magische Kräfte und rannte hier in der Gegend in eine Flammenwand.

Der Aussichtspunkt ist unweit der Stelle, die als tiefster Punkt Chinas und zweittiefster Landpunkt der Erde gilt mit 154 Metern unter dem Meeresspiegel. Das Dumme daran – jedenfalls unter dem Gesichtspunkt der touristischen Vermarktung betrachtet – ist nur, dass man das nicht sehen kann. Daher wurde genau der gleiche Ort auch zum heißesten Ort Chinas ernannt. Das kann man zwar auch nicht sehen, aber dafür wurde ein überdimensionales Thermometer aufgebaut. Hier kann man dem immer gleichen Treiben der chinesischen Busreisegruppen zusehen. Alle machen das obligatorische Gruppenfoto an der Stelle, wo geschrieben steht, sie sei die tiefste. Dann fotografiert jeder einen Lebens- oder Reisepartner noch mal an der gleichen Stelle einzeln und dann das Ganze noch mal umgekehrt, schließlich braucht man ja Beweisfotos. Da das Ganze diszipliniert durchgezogen wird, kommen sie dennoch zügig durch. Das ist auch gut so, denn sie sind ja nicht zum Spaß hier. Der vorgeschriebene Parcours sieht jeweils Stellen vor für einen kurzen Halt und die einschlägigen Beweisfotos. Ich habe den Eindruck, sie verhalten sich wie die Lemminge. Sie gucken genau dahin, wo der Guide sagt, dass man gucken muss, machen Fotos und drängen zum nächsten Punkt. An keiner Stelle zu lange verweilen, andererseits aber auch keinesfalls eine Stelle auslassen – ich nenne das den chinesischen Abhack-Tourismus. Wer mehr Zeit hat, bekommt auch noch mehr Gelegenheiten zum Geldausgeben. Vom Kamelfotografieren über Kamelreiten bis zu Kamel-mit-Helikopter-Überfliegen ist für jeden etwas dabei.

Ein Mann backt Eier im heißen Wüstensand und preist sie mit einem schrebbeligen kleinen Megafon in Dauerschleife an. Diese Lautsprecherreklamen in China sind etwas extrem Nerviges. Wenn man sie einige Minuten anhören muss, ist man kurz vorm Durchdrehen. Mancherorts versuchen sie dann auch noch, sich gegenseitig zu übertönen.

Das ist allerdings das Einzige, was hier ungeordnet erscheint. Die Reisegruppen sind sehr diszipliniert, bleiben eng beisammen und hetzen gemeinsam zügig durch ihr straffes Programm. Alle Disziplin legen sie allerdings ab, sobald es zum Essen geht. Ein Restaurant, in dem eine Busreisegruppe zu Mittag gegessen hat, sieht aus, als wäre gerade ein Taifun durchgerauscht.

Wir fahren weiter auf der nach wie vor erstaunlich leeren Autobahn. Unser heutiges Ziel heißt Hami. Ich kenne den Namen aus der kleinen Geschichte »Der Christbaum von Hami« von Fritz Mühlenweg, einem meiner Lieblingsautoren. Daher wusste ich, dass diese Stadt am Rande der Wüste Gobi liegt. Heute ist Hami berühmt für seine Melonen.

Die Innenstadt sieht aus wie die anderen Innenstädte, die wir bisher zu sehen bekamen: ein Wald aus Hochhäusern, angeordnet in rechtwinklig zueinander liegenden Straßen, auf denen zu viele Autos und Elektroroller fahren oder das zumindest versuchen.

Die Straßenreinigungsfahrzeuge dudeln alle eine Melodie, wie bei uns in Deutschland die Schrottsammler. Sie fahren in den heißen Sommermonaten oft durch die Stadt und versprühen Wasser auf die Straßen gegen den Staub.

28. August: von Hami nach Dunhuang

Die eintönige Fahrt durch die Wüste wird nur durch die regelmäßigen Kontrollen unterbrochen. Ein böiger Wind zieht durch die Ebene. Irgendwann fahren wir wieder an einem gigantischen Windpark vorbei, Windräder so weit das Auge reicht, bis zum Horizont.

Nach etwa 200 Kilometern kommt eine Zahlstelle auf der Autobahn. Nyima atmet auf. Hier ist Xinjiang zu Ende, gleich kommt die Provinzgrenze nach Gansu. Nach wenigen Kilometern gibt es eine weitere Mautstelle, hier bekommen wir aber nur die neue Mautkarte, denn jede Provinz hat ihre eigene Autobahngesellschaft. Willkommen in Gansu! Doch 20 Kilometer weiter gibt es eine Ernüchterung. An der nächsten Autobahnraststätte wird wieder der gesamte Verkehr über die Raststätte geleitet. Zu unserer Überraschung müssen zwar alle anhalten, aber hier wird niemand kontrolliert. Auf großen Schrifttafeln steht, dass man hier 20 Minuten Pause machen soll. Es sei gefährlich, zu lange ununterbrochen am Steuer zu sitzen. Die Anweisung gilt für alle, egal ob PKW, LKW oder Bus. Das ist die originellste Kontrolle der Lenk- und Ruhezeiten, die ich je gesehen habe. Einfach mal Pause für alle, hat noch nie jemandem geschadet. Gansu fängt sympathisch an. Unsere Wüstenfahrt führt wieder vorbei an großen Windparks und großen Flächen mit Solarzellen. An einem Parkplatz machen wir kurze Rast. Ich komme mit ein paar jungen Motorradtouristen aus Shanghai ins Gespräch. Gespräch ist eigentlich übertrieben, denn sie sprechen genauso wenig Englisch wie ich Chinesisch. Sie möchten aber unbedingt das Gruppenfoto mit mir machen, das passiert uns oft in China. Offensichtlich gehören ihre Familien dem neuen Mittelstand an, wie er sich in den letzten 10 bis 20 Jahren in China herausgebildet hat, denn eigentlich sind jetzt weder Semester- noch sonstige Ferien.

Als wir wieder losfahren wollen, geht das nicht. Man kann den Anlasser nicht betätigen, da der Wagen trotz getretener Kupplung nicht auskuppelt. Der vierte Gang ist drin und geht nicht raus, egal wie der Schalthebel steht. An dem Schalthebel fühlt es sich an, als könne man noch ganz normal alle Gänge durchschalten, aber in Wirklichkeit ist und bleibt der vierte Gang drin und geht nicht raus. Anlassen kann man nur bei getretener Kupplung. Da gibt es wohl nur zwei Möglichkeiten: Defekt im Schaltgetriebe oder im Getriebe.

Ich bitte Nyima, Pannenhilfe herbeizutelefonieren, das Problem können wir hier nicht lösen. Nach einer Dreiviertelstunde kommt jemand mit einem Pick-up, der schon von seiner fehlenden Ausrüstung her nicht sehr vertrauenerweckend aussieht. Nach einem kurzen Gespräch gewinne ich den Eindruck, dass er nicht von allzu vielen Kenntnissen belastet ist. Er erklärt, es sei etwas mit der Kraftübertragung zum linken Hinterrad, und ich frage mich, was der wohl geraucht hat. Aber auch er meint, das Problem ließe sich hier nicht lösen, hat aber keinen Plan, was nun zu tun sei. Ich schlage vor, dass er uns mit seinem Pick-up abschleppt. Das sollte locker gehen und ein Abschleppseil haben wir auch dabei. Doch das ist ihm nicht geheuer und er erzählt was von einem LKW mit Kran, der den Transit dann auf die Ladefläche … – das hört sich ziemlich teuer an. Ich will stattdessen lieber versuchen, aus eigener Kraft im vierten Gang zu seiner 40 Kilometer entfernten Werkstatt zu fahren. Mir tut es richtig leid um die Kupplung, aber irgendwie schaffen wir es – zumindest fast. Wir sind 50 Meter zu früh links abgebogen, vor der Brücke statt hinter der Brücke. Der verhinderte Pannenhelfer zeigt ganz aufgeregt über den kleinen Fluss zu seiner Werkstatt und ich sage, wenigstens das kleine Stück könne er uns nun doch abschleppen. So, wie er sich da windet, habe ich den Eindruck, der hat in seinem Leben noch nie ein anderes Fahrzeug abgeschleppt und Bammel davor. Wir bringen das Auto dann irgendwie in seine Werkstatt und seine Gehilfen machen sich ziemlich unbeholfen daran, das Schaltgestänge freizulegen. Ich will das gar nicht mehr mit ansehen und wir beschließen, essen zu gehen. Vor der Werkstatt, vermutlich dem Nachbarn zugehörig, steht ein viel zu kleiner Käfig, in dem ein junger Hund eingesperrt ist. Der Käfig ist nicht mal einen Kubikmeter groß, der Hund kann von der Länge her kaum darin stehen. Er begrüßt uns so freudig, wie junge Hunde das oft tun. Anscheinend halten ihn die Leute nicht nur in dem zu kleinen Käfig, es kümmert sich auch niemand um ihn. Denn er bekommt sich gar nicht mehr ein vor Freude, dass wir uns mit ihm befassen. Im Auto haben wir noch einige Portionen von dem Hundefutter, welches ich in Usbekistan gekauft habe. Die erste Portion hat er so schnell verschlungen, das kann ich gar nicht richtig sehen. Nach der dritten Portion machen wir dann erst mal Pause. Keine Ahnung, wie viele Portionen stinkende Matsche ein ausgehungerter Hund auf einmal verträgt. »Wir gehen jetzt selber essen, und wenn du danach noch etwas willst, kriegst du mehr.«

Dieses Erlebnis ist eher untypisch. Zwar werden hier oft diejenigen Tiere schlecht behandelt, die zum Essen auf dem Markt verkauft werden, nicht aber die Hunde. Erst seit etwa zehn Jahren halten sich wohlhabendere Chinesen Hunde. Meistens sind das kleine Schoßhündchen, die gehätschelt und getätschelt werden.

Nach dem Essen sind sie in der Werkstatt nicht ein Stück weiter. Sie versuchen gerade, Gehäuseteil vom Schaltgestänge, das sie nicht lösen konnten, mit Gewalt zu lösen, da grätsche ich dazwischen. Ich bitte sie, alles wieder zuzuschrauben, ich will die nicht weiter an dem Auto basteln lassen. Wir halten Kriegsrat. Bis zur nächsten etwas größeren Stadt Dunhuang sind es noch etwa hundert Kilometer, hier wollten wir eh Pause machen. Die Entfernung ist das geringste Problem. Mich interessiert mehr die Frage, wie oft ich im vierten Gang anfahren muss, bis ich von hier auf der Autobahn bin, und in Dunhuang das Gleiche in umgekehrt.

Als ich abends das Auto in der Innenstadt von Dunhuang auf einem großen Parkplatz abstellen kann, bin ich ziemlich geschafft. Jetzt erst mal chinesisch essen gehen, morgen sehen wir weiter.

29. und 30. August: Dunhuang

Im Bereich der ehemaligen Sowjetunion gab es wesentlich mehr Autos als damals in China. Dementsprechend gab es auch viel mehr Autoschrauber. Diese Schrauber waren und sind meistens richtig gut. Denn damals haben sie in Zeiten der Mangelwirtschaft das Improvisieren gelernt. Ein fehlendes Teil wird mal eben auf der Drehbank hergestellt, andere Teile werden zweckentfremdet, umgebaut, angepasst, geht nicht gibt's nicht.

Das ist in China anders. China ist erst seit Kurzem motorisiert. Es liegt zwar auch an den strengen Umweltregeln, dass man keine Autos sieht, die älter als 12 oder 15 Jahre sind, aber bei den meisten Autobesitzern kann man auch davon ausgehen, dass das ihr erstes Auto ist, vorher hatten sie nur ein Zweirad. Dementsprechend gibt es dort Werkstätten, die eher mit den unsrigen vergleichbar sind: Niemand kann mehr improvisieren, es werden nur noch Messgeräte angesteckt, Module ausgetauscht und Software angepasst. Ein Getriebeschaden ist daher ungefähr das Beknackteste, was einem mit einem alten Auto in China passieren kann.

Bei der örtlichen Ford-Niederlassung erklären sie, dass sie drei Tage bräuchten, alleine um das Getriebe auszubauen. Das würde ja sogar ich schneller hinkriegen und das will etwas heißen! Ein Taxifahrer bringt uns zu einem Schrauber, der aber ablehnt, weil das Auto zu alt sei, das finde er nicht mehr in seinem Computer, nur Ford Transits, die weniger als 20 Jahre alt sind.

Nach langer Suche landen wir bei einem, der sagt, das freue ihn, so etwas habe er vor langer Zeit mal in seiner Lehrzeit auseinandergenommen und er traue sich das zu. Da haben wir mal wieder Glück im Unglück. Selbst in Deutschland wäre es schwer, jemand zu finden, der nicht sagt, das ganze Getriebe muss ausgetauscht werden, sondern sich traut, das auseinanderzunehmen und zu reparieren.

Nun ist die Reparatur in die Wege geleitet, wir haben Zeit für das touristische Programm. Die Mogao-Grotten sind nicht nur UNESCO-Weltkulturerbe, vor allem sind sie für viele Chinesen ein Must-have zum Abhaken auf der Liste der wichtigsten Sehenswürdigkeiten des Landes. Zwischen dem 4. und dem 12. Jahrhundert – der Blütezeit der Seidenstraße – haben hier buddhistische Mönche Höhlen in die Berge getrieben und sie jeweils kunstvoll ausgestaltet mit Figuren, Altären und Wandmalereien. Als die Seidenstraße an Bedeutung verlor, fiel dieser Ort für viele Jahrhunderte der Vergessenheit anheim. Erst Anfang des 20. Jahrhunderts wurden die Höhlen wiederentdeckt und seitdem systematisch erforscht und teilweise restauriert.

Wie bei jeder größeren Touristenattraktion in China ist die Vermarktung geradezu perfekt organisiert. Ausländer müssen – wie leider oft in China – einen deutlich höheren Eintrittspreis bezahlen. In Usbekistan hatte mich das nicht gestört, hier stört es mich. Das liegt zum einen daran, dass wir nicht einen Euro statt 50 Cent bezahlen müssen, sondern 20 Euro statt 13 Euro. Außerdem besteht von Deutschland nach Usbekistan ein Wohlstandsgefälle, was ich gegenüber China nicht sehe. Ich empfinde das hier als diskriminierend und stelle mir vor, das Deutsche Museum in München würde auf einmal von allen Holländern, Türken und Chinesen einen 50 Prozent höheren Eintrittspreis verlangen als von den Deutschen.

Unser Guide kommt nicht mit, ihm sind selbst die 13 Euro zu viel. Aber er erklärt, einen Vorteil hätten wir doch durch unsere teureren Tickets. Um dem Besucheransturm Herr zu werden, wurde die merkwürdige Regelung eingeführt, dass man Tickets nicht für den gleichen, sondern immer nur für den Folgetag kaufen kann. Das betrifft aber nicht die teuren Ausländertickets.

Das Besucherzentrum ist knapp zehn Kilometer entfernt, näher kommt man mit eigenen Fahrzeugen nicht an die Höhlen heran. In dem riesigen Neubau bekommt man erst mal zwei Filme gezeigt und jede Menge Möglichkeiten geboten, Geld auszugeben. Danach werden alle gruppenweise mit Bussen zu den Höhlen gefahren. Obwohl jetzt Nebensaison ist, kann man tausende Besucher zählen. Man muss sich dort einer Gruppe anschließen, »selfguided« herumgehen ist nicht erlaubt. Die Ausländer werden zu einer Gruppe erklärt und bekommen einen englischsprachigen Führer. Der weist als Erstes darauf hin, dass nationale Sicherheitsgesetze das Fotografieren in den Höhlen verbieten. Man dürfe sich aber jederzeit die Fotos von der Homepage herunterladen und verwenden.

Abends besuche ich ein klassisches chinesisches Tanztheater, Thema der Aufführung: Die Seidenstraße.

Danach bin ich mit Pablo und Nyima auf dem Nachtmarkt verabredet. Das war unser erster Nachtmarkt von vielen. Weil es tagsüber so heiß ist, gibt es in jeder Stadt einen Markt, der erst ab 17 oder 18 Uhr öffnet und bis 22 oder 23 Uhr geht, manchmal – wie hier in Dunhuang – auch bis nach Mitternacht. Hauptsächlich werden Waren für die chinesischen Touristen angeboten, Souvenirs, Handgeschnitztes, Kamele als Schlüsselanhänger und bunte Sandbilder in Flaschen. Der Wüstensand wird bunt gefärbt und man kann direkt an den Ständen der mühsamen Arbeit zusehen, die Flaschen langsam zu befüllen.

Laut Plan fahren wir am nächsten Tag weiter nach … – aber es verläuft ja nicht nach Plan, da das Auto noch nicht fertig ist. Nach der Kilometerfresserei in den letzten Tagen ist Pablo und mir eine Pause jedoch ganz recht. Ich fühle mich erleichtert und denke, es war Glück im Unglück, dass uns diese Panne erst nach dem Verlassen von Xinjiang ereilt hat. Hier sieht man nur zwei- bis dreimal am Tag Mannschaftswagen der Polizei patrouillieren und nicht alle fünf bis zehn Minuten. Ansonsten gibt es hier nur die Trillerpfeifenpolizei für den Straßenverkehr. Und natürlich die fast flächendeckende Videoüberwachung wie überall in den chinesischen Städten, aber eben nicht mehr diese bedrückende Atmosphäre wie in einem Freiluftknast.

Pablo hat Ausflüge gebucht und erkundet die Umgebung, ich möchte in der Stadt herumlaufen, versuchen, irgendwo Kaffee aufzutreiben, und eine SIM-Karte besorgen. Das mit dem Kaffee erweist sich als schwieriger als gedacht. Den gibt es nirgendwo. Im größten Supermarkt gibt es Kaffee, aber nur Nescafé 3 in 1 in Portionen abgepackt, brr, igitt. Bevor ich in den Supermarkt reingehen durfte, musste ich erst mal meine Jacke und meinen Rucksack in eine große Tasche tun, die dann versiegelt und mir mitgegeben wurde. An der Kasse machen sie einem die wieder auf.

Es gibt Geschäfte, da steht »coffee and cake« dran, aber da gibt's auch keinen Kaffee, sondern nur Kuchen. Nach langem Suchen finde ich Kaffee bei der örtlichen Niederlassung von Kentucky Fried Chicken. Dort bekomme ich dann zuerst – auch ein klassisches Missverständnis in China – einen Pappbecher kalten Kaffee mit Eisstückchen drin. Ich habe mir später von Nyima beibringen lassen, was schwarz und heiß auf Chinesisch heißt und wie man das halbwegs richtig ausspricht. Eigentlich hatte ich ja ein ganzes Pfund Kaffee kaufen wollen oder lieber noch ein Kilo. Aber den bekommt man in chinesischen Großstädten so gut wie gar nicht. Doch es gibt eine Ausnahme: Ausgerechnet bei Starbucks kann man Kaffee auch ungemahlen pfund- oder kiloweise kaufen, aber hier gibt es leider keine Filiale. Hätte ich vorher nie gedacht, dass man mich mal freiwillig in so eine Bude reinkriegt. Bei meiner kleinen Stadtwanderung gelange ich an einige Stellen, wo die Sandberge der Wüste direkt an die Stadt grenzen, also buchstäblich an den Gehweg der ersten Straße.

Mit Nyima zusammen gehen wir dann zu China Mobile und zu China Telecom und zurück zu China Mobile, um eine SIM-Karte für mich zu organisieren. Das erweist sich als immens schwierig, denn für Ausländer gibt es ein neues Verfahren und niemand weiß genau, wie das geht, und sie müssen erst in der Zentrale nachfragen und wir sollen am Spätnachmittag wiederkommen. Kurz vor Feierabend bin ich dann stolzer Besitzer einer chinesischen SIM-Karte. Das Internet in China fand ich übrigens langsam, jedenfalls ziemlich oft. Ich vermute fast, das hat keine technischen Gründe, sondern die kommen nicht schnell genug nach mit der Zensursoftware. Abdeckung gibt es jedenfalls überall, auch in entlegenen Gegenden.

Heute gibt es mittags und abends wieder gutes chinesisches Essen. Oft ist die Reihenfolge der Gänge übrigens genau umgekehrt wie bei uns: Zuerst gibt es etwas Süßes, dann das Hauptgericht und danach die Suppe. Suppe gibt es leider nie in kleinen Portionen wie bei uns, sondern immer in großen Bottichen, die für mindestens acht Leute gut wären. Daher kommt für uns Suppe in China praktisch nie auf den Tisch.

Das gibt mir die Gelegenheit, mit einem in Deutschland weit verbreiteten Vorurteil aufzuräumen. China ist ungefähr so groß wie Europa und hat eine jahrtausendealte Tradition in Sachen guter Küche. Dementsprechend gibt es in jeder Region viele regionale Spezialitäten. Lediglich in der Gegend von Guangzhou essen sie so ziemlich alle Tiersorten. Im Rest Chinas tun sie das genauso wenig wie in Stuttgart oder Braunschweig.

Das Essen in China ist jedenfalls so lecker, dass man nach der Rückkehr erst mal monatelang nicht mehr in ein europäisches sogenanntes chinesisches Restaurant gehen möchte. Nach dem Abendessen schlendern wir durch die Stadt und über den Nachtmarkt und genießen, mal etwas mehr Zeit zu haben.

31. August: von Dunhuang nach Jiayuguan

Heute sollten wir nicht mehr allzu große Ausflüge unternehmen, denn es kann sein, dass das Auto fertig wird. Mittags kommt der befreiende Anruf. Der Werkstattbesitzer ist sichtlich stolz auf seine Arbeit und das zu Recht. Er entschuldigt sich für die Dauer, aber die zwei bis drei Zahnräder mussten erst aus Lanzhou bestellt werden, sonst wäre er gestern schon fertig geworden. Das Ganze kostet 400 Euro. In Usbekistan hätte das einen Bruchteil gekostet, in Deutschland ein Vielfaches. Wir müssen den Wagen dann unbedingt noch mal in die Werkstatthalle fahren für ein gemeinsames Foto mit ihm und seinen Angestellten und natürlich dem Ford Transit im Hintergrund.

Dann geht es wieder auf die Autobahn. Nun sind wir schon knapp 2 400 Kilometer durch China gefahren, hört denn diese Wüste nie auf? Heute ist mal wieder Sandsturm, die Sichtweite beträgt nur wenige Hundert Meter. Leider ist auch wieder Gegenwind, was sich enorm auf Tempo und Treibstoffverbrauch auswirkt. Aber dadurch, dass wir doch noch am frühen Nachmittag losgekommen sind, haben wir quasi nur einen Tag verloren, das kriegen wir irgendwie in unserem Reiseplan verbastelt.

Wir kommen sogar noch im Hellen an unserem nächsten geplanten Halt an, in der Stadt Jiayuguan. Wir profitieren übrigens davon, dass es aus politischen Gründen in ganz China nur eine Zeitzone gibt. Die Folge ist, dass es hier im Westen Chinas recht spät erst dunkel wird. Alle anderen Länder auf diesem Längengrad haben eine Stunde früher, was eher angemessen wäre.

In dieser Stadt gibt es eine lustige Regelung für Linksabbieger: Die meisten Straßen sind dreispurig und die Linksabbiegerspur ist nicht etwa die ganz linke Spur, sondern die mittlere. Das ist durch Pfeile am Boden gekennzeichnet. Diese Regelung ergibt Sinn. An den Ampeln bekommen die Linksabbieger natürlich eine eigene Grünphase. Stünden sie ganz links, dann wären größere LKW nicht in der Lage, eine 180-Grad-Wendung zu machen. Da sie aber in der Mitte stehen, geht das.

Im Hotel sind die Betten hart wie fast immer. In den Foyers der Hotels stehen immer wunderschön geschnitzte Holzmöbel, aber auch die sind buchstäblich bretthart, Sitzkissen gibt es nirgendwo.

Rums, Knall, explodier! China ist ja das Land des Feuerwerks und genau so hört sich das auch an. Ich gehe ans Fenster, aber ich sehe nichts. Wie auch, es ist ja noch hell. Das haben wir oft in chinesischen Städten mitbekommen. Man hört es nur knallen. Die machen das anlässlich von Hochzeiten, Beerdigungen und Kaufhauseröffnungen.

Pablo macht sich nach dem Essen auf den Weg zum Nachtmarkt, bald wird's dunkel. Man sollte auf den Nachtmärkten ein wenig aufpassen auf Taschendiebe, aber ansonsten gibt es keinerlei Bedrohung. Das ist die Kehrseite der flächendeckenden Videoüberwachung und ständigen Polizeipräsenz, es vermittelt ein Gefühl, sicher zu sein.

1. September: von Jiayuguan nach Zhangye

Heute stehen zwei Attraktionen auf unserem Tagesprogramm. Auf die zweite freuen wir uns schon lange, aber zunächst geht es zur ersten: Die chinesische Mauer ist auch ein Must-have für chinesische Touristen. Uns wird gesagt, hier sei sogar ein ganz besonderer Abschnitt der Mauer, nämlich der Anfang. Oder das Ende, je nachdem aus welcher Richtung man kommt.

Die große Mauer, wie sie auch genannt wird, bietet für die chinesischen Tourismusvermarkter mehrere Vorteile. Zum einen ist sie sehr lang, daher an vielen Orten vermarktbar. Das Beste aber: Sie ist nicht durchgehend. So gibt es gleich mehrere Stellen, die man als Anfang oder Ende der großen Mauer vermarkten kann.

Auch hier sind die Eintrittspreise mal wieder happig. Aber noch etwas anderes an den Tickets stört uns, den Chinesen ist es egal: Für das Ticket wird ein biometrisches Foto angefertigt. Es ist auf dem Ticket abgebildet, aber das braucht man meistens gar nicht mehr vorzuzeigen, da sich die Sperren nach der digitalen Gesichtserkennung von alleine öffnen. Auf der Liste zum Abhaken stehen drei Aussichtspunkte.

Die Mauer hier bei den Außenposten des alten Reiches ist sehr viel schmaler und niedriger als beispielsweise in Badaling, 80 Kilometer nördlich von Beijing, wohin üblicherweise alle gebracht werden, die einen Ausflug an die große Mauer gebucht haben. Auch hier geht die Mauer durch Berg und Tal und ist, so weit das Auge reicht, zu sehen. Allerdings nur in eine Richtung, denn hier ist ja ein Anfang oder Ende.

Dieses viele Kilometer lange Bauwerk ist auch unterschiedlich gut erhalten. Später passieren wir mit dem Auto eine Stelle, die in keinem Reiseführer vermerkt ist, wo man aber deutliche Spuren der Mauer sehen kann. Die große Mauer ist hier gar nicht mehr so groß, etwa noch ein bis drei Meter hoch, aber auch hier über weitere Strecke zu erkennen. Viele Steine wurden in früheren Zeiten herausgebrochen, um sie anderweitig zu verwenden, heute ist das streng untersagt.

Mit Blick auf das heute noch zu absolvierende Programm fragen wir Nyima nach Besichtigung des ersten Aussichtspunktes, ob wir uns die anderen beiden Aussichtspunkte nicht schenken könnten. Solch ein Anliegen ist für Chinesen eher ungewohnt und er verhandelt mit uns aus, dass wir wenigstens noch die zweite Stelle besuchen, die dritte »erlässt« er uns dann. An diesem zweiten Punkt gibt es außer der Mauer noch ein Kastell zu besichtigen und buddhistische Tempel. Diese Tempel werden übrigens nicht nur besichtigt, manche gehen auch dort hin zum Beten oder Meditieren. Deswegen ist in manchen Tempeln das Fotografieren auch verboten. Ansonsten knipsen die Touristenmassen alles, was geht, meistens mit ihrem Handy im Hochformat mit möglichst ungünstigem Licht, manche auch mit völlig überdimensionierten 5000-Euro-Kameras.

Außerdem kann man hier eine andere Art Fotos machen lassen, das ist auch etwas typisch Chinesisches: Ein Geschäft bietet einen riesigen Fundus an Kostümen an, in denen man sich vor der historischen Kulisse in einer Tracht nach Wahl fotografieren kann. Und weil bei der historischen Kulisse dauernd andere Leute ins Bild latschen und manchmal auch das Wetter nicht so gut ist, wird gleich noch eine Pappmaché-Kulisse angeboten, vor der das Foto erstellt werden kann. Chinesen ist es nicht wichtig, ob im Hintergrund das Original oder eine Kopie zu sehen ist, wenn die Kopie doch schöner aussieht.

»Warm prompts«, warme Aufforderungen! verkündet ein Schild auf Chinesisch und Englisch, »you have got into monitoring coverage area, please visit in civilized manner!«. Darunter sind viele Piktogramme, was alles verboten ist. Weiße runde Schilder mit rotem Rand und je einem durchgestrichenen Symbol drin, vom kackenden Hund bis zur Knarre, einige sind für mich unverständlich, aber es steht jeweils auf Chinesisch und Englisch drunter, was verboten ist. Eine Hand führt einen Stift und darunter steht »no smear«. Ja nee, is klar.

Der Weg zum Ausgang wird durch Absperrbänder vorgegeben, es geht immer hin und her. So wie man es von Flughäfen kennt, wenn viele Leute auf engem Raum eine Schlange bilden sollen. Hier haben sie das gemacht, damit man noch sämtliche Verkaufsstände und alle Möglichkeiten, irgendwie Geld auszugeben, abklappert.

Wir haben es aber ein wenig eilig, denn wir möchten heute noch nach Zhangye, genauer gesagt in den Zhangye Danxia Nationalpark, eine Felsenlandschaft, die für ihre besondere Farbenvielfalt berühmt ist. Das chinesische Wort danxia (丹霞) bedeutet etwa »rote Wolken«. Der Anblick, der sich uns in diesem Nationalpark bietet, ist so spektakulär, dass es schon fast surreal erscheint. Es erinnert ein wenig an die bunten Berge, die wir im kasachischen Naturschutzgebiet Altyn-Emel gesehen hatten, aber die Farbenvielfalt ist hier noch größer und das Gelände viel weitläufiger. Mehrere Bergketten hintereinander zeigen sich in einer unbeschreiblichen Farbenvielfalt. Vor der Besichtigung im Besucherzentrum das übliche Spiel: eigene Fahrzeuge auf dem Parkplatz abstellen und in die Busse umsteigen, die uns zu den diversen Aussichtspunkten fahren. Die wenigen Ausländer zahlen mal wieder deutlich mehr als die vielen Einheimischen. Warum oder seit wann ist China eigentlich so ausländerfeindlich? Im Vergleich zu den mehreren hundert Millionen chinesischen Touristen liegt beispielsweise die Anzahl von Touristen aus den USA oder Europa im Promillebereich. Angesichts dieser Relationen rechtfertigen die Mehreinnahmen jedenfalls nicht diesen Aufpreis. Was will uns China damit sagen?

An den jeweiligen Aussichtspunkten tummeln sich zwar tausende von Touristen, aber man kann den Massen einigermaßen entgehen. Denn die meisten chinesischen Touristen sind faul. Sie bewegen sich vom Bus nur zu dem nächstgelegenen Aussichtspunkt, wo sie ihre Fotos machen können, die den Freunden beweisen, dass sie da waren. Zwar darf man keinesfalls das abgesperrte Gelände verlassen, sonst bekommt man einen buchstäblichen Anpfiff von einem der vielen uniformierten Aufseher, aber meistens reicht es schon, an das entferntere Ende der Absperrung zu gehen. Die paar hundert Meter sind den meisten Chinesen schon zu weit, dort latscht einem keiner mehr ins Bild rein.

Im Getümmel wollen viele ein Foto mit mir machen. Eine Gruppe von etwa acht älteren chinesischen Männern möchte erst ein Gruppenfoto, dann möchte sich jeder einzelne mit mir fotografieren lassen. Beim letzten fällt mir dann ein, ihm zum Spaß so politikermäßig die Hand zu schütteln, während wir beide in die Kamera grinsen. Das finden die anderen so lustig, dass jetzt jeder noch mal ein Foto mit mir haben möchte, diesmal mit Politiker-Händeschütteln.

An einem der schönsten Aussichtspunkte steht ein weiteres Besucherzentrum. Dort gibt es einen fensterlosen bestuhlten Raum, in dem man sich 3-D-Brillen aufsetzen kann und dann genau das zu sehen bekommt, was draußen vor der Tür im Original zu sehen ist.

Wer in dem großen Besucherzentrum am Ein- und Ausgang noch nicht genug Geld ausgegeben hat, bekommt dazu noch reichlich Gelegenheit auf dem Weg zum Parkplatz. An den zahlreichen Ständen dort werden nicht nur wirklich lokale Souvenirs angeboten, sondern der ganze Made-in-China-Plastik-Kram, den wir auch schon an den anderen touristischen Punkten in China angeboten bekamen. Die gleichen Spielzeugkamele und den gleichen Cowboyhut, auf dem oben Marlboro draufsteht. Doch hier gibt es eine Überraschung. An einigen Ständen werden die gleichen Hüte angeboten, aber da steht Mariboro drauf. Macht nichts, merkt niemand. Auch nicht am nächsten Stand, da steht Manlbdro auf dem Hut.

Abends telefonieren wir mit Fabio und Elias, den beiden österreichischen Radfahrern, die wir in Samarkand kennengelernt hatten. Sie hatten sich ja fest vorgenommen, die gesamte Strecke von Graz bis Tokio (mit Ausnahme der Fähren) mit ihren Fahrrädern zurückzulegen. Aber sie kapitulieren vor der chinesischen Polizei von Xinjiang. Man hat ihnen von Tag zu Tag das Leben schwerer gemacht und ihnen zu verstehen gegeben, wie unerwünscht sie mit ihren Fahrrädern hier seien. So haben sie sich nicht anders zu helfen gewusst, als mit der Bahn die Provinz auf dem schnellsten Wege zu verlassen. Wir treffen uns morgen Abend in Lanzhou.

2. September: von Zhangye nach Lanzhou

Morgens besuchen wir den Tempel des schlafenden Buddha. Es gibt öfters Darstellungen von einem liegenden Buddha. Das soll ihn im Nirwana symbolisieren. Mit 34,5 Metern ist der Buddha von Zhangye der größte liegende Buddha Chinas. Der Tempel um die liegende Figur herum ist nur wenig größer, sodass man von der fast tausend Jahre alten Figur kaum etwas sieht, und selbst das darf man nicht fotografieren. Auch dieser Tempel ist nicht nur touristische Sehenswürdigkeit, sondern zieht viele Pilger an. Manche opfern etwas, viele knien nieder, manche beten oder meditieren, da wären Touristenfotos auch wirklich sehr unpassend.

Heute haben wir 510 Kilometer Autobahn vor uns. Wenn wir dort ankommen, haben wir etwa 3200 Kilometer durch China zurückgelegt, das entspräche der Strecke von Catania in Sizilien bis nach Oslo in Norwegen. Die Autobahn war durchgehend gut, ziemlich teuer und überall erstaunlich leer, selbst hier, wo die Gegend allmählich dichter besiedelt ist. Ich wundere mich auch, wie wenig LKW-Fernverkehr auf der Autobahn ist. Es gibt ein paar Melonenlaster aus Hami, einige Gefahrguttransporte, anscheinend wird mehr über die gut organisierte chinesische Eisenbahn transportiert. Die LKW sind durchweg chinesische Marken, die meisten PKW ebenfalls. Es gibt keine Fahrzeuge, die älter als 12–15 Jahre sind, die meisten sind noch neuer.

Eigentlich besteht ein Rechtsfahrgebot auf der Autobahn wie bei uns. Das halten auch viele ein, aber alle paar Kilometer gibt es jemand mit PKW oder LKW, der konsequent auf der linken Spur mit 70 fährt. Keine Ahnung, warum die das tun. Es heißt ja, China habe die schlechtesten Autofahrer der Welt. So weit würde ich nicht gehen, aber es gibt dort wirklich unglaublich viele Fahrer, die sehr unsicher unterwegs sind. Zum Beispiel fahren sie gerne mit 60 schon auf die Autobahn auf und ziehen dann im gleichen »Tempo« möglicherweise sofort ganz nach links rüber, damit muss man immer rechnen. Auch wird einem dann oft die Vorfahrt genommen, wenn absehbar ist, dass der andere vor dir auf der Kreuzung ist und somit einfach mal Fakten schafft, getreu dem Motto: Wo ich nicht hingucke, da ist auch niemand. Das gilt auch für den nicht gemachten Schulterblick beim Einfädeln.

Die Treibstoffpreise sind unterschiedlich hoch, je nach Provinz. Diesel kostet ungefähr 80 Cent. Zahlstellen für die Autobahnmaut gibt es an jeder Ausfahrt und an den Provinzgrenzen.

Eines der beeindruckendsten Beispiele des chinesischen Wirtschaftsbooms bekommt man beim Bau der Autobahnen und Eisenbahnstrecken zu sehen. Bereits jetzt gibt es ein dichtes Autobahnnetz im gesamten Land, selbst in den entlegeneren Gegenden. Derzeit werden aber überall Quer- und Diagonal-Verbindungen gebaut und die abgelegensten Winkel auch noch mit Autobahnen erschlossen. Überall sieht man den Autobahnbau, denn er geschieht auf eine völlig andere Art als in Europa. In Europa arbeitet sich eine entstehende Autobahn (sehr) langsam, aber sicher durch die Landschaft voran. In China ist sie erst mal viel kühner geplant, fast kurvenlos, als hätte man mit dem Lineal einen Strich auf der Landkarte gezogen. In hügeligen Gegenden bedeutet das eine ununterbrochene Folge von Brücken oder Stelzenkonstruktionen und Tunneln.

Und der zweite, noch viel gravierendere Unterschied: Die Brücken, Stelzen und Tunnel werden alle gleichzeitig gebaut. Warum auch nicht, wieso ist eigentlich hierzulande noch niemand auf diese simple Idee gekommen? So schaffen sie es, selbst in gebirgigem Gelände innerhalb von einem Jahr 50 Kilometer Autobahn zu bauen, oder auch 100. Gleiches gilt für den Bau der Eisenbahnstrecken. Es gibt in China zwei verschiedene Netze. Das eine für den allgemeinen Güter- und Personenverkehr und ein Extra-Netz für den »High-Speed-Train«. Beide werden kontinuierlich flächendeckend ausgebaut.

Immer wenn wir tanken oder an der Raststätte halten, sprechen uns freundliche Chinesen an. Meistens wollen sie wissen, wo wir herkommen. Déguó – Deutschland, antworte ich und sie freuen sich außerordentlich. Oft wollen sie dann das Wohnmobil von innen sehen, genau wie in all den Ländern zuvor. Im Gegensatz zu den vorigen Ländern gibt es in China allerdings einige Wohnmobile. Sie sind alle viel neuer und gehören entweder sehr reichen Menschen oder wurden von wohlhabenden für einige Wochen für einen Urlaub gechartert. Während in den vorigen Ländern die Wohnmobil-Besucher immer am meisten beeindruckt waren von dem Mini-Badezimmer mit Dusche, erfreuen sich die Chinesen am meisten am Gasherd mit zwei Kochfeldern, der Spüle und dem Kühlschrank. Essen ist in China eben ganz besonders wichtig.

Beim Tanken grüßen einige Männer freundlich, die alle die gleichen T-Shirts tragen und ebenfalls einen Tank-Stopp eingelegt haben. Nyima erklärt, das seien Polizisten in Zivil, unterwegs zu irgendeinem Einsatz. Da sie recht freundlich waren, fragte ich ihn, ob er ihnen jetzt auch das WoMo von innen zeigen will. Er aber meinte in erstaunlicher Offenheit, nein, Polizisten möge er nicht gerne und bliebe gerne auf so viel Distanz zu ihnen wie möglich.

Lanzhou hat 3,7 Millionen Einwohner und ist die Hauptstadt der Provinz Gansu. Zum Glück fahren wir nur an den Rand dieser Stadt, dort liegt das Hotel. Nach 520 Kilometern Autobahn habe ich jetzt nicht auch noch Lust auf den wuseligen Verkehr einer chinesischen Millionenstadt. Da die Stadt 1500 Meter hoch liegt, wird es hier im Sommer nicht ganz so heiß.

An der Schranke zur Einfahrt auf den Hotelparkplatz gibt es eine Komplikation. Die Schranke hat eine Kennzeichenerkennung und öffnet sich, wenn registrierte Fahrzeuge der Besitzer der umliegenden Geschäfte und Wohnungen durchfahren. Das Hotel hat ein kleines Kontingent und kann da die Kennzeichen der jeweiligen Hotelgäste freischalten. Unser Kennzeichen liegt aber lediglich auf einem Papierzettel vorne an der Windschutzscheibe. Es sieht lustig aus, wie der Hotelmanager und zwei weitere Helfer jetzt versuchen, den Zettel dorthin zu halten, wo sie die Kennzeichenerkennung der Schranke vermuten, aber nichts tut sich. Sie unterhalten sich mit einer quäkigen Stimme aus dem kleinen Lautsprecher an der Schranke. Am anderen Ende der Leitung wechseln die Stimmen, anscheinend werden jetzt Vorgesetzte bemüht, aber die Schranke öffnet sich erst 20 Minuten später, als sie irgendeinen Trick gefunden haben, das System zu überlisten.

Abends fahren wir mit dem Taxi in die Innenstadt und es gibt ein großes Wiedersehen mit Fabio und Elias. Fabio hat seinen Bart wachsen lassen, sieht mittlerweile ein wenig aus wie Rübezahl und ist DIE Attraktion für viele Chinesen. Nun wollen sie sich nicht mehr mit uns Langnasen fotografieren lassen, nur noch mit ihm. Übrigens können Chinesen unglaublich schamlos gaffen. Normalerweise kriegen wir das ab, jetzt können wir zusehen, wie Fabio angestiert wird, als käme er von einem anderen Stern.

Wir haben Hunger und Nyima sagt, er weiß, wo wir etwas Gutes bekommen. Wir laufen länger staunend durch die große Stadt. Die vielen Lichtreklamen machen die Nacht zum Tag. Wir kommen an einer großen Moschee vorbei, die hell in Grün angestrahlt wird. Ich glaube, wenn Muslims das in einer deutschen Großstadt machen würden, gäbe das riesige Diskussionen, wenn nicht noch Schlimmeres. Auf einem Platz tanzen etwa 200 Leute einen Linedance. Das ist ein beliebtes chinesisches Hobby, nicht nur für Rentner. Abends trifft man sich draußen auf den Plätzen, irgendjemand organisiert eine fette Musikanlage und dann tanzen alle gemeinsam in Formation. Auf diesem Platz gibt es drei große tanzende Gruppen zu verschiedener Musik, eine Gruppe tanz sogar Standardtänze.

Nur ein Restaurant haben wir noch nicht gesehen und wir fragen uns schon, wie gut sich unser Guide hier auskennt. Aber plötzlich stehen wir in der Fressgasse von Lanzhou, hier reiht sich ein Essensstand neben den anderen. In dieser Straße bereiten hunderte von Menschen Mahlzeiten für tausende von Gästen zu. Hier gibt es eine riesige Auswahl und alles wird frisch vor den Augen der Gäste zubereitet. Es herrscht ein Lärm und Gedränge, aber das stört die Essenden anscheinend nicht. Angesichts des Stellenwertes, den Essen in der chinesischen Gesellschaft hat, finde ich es überraschend, wie wenig dicke Menschen wir im Straßenbild sehen. Allerdings gibt es die ersten adipösen Kinder, das gab es früher überhaupt nicht.

Nach dem Essen gehen wir gemeinsam an den Gelben Fluss. Die bunt beleuchtete Zhongshan-Brücke dort wurde vor gut hundert Jahren gebaut und war die erste feste Brücke hier in der Gegend über den Gelben Fluss. Nyima erzählt uns, die Brücke habe ein Deutscher erbaut, aber das stimmt nicht ganz. Eine deutsche Handelsfirma hat die Teile für die Brücke in Deutschland bauen und nach China transportieren lassen, aber letztlich zusammengebaut hat sie ein amerikanischer Ingenieur, der auch bis an sein Lebensende in Lanzhou wohnen blieb und die Brücke regelmäßig wartete. Wir verabreden uns mit den beiden Grazern morgen Vormittag für eine gemeinsame Stadtbesichtigung.

3. September: Lanzhou
Wir treffen uns wieder an der Zhongshan-Brücke. Auf der anderen Seite des Gelben Flusses liegen an einem Hang mehrere buddhistische Klöster, alle sind öffentlich zugänglich. Bei der untersten An-

lage beobachten wir einen Mann bei einer erstaunlichen Tätigkeit. In der linken Hand trägt er eine Aktentasche, in der rechten hat er einen kleinen Eimer mit Wasser und einen Malerpinsel. Den Eimer stellt er ab, tunkt den Pinsel ein, behält aber seine Aktentasche stets bei sich. Dann geht er auf die Gänge des Tempels und malt wortlos in durchgehendem Strich langsam mit Wasser eine Linie auf den Boden, die sich zu Kringeln und Schnörkeln formt, teilweise auch zu chinesischen Schriftzeichen. Er scheint dabei ganz in sich versunken zu sein und nimmt keinerlei Kontakt zu seiner Umgebung auf. Da gerade Mittagspause ist, ruhen sich viele Leute hier in der parkähnlichen Tempelanlage aus. Sie nehmen kaum Kenntnis von diesem Mann, aber immerhin tritt niemand auf die von ihm mit Wasser gemalten Linien drauf, alle machen einen großen Schritt darüber hinweg.

Wir stapfen weiter den Berg hinauf, vorbei an einem Tempel nach dem anderen. Wenn mich Chinesen vor den diversen Tempeln fotografieren sehen, dann bieten sie mir immer mal wieder an, mit meiner Kamera ein Beweisfoto von mir vor dem jeweiligen Tempel zu machen. Das ist sehr nett gemeint, aber zum Glück glauben mir meine Freunde auch ohne Beweisfoto, dass ich wirklich in Lanzhou gewesen bin.

Wir haben Glück mit dem Wetter, die Sonne scheint und wir haben klare Sicht. Das ist nicht immer so, Lanzhou gilt als eine der dreckigsten Städte Chinas. In den kalten Wintern gibt es hier oft Smog. Das liegt unter anderem daran, dass hier noch viel mit Kohle geheizt wird, außerdem ist die Stadt in drei Richtungen von hohen Bergen umgeben.

Runter fahren wir mit einer Seilbahn, das hätten wir mal besser umgekehrt machen sollen. Eine kulinarische Spezialität der Region sind Nudelgerichte. Dass wir uns dafür ein muslimisches Restaurant ausgesucht haben, merken wir, als wir kein Bier bestellen können. Bei einem ansonsten sehr guten Essen besprechen wir unsere weiteren Pläne. Ich lade Fabio und Lias ein, ein paar Tage mit

Lanzhou: Kalligrafie in
der Mittagspause

uns mitzufahren. So könnten wir gemeinsam meinen Geburtstag
in Chengdu feiern, dort wollten wir einige Tage Pause einlegen.
Doch das verstößt gegen die Radfahrerehre der beiden. Es ärgert
sie schon, dass sie die letzte Teilstrecke mit der Bahn und nicht auf
dem Fahrrad zurücklegen mussten. Sie fühlen sich nicht nur ihrem
Sportsgeist, sondern auch den Sponsoren verpflichtet, nicht noch
weiter zu »mogeln«. Aber es gibt eine Lösung: Sie lassen ihre Fahrräder hier stehen, fahren mit uns eine Woche mit, fahren dann von
Chengdu mit dem Zug zurück nach Lanzhou und fahren die Strecke noch mal mit dem Rad.

Nach einem weiteren guten Abendessen nutzen wir die warme
Sommernacht, setzen uns mit ein paar Bier ans Ufer des Gelben
Flusses und schauen auf die Lichter der Großstadt. Genau über uns
schweben weit oben zwei Drohnen.

4. September: von Lanzhou nach Tianshui

Bei der Ausfahrt aus dem Hotelparkplatz gibt es die gleiche Komplikation wie bei der Einfahrt, nur krasser, die automatische Schildererkennung kann mit meinem Autokennzeichen nichts anfangen. Der Hotelchef, ein Hausmeister und unser Guide reden auf die Wechselsprechanlage an der Schranke ein, auch am anderen Ende der Leitung reden mehrere. Da ich in der Ausfahrt stehe, kommen die hinter mir auch nicht raus. Vorwärts kann ich also nicht wegen der Schranke, rückwärts nicht, weil hinter mir Autos stehen. Diejenigen, die reinfahren wollen, kommen zwar durch die Schranke, aber nicht auf den Parkplatz, weil die Einfahrt versperrt ist von den Autos, die rausfahren wollen. Dadurch staut es sich nun auch in der Einfahrt und dieser kleine Stau geht zurück bis auf die Straße und führt dort zu einem großen Stau. Diejenigen, die an der nächsten Kreuzung in etwa 20 Metern links abbiegen wollen, versuchen nun, über die Gegenspur an dem Stau vorbeizukommen. Daher staut es sich jetzt auch in der Gegenrichtung zurück bis auf die Kreuzung. So verteilt sich der Stau buchstäblich kreuz und quer und legt sogar noch die Kreuzung 20 Meter weiter lahm. Und alles nur, weil diese beknackte Schranke nicht aufgeht. Die aufgeregten Gespräche mit dem kleinen Lautsprecher in der Schranke führen wenig weiter. Nun warten wir auf einen Service-Techniker, der rausgefahren kommt und die Schranke manuell öffnet, das kann dauern. Zumal er hierhin wegen des Staus ja gar nicht mehr durchkommt. Mit den Fahrern der drei bis vier Autos um mich herum einige ich mich irgendwie, diese verfahrene Situation zu entknoten, sodass ich zurücksetzen und einige Autos rausfahren lassen kann. Dabei sehe ich, dass die Schranke ein klein wenig zu spät wieder runtergeht. Beim dritten Auto bleibe ich also fast Stoßstange an Stoßstange dahinter. Im Augenwinkel sehe ich die Schranke noch kurz runtergehen, aber die Lichtschranke lässt sie auch schon wieder hochgehen, nach eineinhalb Stunden sind wir endlich draußen, ufz.

Unser heutiges Tagesziel heißt Tianshui, nun sind wir mal wieder zu fünft unterwegs. Wir fahren eine dieser spektakulären chinesi-

Überall auf unserer Strecke wird an die alte Seidenstraße erinnert

schen Autobahnen, die fast ausschließlich auf Stelzen oder in Tunneln angelegt ist. In den kurzen Pausen zwischen den Tunneln sieht man rechts und links eine spektakuläre zerklüftete Bergwelt.

Kurz vor Tianshui ist ein Autobahn-Tunnel gesperrt. Das erweist sich als ein großer Glücksfall. Wir müssen über einen Gebirgspass fahren und bekommen eine wunderschöne Terrassenlandschaft zu sehen – endlich ist eindeutig Schluss mit Wüste!

Bei Tianshui verlassen wir die Autobahn und haben erstmals seit über 3000 Kilometern eine schlechte Straße. Das liegt aber nur an einer Großbaustelle, die nächste Autobahn ist hier bereits im Bau. Die Straßen werden immer kleiner und die hügelige, dicht bewaldete Gegend immer idyllischer. In einem Dorf warten wir, bis die Hühner die Straße freigeben, dann noch zwei bis drei Kurven und plötzlich sehen wir ihn. In einigen Kilometern vor uns ragt der fast 200 Meter hohe runde Fels Maijishan aus dem dichten Wald hervor und sieht aus wie eine Filmkulisse von Indiana Jones oder James Bond. In die senkrechten Felswände haben buddhistische Mönche Höhlen, Balustraden und Gänge gehauen, die ältesten sind mehr als 1500 Jahre alt. Der Reiseführer Lonely Planet schreibt, die Höhlen von Maijishan gehören neben denen von Mogao zu den bedeutendsten buddhistischen Höhlen der Seidenstraße, und ich wundere mich mal wieder, wie diffus der Begriff Seidenstraße verwendet wird.

Wir fahren runter ins Dorf zu unserer Übernachtungsgelegenheit. Diesmal hat Nyima für uns ein kleines Privathotel ausgesucht, sozusagen mit Familienanschluss. Wir stellen das Wohnmobil in den Innenhof und die Wirtsleute haben auch nichts dagegen, dass unsere beiden österreichischen Gäste kein Zimmer buchen, sondern in dem Mobil schlafen. Sie erzählen, dass es hier eigentlich zwei Attraktionen zu besichtigen gibt. Außer dem großen Fels Maijishan gibt es noch einen weiteren Fels mit alten Höhlen in etwa 20 Kilometer Entfernung. Auch dort sei der Eintrittspreis teuer, aber ab 17 Uhr sei dort niemand mehr und gegen ein wenig Geld könnten sie uns da jetzt hinfahren. So quetschen wir fünf uns in einen PKW und lassen uns überraschen. Tatsächlich, der Berg, der hier aus dem dichten Wald aufragt, sieht aus wie der kleine Bruder des Maijishan und auch hier sieht man bereits von unten die Höhlen und Treppen an der senkrechten Felswand. Die Gegend ist sehr idyllisch, ein See, dichter Wald und gut angelegte Wege. »Be careful not to fall into water«, warnt ein hölzernes Schild am Seeufer. Wir kraxeln rauf zur Felswand und genießen die Aussicht. Nach beengter Rückfahrt gibt es wieder mal extrem leckeres Essen, diesmal am großen runden Tisch der Gastgeberfamilie. Ich kann dieses Essen schwer beschreiben, da es Zutaten und Gewürze enthält, die ich nicht kenne. Auch den chinesischen Namen des Gerichts kann ich nicht aussprechen. Fabio und ich gehen danach noch zu einer Teezeremonie bei den Nachbarn, bei der dann irgendwann vom Tee zu Alkohol übergegangen wird.

5. September: von Maijishan nach Qingxizhen

Während wir die Grotten am Maijishan besichtigen, hängt sich Nyima ans Telefon. Eigentlich wollen wir als Nächstes nach Jiu Zhai Gou. Dieses einmalig schöne Naturschutzgebiet wurde erst im Mai wieder eröffnet, nachdem ein Erdbeben dort vor zwei Jahren große Schäden angerichtet hatte. Nun gab es aber vor drei Wochen starke Regenfälle und Überschwemmungen, daher ist es jetzt schon wieder geschlossen, weil sie alles bis zu den chinesischen Herbstferien Anfang Oktober wieder aufgeräumt haben müssen. Ich war im Oktober 2005 schon einmal dort, doch ein zweiter Besuch ist derzeit nicht möglich.

Na gut, das hat auch Vorteile. Denn stattdessen fahren wir nach der Besichtigung der Grotten in die alte Stadt Qingxizhen am Donghe-Fluss und besichtigen morgen ein anderes Naturschutzgebiet. Auf der Autobahn überqueren wir die Provinzgrenze zwischen Gansu und Sichuan, man erkennt das wieder an den zwei Zahlstellen. Erst die eine, um die Sichuan-Gebühr zu zahlen, dann die nächste, um die neue Karte zu bekommen. Die Prozedur ist übrigens nach wie vor die gleiche: Wenn man sich dem Kassenhäuschen nähert, fällt irgendwann ein Unterarm waagerecht aus dem kleinen Fenster. Dann wird die Autonummer registriert, erst danach gibt es die neue Karte. Ja, jedes Auto, was chinesische Autobahnen benutzt, wird registriert. Als Letztes klappt der Unterarm senkrecht zum Gruß nach oben und dann darf man weiterfahren.

Später fahren wir nur noch Landstraße, erst die größte und dann immer kleinere Kategorien von Straßen. Der Belag ist überall sehr gut, aber die kleinen Straßen sind sehr kurvig und es geht munter rauf und runter. Parallel zu der Landstraße, die wir nehmen, ist gerade eine Autobahn im Bau. So können wir über viele Kilometer die kühne Planung und die zügige Durchführung beobachten. Der Bau ist überall ungefähr gleich weit fortgeschritten. Auf der schnörkeligen Landstraße kommen wir nur sehr langsam voran, zumal oft Baulaster für den Autobahnbau vor uns sind.

So kommen wir erst in der Dunkelheit an. Es bleibt gerade noch Zeit für ein – wie üblich – sehr gutes Essen und dann ins wieder brettharte Hotelbett, Fabio und Elias pennen im Auto, wir haben es unauffällig in die Ecke gestellt.

6. September: von Qingxizhen nach Tangjiahe

Im Hotel gibt es kein Frühstück. Wir verbinden daher das Frühstück mit einem Bummel durch die schöne und gut erhaltene Altstadt.

In chinesischen Städten gibt es nicht nur viele Restaurants für mittags und abends, sondern auch fürs Frühstück. Allerdings gibt es das Gleiche wie in den Hotels, für unsereiner sehr gewöhnungsbedürftig. Es gibt Reisbrei, gedämpfte Brötchen, warme Gerichte mit Nudeln und Reisnudeln, teilweise scharf, Frittiertes, Maultaschen, gedünsteten Kohl und keinesfalls Kaffee, keine Milchprodukte. Meistens gibt es nicht einmal Tee zum Frühstück, mit Tee beginnt man in China erst später.

Auf meiner Straßenkarte von China habe ich ein anderes Naturschutzgebiet gefunden. Das heißt Tangjiahe und liegt hier in der Nähe, deswegen sind wir hierhin gefahren. Das war der Burner, der absolute Geheimtipp. Vor dem Besucherzentrum des Naturschutzgebietes gibt es riesige Parkplätze, doch die sind alle leer, außer unserem steht dort nur noch ein weiteres Auto. Hier ist es nur im Frühjahr voll. Denn dann ist der große Panda in der Region. Man bekommt ihn zwar so gut wie nie zu sehen, aber nur dann kommen die Chinesen hier hin. Heute begegnen wir den ganzen Tag nur etwa fünf anderen Touristen. Diese anderen Touristen übrigens versuchen, uns so proaktiv wie möglich nicht wahrzunehmen, das ist amüsant, uns ist das oft aufgefallen.

Es gibt kleine, offene Busse, mit denen man von Aussichtspunkt zu Aussichtspunkt gefahren werden kann, öffentlicher Verkehr ist nicht zugelassen. Die Fahrer wissen, wo manchmal welche Tiere zu sehen sind, fahren langsam und helfen suchen. Wir sehen Muntjaks, Steinböcke, Wildschweine, Affen, Goldfasane und sogar einen kleinen Panda. Es gibt viele große, bunte Schmetterlinge. Sie haben unterschiedliche Farben von knallbunt bis schwarz mit etwas rot, einige sind fast so groß wie meine Hand.

Als der Park um 17 Uhr schließt, treten wir unsere Fahrt nach Chengdu an, mal sehen, wie weit wir heute noch kommen. Jetzt

Mülltrennung in der Altstadt von Qingxizhen

nimmt die Straßenkategorie umgekehrt wieder zu, so wie sie gestern abgenommen hatte. Je weiter wir aus den Bergen runterkommen, umso größer werden auch wieder die Straßen. Allzu spät sollte man es nicht werden lassen, dann kriegt man nichts mehr zu essen (außer in den Riesenstädten), daher halten wir bei einem kleinen Hotel in einem kleinen Ort und finden um 20.30 Uhr auch noch ein geöffnetes Restaurant einige hundert Meter weiter. Beim Essen kommt ein Polizist vorbei, der mal wieder unsere Ausweise sehen will. Das geschieht nur, wenn man in einem Hotel eincheckt, wo die Kopien der Pässe noch nicht automatisch an die Polizei übertragen werden. Dann muss der Hotelbesitzer das bei der örtlichen Polizei melden. Und weil wir ja so verdächtig sind, kommen sie lieber vorbei, um die Pässe zu kontrollieren und mit ihren Handys abzufotografieren. Verdächtig sind wir nicht nur, weil wir Ausländer sind, sondern vor allem wegen unseres Kennzeichens aus Xinjiang. Wovor haben die Angst?

7. bis 11. September: Chengdu

Wir schaffen es wie verabredet rechtzeitig um 15 Uhr in Chengdu zu sein. Wir hatten zum Glück bereits mit eingeplant, zwei

Stunden in dieser riesigen Stadt im Stau zu stehen – war dann auch so.

Ich habe chinesische Freunde in Chengdu, ein Ehepaar, das ich schon seit vielen Jahren kenne. Sie zu besuchen, einige Tage zu bleiben und mit ihnen meinen 60. Geburtstag zu feiern, war ein wesentlicher Bestandteil meines Reiseplans.

Der 60. Geburtstag ist ein guter Geburtstag, weil 60 eine gute Zahl ist. Trotz der wirtschaftlichen und gesellschaftlichen rasanten Entwicklung ist der Aberglaube in China immer noch so verbreitet wie eh und je. Acht ist eine Glückszahl, vier bringt Unglück. Viele Hotels haben keine vierte Etage und niemand will die Ziffer 4 in seiner Autonummer haben. Vier bedeutet Tod, das Wort hört sich auch ähnlich an. Daher geht man folgerichtig am vierten April auf den Friedhof und säubert die Gräber der verstorbenen Verwandten. Fledermäuse bringen Glück, die Farbe Rot ebenfalls.

Doch zurück nach Chengdu: Wir haben unsere Ankunft kurzfristig um einen Tag vorverlegt, damit wir um 19 Uhr in Chengdu heute ein Fußballspiel besuchen können. Es spielen Chengdu Qianbao gegen Pengcheng Shenzhen. Unsere Gastgeberin hat kein Interesse, ihr Mann kommt mit. Da er aber weder Englisch noch Deutsch spricht, haben sie dafür gesorgt, dass ein junges chinesisches Pärchen ebenfalls mitkommt. Die beiden interessieren sich für Fußball und sprechen gut Deutsch, da sie sich beim Studium in Deutschland kennengelernt haben. Sie kommen aus wohlhabenden Familien, anders ist es auch kaum zu erklären, dass man mit Mitte 20 einen so schicken, neuen BMW fahren kann.

Das Gespräch mit ihnen während der Autofahrt ist sehr interessant. »Natürlich nutzen wir VPN, um die Internet-Sperren zu umgehen. Wie sollen wir denn sonst in Facebook reinkommen?«, sagen sie mit erstaunlicher Offenheit.

In Deutschland hat es ihnen sehr gut gefallen. Sie können sich vorstellen, eines Tages wieder nach Deutschland zu ziehen. Egal zu welcher gesellschaftlichen Schicht man gehört, in China hat man sehr lange Arbeitszeiten und kaum Urlaub und Freizeit. Jetzt möchten sie aber erst mal an ihrer Karriere arbeiten. Außerdem sind ihre Eltern froh, dass sie wieder in China sind. Die beiden gehören noch zur Generation der Ein-Kind-Familien, heutzutage sind in China wieder zwei Kinder erlaubt.

Die Fahrt zum Stadion dauert fast zwei Stunden, Chengdu ist eine riesengroße Stadt. Nachdem wir Tickets gekauft haben (drei Euro pro Person), besuchen wir ein Altstadtviertel in der Nähe und gehen dort extrem lecker essen. Das Zweitligaspiel endet 2:0 für die Gastgeber.

Extrem leckeres Essen haben unsere Gastgeber auch in den nächsten Tagen für uns vorgesehen, eines besser als das andere. Eine Mahlzeit heißt zum Beispiel »Chengdu Snacks«, dabei bekommt jeder etwa ein Dutzend kleine Schälchen mit den verschiedensten Speisen der Küche von Sichuan. Es gibt Fleisch, Gemüse, dazwischen auch mal Süßes und vor allem viel Scharfes. Man sollte sich aber unbedingt von der deutschen Erziehung lösen, alles aufessen zu wollen, das schafft man nicht. Denn sobald ein Schälchen leer ist, wird es durch ein volles ersetzt. Das gibt einem aber die Möglichkeit, von dem am meisten zu essen, was einem am besten schmeckt. Sie haben sich mächtig ins Zeug gelegt und für uns ein tolles Programm zusammengestellt. Da auch sie viel arbeiten müssen, können sie uns nicht die ganze Zeit begleiten. Aber sie haben einen Wagen und einen Fahrer organisiert. Unser Ford Transit wird abgeholt von einem Werkstattangestellten, weil wir mal wieder ein neues Radlager brauchen, diesmal wieder rechts vorne, außerdem bitte ein weiteres, als Reserve. Meine Freunde laden uns zu allem ein und lassen mich nicht einmal diese Reparatur bezahlen.

Am nächsten Morgen besuchen wir erst mal das Panda-Zentrum. Man kann Chengdu nicht besuchen, ohne dort gewesen zu sein. Hier werden die Pandas gezüchtet, von hier kommen auch die Tiere, die irgendwelchen Staatspräsidenten geschenkt werden.

Als es anfängt zu nieseln, kann man amüsiert beobachten, wie wasserscheu die allermeisten Chinesen sind. Es gibt kaum jemand, der oder die nicht sofort den Regenschirm aufklappt. Regenschirme sind überhaupt sehr verbreitet in China. Wenn es nicht regnet, werden sie als Sonnenschirme verwendet. Denn das Schönheitsideal in China ist möglichst weiße Haut. Das wird genauso irrational und fanatisch betrieben wie bei uns das Gegenteil, also die Sucht nach der Urlaubsbräune. Und es sind in China zwar überwiegend, aber nicht nur Frauen, die geradezu panische Angst vor Sonne auf der Haut haben. Selbst bei der größten Hitze werden langärmelige Pullis getragen, zudem gibt es Extra-Ärmel zum Überstreifen. Viele tragen obendrein Handschuhe und der Mundschutz soll nicht nur vor dem Feinstaub schützen, sondern ist extra groß, damit das Gesicht auch nicht zu viel Sonne abbekommt. Noch schlimmer als Sonne scheinen aber Regentropfen zu sein. Die allermeisten Chinesen können übrigens auch nicht schwimmen. An den schönsten Badestränden in China sieht man so gut wie niemand weiter als bis zu den Knien im Wasser.

Doch zurück zu unserem Ausflugsprogramm: Wir besuchen den großen Buddha von Leshan, die größte Buddha-Statue der Welt. Dort müssen wir uns einreihen in die gigantische Besucherschlange. Da wir recht früh dran sind, haben wir »nur« eineinhalb Stunden Wartezeit. In der Schlange treffen wir Ingolf, der für Volkswagen Sichuan arbeitet, der Autokonzern hat eine Produktionsstätte in Chengdu. Gemeinsam amüsieren wir uns über eine Mode in China, den sogenannten Peking-Bra oder auch Peking-Bikini. Und zwar rollen viele Männer bei großer Hitze ihr T-Shirt von unten auf, sodass der Bauch frei liegt. Meistens tun das nur Männer ab 50 Jahren und 100 Kilogramm aufwärts. In Peking selbst ist diese nicht wirklich schön aussehende Mode mittlerweile verboten worden, aber hier in der Provinz Sichuan ist das Verbot noch nicht angekommen.

Unserem Guide haben wir eigentlich für die viereinhalb Chengdu-Tage frei gegeben, bezahlen müssen wir ihn allerdings trotzdem. Er begleitet uns aber auch in diesen Tagen, er genießt offensichtlich das abwechslungsreiche Programm und das leckere Essen. Wir, also Fabio und Elias aus Graz, Nyima aus Tibet sowie Pablo

Scheinbar dreidimensionaler Zebrastreifen in Chengdu

und ich, besuchen gemeinsam ein weiteres Altstadtviertel, Tempelanlagen am Stadtrand und das »new century global center«. Das
ist ein gigantisches Einkaufszentrum und mit einer Nutzfläche von
1,76 Millionen Quadratmetern das flächenmäßig größte Gebäude
der Welt. Beim Besuch des tibetischen Viertels von Chengdu fühlen wir uns nach Xinjiang zurückversetzt, denn hier wimmelt es
wieder von Polizei unterschiedlichster Einheiten. Die chinesischen
Behörden kontrollieren Uiguren und Tibeter auch in der Diaspora
und wieder mal frage ich mich, wovor die Machthaber so große
Angst haben. Die Tibeter haben übrigens nicht nur eine eigene
Sprache, sondern auch eine eigene Schrift. In diesem Viertel sind
die Wegweiser und Beschriftungen der Geschäfte immer zweispra-
chig. Ich finde eine Starbucks-Filiale und kann endlich ein Kilo
Kaffee kaufen.

Gemeinsam mit meinen chinesischen Freunden besuchen wir
abends einen Massagesalon und gehen in eine große Sporthalle
zum Pingpong-Spielen. Dort stellen sie mir einen 80-Jährigen
vor, der hier drei bis vier Mal die Woche für mehrere Stunden
trainieren geht. Wir essen Feuertopf und alle möglichen ande-

ren Spezialitäten der Küche von Sichuan. Feuertopf ist so etwas Ähnliches wie Fondue. Mitten auf dem Tisch steht ein Topf mit Brühe. Oft hat der Topf drei abgeteilte Fächer mit drei verschiedenen Brühen, zum Beispiel scharf, sehr scharf, vegetarisch oder säuerlich. Auf einem Formular kann man nun ankreuzen, welche Zutaten einem roh an den Tisch serviert werden. Das übernimmt zum Glück unsere Gastgeberin. Es gibt verschiedene Sorten Fleisch und Gemüse, Tintenfisch und auch wieder einige Sachen, die zwar gut schmecken, die ich aber nicht identifizieren kann. Eine Frau kommt an den Tisch und schneidet aus einer großen Teigmasse die Nudeln so, dass sie direkt in den Feuertopf fallen – frischer geht es nicht.

Ein Detail fällt beim chinesischen Essen immer besonders auf: Es gibt keinen Leerlauf. Man hat sich noch nicht richtig hingesetzt, da steht das erste Gericht schon auf dem Tisch. Und man kaut noch an dem letzten Bissen und steht bereits wieder auf. Nach dem Essen noch in Ruhe einen Kaffee trinken und ein wenig reden, das kann man in Europa machen, aber nicht in China. Wenn Grenzer also mehrere Stunden in der Mittagspause wegbleiben, dann sitzen sie nur zum Essen zu Tisch, keine Ahnung, wie sie die restliche Zeit füllen, vielleicht mit Mah Jong spielen.

Für meine Generation sehr angenehm ist die Sitte, dass man nicht den Teller leer zu essen braucht. Zum einen wäre es unhöflich, weil es den Gastgebern signalisiert, dass wohl nicht genug da war, und zum anderen kommt man meistens gar nicht dazu, denn sobald ein Teller leer gegessen ist, steht schon wieder ein voller da. Irgendwann muss man einfach den halbvollen Teller zurückschieben und sagen: Danke, das war's.

Dass Mahlzeiten eine wichtige Rolle spielen, sieht man auch in der Literatur und in Filmen, die in China spielen. Fast immer sind die Leute mit Essen beschäftigt: Essen vorbereiten, für das Essen einkaufen, darüber zu reden, was es als Nächstes zu essen gibt, oder eben gemeinsam zu essen, je mehr Leute mit am Tisch sitzen, umso besser.

Nach diesen viereinhalb wunderbaren Tagen in Chengdu mit einem Feuerwerk von verschiedensten Eindrücken fahren Fabio und Elias wieder nach Lanzhou zu ihren Fahrrädern. Drei Monate später – an Weihnachten – kommen sie in Tokio an. Nyima, Pablo und ich tuckern weiter Richtung Süden.

12. September: von Chengdu nach Yongren

Heute fahren wir fast 700 Kilometer Richtung Süden. Wir verlassen Sichuan und kommen nach Yunnan. Wir durchqueren dabei das Gebiet der Yi. In China gibt es neben den Han-Chinesen über 90 ethnische Gruppen, 56 von ihnen sind von der Regierung als Nationalität anerkannt und genießen Minderheitenrechte. Die Ethnien haben unterschiedliche Religionen, Trachten, Sprachen, einige haben auch eine eigene Schrift. Die Yi zelebrieren eine Naturreligion und beten das Feuer an. Sie haben 30 verschiedene Sprachen.

Die Provinz Yunnan reicht vom eisigen Himalaya-Hochland bis zu den tropischen Ebenen an der Grenze zu Myanmar und Laos. Wir sind mittlerweile in subtropischen Gefilden, die Vegetation verändert sich und die Luft ist warm und feucht. Hier wachsen Mangos, Ananas und Bananen und auf den Märkten gibt es die verschiedensten Früchte, die wir noch nie zuvor gesehen haben.

Wir fahren wieder an gigantischen Windparks vorbei und staunen über kühne Konstruktionen von neuen Autobahn- und Eisenbahnstrecken. Ich habe noch nie im Leben so große Solarkraftwerke und Windparks gesehen. Der Ausbau der Erzeugung regenerativer Energien wird in atemberaubendem Tempo vorangetrieben. In China ist 2018 in einem einzigen Jahr so viel Photovoltaik-Leistung neu errichtet worden wie in Deutschland in den letzten 20 Jahren insgesamt. Auch Wind- und Wasserkraft werden von Jahr zu Jahr intensiver genutzt. Die chinesische Stromproduktion aus Wind, Solar und Co. erreicht fast das dreifache Niveau der gesamten deutschen Stromerzeugung im Jahr 2018.

Übrigens haben wir – außer in Chengdu – bisher nicht einen einzigen Stau auf der Autobahn erlebt, auch Baustellen auf bereits fertig gebauten Straßen gab es bisher nur sehr wenige.

In Facebook gibt es eine Gruppe mit dem Namen »Hippie-Busse, Weltreisemobile, Selbstausbauten & kreative VW-Bullis«. Dort soll man angeblich gute Tipps bekommen, darum bin ich vor einigen Tagen eingetreten. Ich habe mich mit einem kleinen Text sowie einem Link zu meiner Facebookseite mit den Reisebildern vorgestellt, allerdings wurde mein Beitrag gelöscht. Als Begründung wurde mir mitgeteilt, dass es in dieser Gruppe nur unter bestimmten Umständen erlaubt sei, Links zu posten, und in meinem Fall sei es nicht erlaubt. Ich habe meine Vorstellung dann noch mal gepostet ohne den Link, aber drunter geschrieben, dass es nicht notwendig gewesen wäre, das zu löschen, eine kurze Nachricht an mich und ich hätte den Link rausgenommen. Das war den Seitenbetreibern offensichtlich zu viel Kritik, denn jetzt wurde ich aus der Gruppe rausgeworfen und gesperrt. Zensur gibt es eben nicht nur in China.

In den 24 Stunden, die ich in dieser so gut überwachten Gruppe war, kam ich aber in Kontakt mit Silke und Jan. Die beiden waren mit ihrem VW-Bus in Tibet unterwegs und sind jetzt ebenfalls auf dem Weg in die Provinz Yunnan. Wir machen aus, uns morgen zu treffen.

13. September: von Yongren nach Dali Old Town

Heute fahren wir mal wieder ein Teilstück Landstraße. Aber eine Autobahn ist hier bereits im Bau. Auch die Landstraße geht in gewagter Konstruktion über Stelzen und Brücken. Wir fahren durch eine atemberaubend schöne Landschaft und kommen an einem riesigen Wasserfall vorbei. An den langen Steigungen sind Halteplätze eingerichtet, wo die LKW ihre Wassertanks für die Bremsen auffüllen können. In Südchina haben die LKW wassergekühlte Bremsen. Das kennen wir hierzulande nicht, denn zum einen würde es bei Frost nicht funktionieren, sondern eher gefährlicher werden und zum anderen würde hierzulande niemand freiwillig auf mögliche zwei Tonnen Gewicht als Zuladung verzichten. Wenn ein LKW mit wassergekühlten Bremsen nach einem langen Gefälle auf einen Parkplatz fährt, sieht man ihn qualmen. Das ist aber kein Rauch, der da von den Bremsen aufsteigt, sondern nur Wasserdampf.

Der Fahrer eines 3-Achser-LKW erklärt, der Wassertank für die Bremsen fasse 2000 Liter. Die braucht er aber auch, er ist fast fünf Meter hoch beladen mit Steinen und das Fahrzeug wiegt etwa 60 Tonnen. Volle Fahrzeuge gibt es hier kaum, nur leer oder total überladen. Ladungssicherung gibt es nicht. Bundesdeutsche Kontrolleure, die auf Ladungssicherung spezialisiert sind, bekämen hier so manchen Kabelbrand im Herzschrittmacher. Man sieht auch gelegentlich verlorene Ladungen auf den Autobahnen herumliegen.

Aber es gibt auch Positives zu berichten: So ziemlich jede längere Gefällstrecke auf Autobahnen und Landstraßen bietet gleich mehrere Notfallspuren an für den Fall, dass bei jemand die Bremsen versagen. Man sieht sie wesentlich häufiger als in Europa.

Unser Tagesziel heißt Dali am Erhai-See. Dieser See liegt auf knapp 2000 Metern Höhe, ist 70 Kilometer lang und etwa acht Kilometer breit. Es fällt auf, dass fast keine Boote und Schiffe auf dem See zu sehen sind. Niemand kann mir erklären wieso und ich erkläre es mir damit, dass fast alle Chinesen wasserscheu sind. Dali hat eine Neustadt und eine über 3000 Jahre alte Altstadt. Hier lebt die Minderheit der Bai. Das Wort Minderheit ist ein wenig missverständlich, denn in den jeweiligen Gegenden stellen die sogenannten Minderheiten natürlich die Mehrheit, der Begriff Minderheit ist auf ganz China bezogen.

In Dali-Neustadt gehe ich zur Post, um ein Paket mit all den Geburtstagsgeschenken, die ich in Chengdu erhielt, nach Deutschland aufzugeben. Das läuft anders ab als hierzulande, denn die Pakete werden auf der Post gepackt. Man braucht nur die Sachen mitzubringen, die man verschicken möchte, vor Ort gibt es Kartons und Füllmaterial. Acht Kilo kosten mich etwa 60 Euro, mit Luftpost würde es das Doppelte kosten. Aber selbst so wird es in weniger als zwei Wochen bereits in Wuppertal sein.

Wir haben Glück, dass die Post überhaupt geöffnet hat, denn heute ist ein besonderer Tag, das chinesische Mondfest oder auch Mittelherbstfest. Es wird zum Vollmond im September gefeiert und ist ein Anlass für alle, nach Hause zur Familie zu fahren.

Deswegen sind heute auch nicht ganz so viele Touristen in der Altstadt von Dali wie sonst, trotzdem ist es sehr voll. Bereits heute Morgen vor der Abfahrt bekamen wir im Hotel von den Besitzern die traditionellen Mondkuchen geschenkt, die man an diesem Tag in China praktisch überall angeboten bekommt. In Dali sitzt die Agentur, die uns behilflich war bei der Einreise nach China. Daher hat Nyima hier Heimspiel. Wir bekommen nicht nur das Hotel günstiger, sondern werden von der Eigentümerfamilie obendrein noch zum Essen eingeladen.

Hier lernen wir auch Silke und Jan kennen, mit denen wir uns über Facebook verabredet hatten. Zum Glück kamen sie zu spät. Ich sage zum Glück, denn als wir das ausgemacht hatten, wusste ich noch nichts von der Einladung der chinesischen Hotel-Gastgeber zum Essen. Wären sie nun pünktlich gewesen, dann hätten die Chinesen sie selbstverständlich aus Höflichkeit und Gastfreundschaft mit zu Tisch gebeten, aber dann wäre für alle nicht genug da gewesen.

Die beiden waren eigentlich mit Motorrädern unterwegs, aber eines ist im Iran kaputt gegangen. Daraufhin ist Silke kurzerhand nach Deutschland geflogen und hat den gelben VW-T4-Transporter geholt, mit dem sie jetzt unterwegs sind. Ihr Fahrzeug ist tatsächlich das einzige ausländische Fahrzeug, was wir auf den 7 000 Kilometern durch China zu sehen bekommen. Auf einem Aufkleber am Heck ihres Bullis steht: »Denk an die Umwelt, fahr mit dem Bus.«

Nach einem köstlichen Essen mit der Eigentümerfamilie laden diese auch die anderen Hotelgäste zu einem Umtrunk ein. Zu vorgerückter Stunde entwickelt sich die Idee, sich gegenseitig etwas vorzusingen. Das ist besonders aufgrund der unterschiedlichen Herkunft der Leute interessant. Die Eigentümer sind Bai, die ebenfalls anwesenden Nachbarn sind Yi, ein Gästeehepaar gehört zum Volk der Hui, anderen sind Han-Chinesen, Nyima kommt aus Tibet und wir präsentieren deutsche Kanons. Die anderen singen traditionelle Melodien ihrer Völker, alle sehr unterschiedlich im Stil und liebevoll amateurmäßig vorgetragen, es ist gänsehautmäßig schön.

14. September: von Dali Old Town nach Kunming

Mit zwei für hiesige Verhältnisse uralten Autos fahren wir heute über die Autobahn in die Provinzhauptstadt Kunming. An einer Raststätte treffen wir auf ein anderes Wohnmobil. Es ist größer, neuer und wesentlich teurer als unsere Vehikel. Wie die meisten Wohnmobile in China ist es nur für die Urlaubszeit gemietet. Derzeit ist ein Ehepaar aus der 1700 Kilometer entfernten Provinz Shanxi damit unterwegs.

Kunming hat laut Wikipedia 6,7 Millionen Einwohner plus eine Million Wanderarbeiter. Die Großstädte ersticken im Straßenverkehr, wir sind immer froh, wenn wir das Auto endlich am Hotel abstellen können. Abends gehen wir Feuertopf essen. Wir stellen mal wieder fest, wenn es in Sichuan heißt, das Gericht sei nur ein wenig scharf, ist Vorsicht geboten.

Es tut gut, sich mit Silke und Jan auszutauschen über die Erfahrungen, mit dem Auto in China unterwegs zu sein. Ihre Erlebnisse findet man online unter travelove.org. Sie hatten ziemliches Pech mit ihren chinesischen Guides. Die wechselten häufig und zuletzt hatten sie eine, von der sie nur genervt waren. Man hängt sich die ganze Zeit auf der Pelle, umso wichtiger ist es, dass die Chemie halbwegs stimmt, und das ist wirklich Glückssache. Wir waren ja ab dem vierten Tag mit Nyima zusammen unterwegs. Einige Sachen haben mich auch etwas gestört, zum Beispiel das chinesische Rotzen aus tiefster Kehle, zum Glück erst nach dem Aussteigen aus dem Auto. Im fernen Xinjiang hatte ich auch nicht den Eindruck, dass er durch besonders viele historische Kenntnisse belastet war, doch er wurde immer besser, je mehr wir uns seiner Heimat

Yunnan näherten. Hier kennt er sich fachlich besser aus und wirkt menschlich entspannter. Seit Gansu kommt es immer häufiger vor, dass wir Menschen treffen, mit denen er nicht Chinesisch, sondern Tibetisch spricht. Seit wir in Yunnan sind, blüht er richtig auf.

Das mit dem Rotzen ist übrigens zum Glück weniger geworden. Kurz bevor die olympischen Spiele in Beijing starteten, hatte die Regierung eine Kampagne gegen das Rotzen durchgeführt. Aber es gibt noch oder wieder viele Leute, die sich darum nicht scheren und den ganzen Tag vor sich hin rotzen.

Doch es gibt auch lustigere Themen. Silke und Jan machen sich einen Spaß daraus, an den Zahlstellen für die Autobahnmaut zurückzugrüßen, indem sie ihren Unterarm genauso zackig senkrecht nach oben stellen, was zu lustigen (Nicht-)Reaktionen führt. Und wir reden über das in unseren Hotels, was Silke die Porno-Badezimmer nennt. Erstaunlicherweise haben nämlich dort viele Doppelzimmer als Trennung zwischen Schlafzimmer und Bad keine Wand, sondern eine Glasscheibe, manchmal nicht mal Milchglas, sondern ganz normales Glas. In einigen Hotels hängt noch ein Rollo da, was man runter machen kann – entweder innen oder außen –, beides hatten wir schon.

15. September: von Kunming nach Zhuyuan

Gemeinsam fahren wir – sozusagen die Caravans – im morgendlichen Berufsverkehr raus aus der Stadt in Richtung Shilin. Morgens ist zum Glück viel mehr Stau auf der Gegenseite. Auf der Autobahn meldet sich mal wieder ein Radlager, diesmal links vorne. Das Geräusch ist etwas anders als bei den letzten Malen, daher bin ich unsicher. Disponentenspruch: Weiterfahren und im Auge behalten.

Shilin (石林) bedeutet auf Deutsch Steinwald, und wer genau hinsieht, erkennt, dass das zweite Schriftzeichen die Zeichnung eines kleinen Waldes ist, schon hat man das erste chinesische Schriftzeichen gelernt.

Mit 18 Euro ist der Eintrittspreis für das weiträumige Gelände ziemlich happig, außerdem noch 2,50 Euro extra für die kleinen

Busse, die einen zu den verschiedenen Aussichtspunkten fahren. Obendrein stellt sich dann heraus, dass man nur die Hälfte des Geländes besuchen kann, da die andere Hälfte gesperrt sei, alles Vorbereitungen für den Ferienansturm in zwei Wochen. Daher fährt uns der Minibus auch nur einen albernen Kilometer, dafür haben wir 2,50 Euro bezahlt. Die Chinesen nehmen das alle gelassen hin, Nyima versteht gar nicht, dass Silke sich darüber empört.

Dieser Steinwald ist ein wirklich märchenhaft anmutendes Gelände aus Karstgestein. Die bis zu 30 Meter hohen Skulpturen ragen wie ein Wald aus der Erde auf. Wir profitieren von der Faulheit der chinesischen Touristen, denn wir verweilen nicht an dem einen Aussichtspunkt, sondern gehen in den Wald hinein. Schon nach wenigen Minuten sind so gut wie alle anderen weg. Der Pfad führt rauf und runter, ein Labyrinth aus riesigen Felsen.

Nach diesem spektakulären Besuch heißt es schon wieder Abschied nehmen. Silke und Jan wollen nach Südosten Richtung Hongkong, später dann weiter Richtung Beijing und über die Mongolei bis nach Sibirien. Sie sind die ersten motorisierten Overlander, die wir treffen, die noch mehr Zeit haben als wir.

Wir fahren nach Südwesten, Richtung Laos. Auf der Autobahn wird das Geräusch links vorne wieder wahrnehmbar. Wir texten mal wieder Manni an, unseren Schrauber-Ratgeber im fernen Münsterland. Ich überlege noch 50 Kilometer hin und her, bis ich abfahre, die Ausfahrt heißt Zhuyuan. Und schon haben wir mal wieder Glück im Unglück und treffen zufällig unweit der Autobahnausfahrt gleich auf einen guten, freundlichen und hilfsbereiten Autoschrauber. Es ist wieder ein Radlager. Aber leider nicht nur das, die Lagerbuchse hat Spiel. Er ruft seinen Partner an, die beiden treiben irgendwo einen alten Schrott-Transit auf, wo sie die Radnabe ausbauen, um sie umzutauschen, aber sie passt leider nicht. Dann fährt einer der beiden mit unserer Nabe irgendwohin, wo er eine neue Buchse einpressen kann.

Es ist Spätnachmittag, heute kommen wir mit Sicherheit nicht mehr weiter. Wir suchen also das Hotel des Ortes auf, es ist nur

300 Meter weiter an der gleichen Straße. Noch kurz unter die Dusche und schon ist wieder Essenszeit, ein Restaurant ist gleich gegenüber und es schmeckt wieder wunderbar. Wir sind gerade fertig, da ruft der freundliche Autoschrauber an, der Wagen sei fertig. Also gehen wir nach dem Essen gleich in die Werkstatt. Ich bin so erfreut über die Reparatur, dass wir dem Schrauber unseren kombinierten Benzin-Gas-Kocher schenken. Der war eh eine teure Fehlinvestition, da wir ja einen eingebauten Gasherd im Wohnmobil haben. Der Schrauber freut sich sehr darüber, da er oft mit seiner Familie campen geht.

Er und sein Partner laden uns kurzerhand zu sich nach Hause zur Teezeremonie ein. Sie wohnen schräg gegenüber, ein wenig abseits der Straße in einem großen Haus. Die Teezeremonie wird wie ein Ritual praktiziert. Es gibt einen Kocher mit zwei Platten. Auf der einen steht ein Topf mit heißem Wasser, in dem die Tassen gewaschen und vorgewärmt werden. Auf der anderen Platte bringt man das Wasser für den Tee zum Kochen. Danach wird das Wasser in einen kleineren Behälter gegossen, in dem schon der Tee liegt. Man lässt das Ganze nur sehr kurz ziehen, danach wird der erste Aufguss weggegossen. Der ist praktisch nur dazu da, den Tee quasi zu waschen. Gleich im Anschluss wird neues heißes Wasser in den Behälter gegeben. Wieder bin ich erstaunt, wie kurz man das nur ziehen lässt. Als Nächstes wird der Tee von dem Behälter in eine Teekanne gegossen und von der dann in die kleinen Teetassen. Diese Teetassen sind immer sehr klein, sie fassen vielleicht den Inhalt von ein oder zwei Schnapsgläsern. Das macht aber nichts, denn man bekommt permanent nachgegossen. Der Tee in dem Behälter reicht für einen halben Tag, man kann immer wieder neues Wasser drauf gießen. Chinesische Tee-Tische haben alle kleine Ablauf-Kanäle auf der Tischfläche mit einem Gefälle, irgendwo ist dann ein Loch, wo ein Eimer steht. So kann man bei der Zubereitung des Tees nach Herzenslust plempern, das gehört sozusagen dazu. Auch wenn der erste Aufguss weggegossen wird, kippt man das schlicht über dem Tisch aus, es läuft ja in den Eimer. Dieser Tisch, an dem wir hier sitzen, ist ganz besonders schön, denn er ist aus einem einzigen großen Stück Wurzelholz gemacht, garantiert tonnenschwer.

Plötzlich stehen drei uniformierte Polizisten in der Tür und die gute Laune ist erst mal im Eimer. Sie machen allerdings einen ziemlich entspannten Eindruck. Sie hatten mehr als eine Stunde in dem Hotel auf uns gewartet, denn die Wirtin hatte gesagt, wir seien ja nur kurz etwas essen gegangen. Dummerweise liegen unsere Pässe im Hotel, also gehen Nyima und ich mit den Polizisten die paar Häuser weiter und ich hole die Pässe aus dem Zimmer. Nach der Kontrolle schaltet der eine Polizist seine Bodycam aus. Als er sieht, dass ich es bemerke, zeigt er stolz drauf und sagt, welche Marke das sei, natürlich eine chinesische. »Thank you for your cooperation«, sagt der Vorgesetzte noch, allerdings nur auf Chinesisch, Nyima übersetzt. Das hat noch nie ein Polizist zu mir gesagt. Hinterher unterhält sich Nyima noch mit der Wirtin über diese Kontrolle. Ich frage ihn, was sie gesagt hätte, und er berichtet, es sei wegen unseres Kennzeichens aus Xinjiang, dem hätten sie buchstäblich nachgehen müssen.

16. September: von Zhuyuan über die Reisterrassen von Yuanyang nach Honghe

Nach 250 Kilometern Fahrt besuchen wir heute die über 1300 Jahre alten Reisterrassen, sie werden je nach Reiseführer entweder Reisterrassen von Hani oder von Honghe oder von Yuanyang genannt, es sind aber immer die gleichen. Honghe heißt die Provinz, die Hauptstadt der Provinz und auch der Fluss, der durch die Provinz fließt, denn Honghe heißt roter Fluss und so sieht der auch aus. Hier lebt mehrheitlich das Volk der Hani, es gibt aber auch einige Dörfer der Yi.

Vor 2000 Jahren siedelten sich die Vorfahren der Hani hier an und legten die erste Reisterrassen auf einem Berghang an. Damit wäre die Anbaukultur historisch vergleichbar mit dem Wein in Europa. Da Reis jedoch ein Grundnahrungsmittel ist, wäre es in seiner kulturellen Bedeutung eher vergleichbar in der Wichtigkeit wie Weizen, Wein und Kartoffeln zusammen. Nach dem mühevollen Bau der Trassen wurden Schritt für Schritt Wasserkanäle gebaut. Durch das Kanalsystem nutzen die Menschen das natürliche Regen- und Schmelzwasser des Hochgebirges zur Bewässerung.

Außerdem züchten sie in den Reisterrassen Fische. Die Reisterrassen bieten den Fischen genügend Wasser und Nahrung, beispielsweise Wasserpflanzen oder Insekten. Gleichzeitig erhält der Wasserreis natürlichen Dünger von den Fischen. Auch sieht man eine Unmenge von Libellen und Schmetterlingen. Viele Einheimische tragen nach wie vor die alten Trachten, sogar die kleinen Kinder. Und das tun sie nicht nur an den besonders touristischen Orten, an denen man das vielleicht erwarten könnte, sondern auch in den abgelegeneren Gegenden. Die Dörfer an den Hängen ähneln von Weitem den Gebirgsdörfern in der Toskana.

Nicht-Einheimische müssen zum Befahren der Region wieder ein stattliches Eintrittsgeld bezahlen, Ausländer mal wieder deutlich mehr. Ein Shuttle-Bus fährt nicht, aber egal, wir haben ja unser eigenes Fahrzeug dabei. An einem Aussichtspunkt bekommen wir ein Beispiel für die Distanzlosigkeit, die Chinesen gelegentlich Fremden gegenüber aufbringen, gegenüber Landsleuten würden sie sich nicht so daneben benehmen. Pablo hatte an einer Wasserstelle sein T-Shirt ausgezogen, um sich zu erfrischen. Männer mit nacktem Oberkörper sind hier nichts ungewöhnliches, ungewöhnlich ist aber eine stark behaarte Brust. Ein Chinese sieht das, zeigt auf Pablo und ruft seiner Gruppe etwas zu, woraufhin alle in lautes Gelächter ausbrechen. In Berlin-Wedding sollte der mit so etwas vielleicht vorsichtiger sein.

An einem weiteren Aussichtspunkt kommen wir in Kontakt zu einigen Jugendlichen. Sie fallen uns auf, weil sie mal zu viert, mal zu fünft auf einem einzigen Roller unterwegs sind. Da sie aber mehr als ein Dutzend sind, müssen sie mehrmals ins nächste Dorf fahren. Wir bieten ihnen an, dass welche bei uns mitfahren können. Zuerst trauen sich nur zwei, drei Mutige, später sind sie dann fast alle in

Der Autor fährt offroad

unserem Auto. Und weil sie anscheinend sowieso nichts Besseres zu tun haben, begleiten sie uns dann von Aussichtspunkt zu Aussichtspunkt. Die ganze Landschaft sieht aus wie eine dreidimensionale Postkarte, wunderschöne Landschafts-Motive, die man schon oft gesehen hat, zwischendurch einige gemächliche Arbeiter mit Reishüten und Wasserbüffeln. Das traditionelle China, wie man sich es im Fernen Westen vorstellt – eine ganz andere Welt und wir sind ganz einfach in unser Auto gestiegen und aus Wuppertal hier hingefahren.

Diese Bilder traditioneller Landwirtschaft sollten aber keinen falschen Eindruck erwecken. Die Haupteinnahmequelle hier in der Region ist nicht mehr der Reisanbau, sondern der Tourismus. Deswegen ist eine Modernisierung in der Landwirtschaft erstens nicht erforderlich und zweitens sogar eher schlecht fürs Geschäft.

Andernorts gibt es große Agrarbetriebe mit modernstem Fuhrpark und riesigen Feldern. Hier in Yunnan beispielsweise sehen wir viele Bananenplantagen.

Wir übernachten in der Kreisstadt Honghe, auf die ich nicht gut zu sprechen bin. Denn um 21.15 Uhr finden wir dort kein offenes Restaurant mehr. Stell dir vor, du bist in China, hast Hunger und kannst nicht chinesisch essen gehen. Es gibt nur noch Risiko-Food (so nennen Pablo und ich das immer) von einem Stand am Straßenrand. Immerhin gibt es kaltes Bier, das kann meine Laune etwas bessern.

17. September: von Honghe nach Pu'er

Heute ist unsere vorletzte Etappe. Landschaft und Vegetation ändern sich – wir sind jetzt wirklich da, wo der Pfeffer wächst. Statt der Reisterrassen gibt es jetzt immer öfter Terrassen zu sehen, auf denen Tee angepflanzt wird. Wir halten an schönen Aussichtspunkten, am Markt in kleinen Ortschaften, an kühlen Bächen, denn Pablo ist nichts zu kalt, um sich mal kurz zu erfrischen. Jetzt fahren wir entlang der alten »Tea-horse-Road«. Das war ein Handelsweg zwischen Yunnan und Sichuan im Westen und Indien und Tibet im Osten. Manchmal wird sie auch die südliche Seidenstraße genannt und genau wie bei der Seidenstraße ist eigentlich auch keine bestimmte Strecke gemeint, sondern ein ganzes Netz von Wegen, Pfaden und Straßen zwischen Indien und China. Ein ganzes Jahr benötigte eine Karawane, um den gepressten Tee von Yunnans Anbauzentrum Pu'er nach Lhasa zu bringen.

Der Tee wurde in kleine Ziegel, Kuchen oder Fladen gepresst, das machte ihn besser stapelbar und es konnte im Vergleich zu losen Blättern mehr Tee transportiert werden.

Während wir spätnachmittags tanken, werden wir Zeuge eines in China alltäglichen Rituals, des Feierabendappells. Analog dazu gibt es den Morgenappell. Da werden alle zusammengerufen und stehen stramm in Reih und Glied und der oder die Vorgesetzte steht gegenüber und sie rufen sich was zu. So Parolen wie »Wir geben all unsere Kraft in die Produktion!« oder »Wir wollen immer besser werden!«. In Hotels bekommt man das manchmal mit, hier an der Tankstelle müssen wir warten, bis das Ritual beendet ist. Hier stellen sie sich in zwei Reihen auf und die Vorgesetzte steht extra. Das sieht ein wenig albern aus, denn sie sind nur zu fünft.

Nyima hat heute ein wunderbares Händchen und lotst uns zu einer Unterkunft in einem kleinen Dorf, idyllisch auf einem Hügel gelegen, von dem aus man die hügelige Landschaft mit den Teeplantagen sehen kann. Wir sind im Herzen der Gegend von Pu'er angekommen, quasi dem Mutterland des Tees. Unsere Unterkunft erweist sich in mehrfacher Hinsicht als gut. Sie haben nur noch ein Zimmer frei, das nimmt Nyima und hier ist es anscheinend auf einmal gar kein Problem mehr, dass wir im Wagen übernachten dürfen. Außerdem gibt es lecker Essen, dazu Früchte der Region, kaltes Bier, aber vor all dem natürlich als Erstes eine Teezeremonie, so viel Zeit muss sein. Die junge Frau beeindruckt mich sehr: Sie hält ihren äußerst agilen Zweijährigen auf dem Arm, bereitet gleichzeitig mit dem gewohnten Aufwand den Tee in aller Ruhe zu und redet zugleich über die verschiedenen Teesorten. Was bei uns schwarzer Tee genannt wird, nennen sie dort übrigens roten Tee. Als Kräutertee bieten sie getrocknete Blüten einer Orchideensorte an.

Nach dem Essen ist noch Zeit für einen Spaziergang mit Sonnenuntergang, dann kehrt die Ruhe ein und wir sehen endlich mal wieder einen Sternenhimmel.

18. September: von Pu'er nach Jinghong

Jetzt fahren wir in den Urwald, genauer gesagt in den Pu'er Sun River National Forest Park. Hier ist der ideale Ort, um Städtern Natur nahezubringen. Auf befestigten Pfaden geht man mitten durch den Urwald. Die Tiere sind weder eingesperrt noch angekettet, lediglich angefüttert und an den Menschen gewöhnt, damit der sie in wirklich freier Natur bewundern kann. Als Erstes kommen die Eulen. Auf einigen Hundert Metern bekommt man tatsächlich mehrere zu sehen, mit ihrem starren Blick, so als wenn sie durch dich hindurchsehen. Es folgen Kraniche, Störche, Gibbons, das Tal der Schmetterlinge, Rhesusaffen, Stachelschweine und Muntjaks. Lediglich die Nashörner hatten ein geräumiges Gehege, ich fand, das hätte es da nicht gebraucht. Allerdings war es auch hier wieder so: Wir sind den mittleren Rundweg gelaufen, vielleicht sechs Kilometer. Die Chinesen kamen zwar busweise, aber die sind immer nur zu den Ausflugspunkten gefahren worden, haben dort ihre Beweisfotos angefertigt und weg waren sie wieder. In diesem Wald waren wir fast alleine.

Als wir wieder am Auto sind, kündigt es sich schon an, und als wir gerade im Auto sind, geht ein fürchterlicher Wolkenbruch los. Das war gutes Timing, es schüttet wie aus Eimern. Ja, die Regenzeit ist hier noch nicht vorbei, erst in einigen Wochen.

Wir fahren noch eine Weile Landstraße, sehen aber bereits den Autobahnbau, der auch hier vorangetrieben wird. Irgendwann sind wir wieder auf der Autobahn, sie ist hier wieder so leer wie oben im Nordwesten des Landes bei Kaschgar. Kaum zu glauben, dass wir vor vier Wochen dort waren. Einerseits verging die Zeit wie im Flug, andererseits haben wir so viel erlebt, dass es einem wie mehrere Monate vorkommt.

Es wird immer wärmer. Das liegt nicht nur daran, dass wir immer weiter nach Süden fahren, sondern vor allem daran, dass wir nun wieder an Höhe verlieren. In den letzten Tagen haben wir uns immer mehr oder weniger um 1 500 Metern über null aufgehalten, abends sind wir mehr als 1 000 Meter tiefer. An einer wenig besuchten Autobahnraststätte weist uns Nyima auf ein Schild hin: »Diese Raststätte wurde gebaut von der Autobahngesellschaft der reichen Provinz Jiangsu als Unterstützung für Yunnan.«

Unser heutiges Ziel ist die Provinz Xishuangbanna und deren Hauptstadt Jinghong. Hier lebt das Volk der Dai oder auch Tai. Ihre Tempel und ihre Architektur sehen weniger chinesisch aus, eher wie in Laos oder Thailand. Die Stadt liegt am Ufer des Lancang Jiang, was turbulenter Fluss heißt. Er wird nach China noch durch fünf weitere Länder fließen. Dazu gehört Kambodscha und in der Landessprache, der Sprache der Khmer, heißt er Mekong.

In Jinghong gibt es einen außerordentlich großen Nachtmarkt. Während Pablo gerne auf Märkten stöbern geht, genieße ich hier die verschiedenen Straßenmusiker. Für uns zeigt sich China am Ende viel freundlicher und versöhnlicher als am Anfang.

19. September: von Jinghong nach Mohanzhen (Laos)

Von Xishuangbanna sind es noch 70 Kilometer bis zur Grenze. Die Gegend ist sehr dünn besiedelt, das Dreiländereck Myanmar, Laos, China liegt etwa 20 Kilometer westlich von hier. Angesichts der entfesselten Kräfte wirtschaftlichen Wachstums überrascht es mich positiv, wie unversehrt hier der tropische Regenwald ist. Aber man soll den Tag nicht vor dem Abend loben, wir haben erst Vormittag.

Nun ist außer uns fast gar niemand mehr auf der Autobahn. An den letzten beiden Autobahnraststätten sind sogar die Tankstellen geschlossen. Aber es gibt noch genug Möglichkeiten, das letzte chinesische Geld auszugeben, es kommen noch einige Kilometer Landstraße, größtenteils Ortsdurchfahrt durch Mohanzhen. Hier warten wir eine Weile auf den Agenten, der unserem Guide dabei helfen soll, unser Auto wieder aus China rauszukriegen. Er kommt vorbei, drückt unserem Nyima ein paar Papiere in die Hand und ist auch schon wieder weg. Er käme nach, wir sollten schon mal vorfahren, Nyima ist ein wenig nervös und weiß nicht wohin. Wir fahren bis zur ersten Grenzkontrollstelle und warten 50 Meter vorher unschlüssig, parken irgendwo sublegal. Hier ist recht viel Verkehr, aber die Fahrzeuge fahren nicht über die Grenze, sondern bringen in PKW, Kleinbussen und großen Bussen viele Menschen, die mit noch mehr Gepäck zu Fuß über die Grenze gehen. Es herrscht ein gefährliches Kommen und Gehen wie morgens vor einer deutschen Grundschule.

Der Agent kommt nicht, wir stehen ungünstig, irgendwann lotst Nyima mich in die Kontrollstelle und wir werden barsch zum Parkplatz zurückgeschickt. Dann müssen wir zu Fuß ins Grenzhäuschen. Hier ist tatsächlich die Passkontrolle für die Ausreise aus China. Pablo und ich reihen uns an dem Schalter der vielen Fußgänger ein, als wir dran sind, kommt Nyima zum Übersetzen dazu. Dann muss Pablo zu Fuß über die Grenze. Wir verabreden, dass ich ihn irgendwo im Niemandsland wieder auflese. Mehr geht nicht, denn wir wissen nicht, wie weit unser chinesisches Netz noch rüberreicht, um sich per WhatsApp zu verständigen. Er verabschiedet sich kurz und herzlich von Nyima und stapft los Richtung Laos. Rein visumstechnisch bin ich jetzt auch aus China ausgereist, aber da fehlt ja noch etwas – die Ausfuhr des Fahrzeugs. Nyima und ich verlassen das Gebäude wieder und gehen zum Wohnmobil. Nun taucht eine Frau auf, offensichtlich eine Agentin des Agenten, selbigen sehen wir nie wieder. Sie zeigt mir, wie ich mit dem Auto auf die LKW-Seite rüberkomme, und geht mit Nyima zu Fuß zu irgendwelchen Schaltern. Ich muss auf diese Seite, nicht weil das Fahrzeug ein ausländisches Fahrzeug ist, sondern wegen der Größe.

Die Schlange reicht viele Kilometer zurück, mit dem LKW wäre das jetzt die Karte »gehe zurück auf die Badstraße« gewesen. Aber mit dem (Quasi-)PKW und als weit gereister Tourist drängle ich mich rotzfrech ziemlich weit vorne rein, als es mal wieder zwei Wagenlängen weitergeht und ein LKW-Fahrer nicht sofort losfährt. Ich frage zumindest noch brav und dann erlaubt er es mir auch huldvoll. Das wäre bei uns nicht anders: Einen anderen LKW, der sich so frech vordrängelt, würde ich niemals reinlassen, viele meiner Kollegen auch nicht, andere schon, aber sie würden sich ärgern. Aber einen verpeilten Touristen von weit weg mit einem uralten Murkelauto, ich glaube, den würden die meisten von uns auch reinlassen.

Aber nicht alle, es gibt überall solche und solche. Das sollte ich auch gleich bestätigt bekommen. Wenige Meter hinter mir steht rechts neben mir ein LKW aus Kunming und wir kommen ins Quasi-Gespräch mit Händen und Füßen. Ich zeige ihm noch das Wohnmobil von innen. Der arme Kerl steht seit heute Morgen neun Uhr in der Schlange. Kurze Zeit kommt Nervosität auf, ein LKW bleibt liegen und aus zwei Spuren werden eine. Weltweit spielen sich in solchen Situationen menschliche Dramen ab. Runtergebrochen heißt das in diesem Fall, dass der Kollege mich astrein abdrängt, bloß um eine Wagenlänge vor mir in der (jetzt einspurigen) Schlange zu stehen.

Bei mehreren LKW, die aus Laos kommen, kann ich sehen, dass sie Bananen geladen haben. In beide Richtungen sind jede Menge Baulaster unterwegs, ich bin gespannt, was da auf der anderen Seite gebaut wird. Ich hörte nur, dass natürlich auch diese Grenze ausgebaut werden soll wie die Grenze in Korgas nach Kasachstan und das auch hier noch unter der Rubrik neue Seidenstraße.

Es gibt übrigens keine Spur für leere LKW, die müssen genauso in der Schlange stehen, genau wie an vielen osteuropäischen Grenzen.

In beide Richtungen gibt es auch einige thailändische LKW, die sehen mehr nach Fernverkehr aus. Hier führt der Bangkok-Kunming-Highway entlang, eine Straßenverbindung zwischen Thailand und China.

Ein fliegender Händler bietet Essen an, zwei Plastikschalen und Stäbchen. Ungefähr alle zehn Minuten spuckt die Grenze einen LKW aus, in unsere Richtung das gleiche Tempo, vor mir ein halbes Dutzend LKW, das ist berechenbar.

An dem Schalter geht es dann ganz schnell und unromantisch. Nyima ist da und die Agentin von dem Agenten und irgendwelche Uniformierten, die Dokumente, die Fahrgestellnummer, den Inhalt des Fahrzeugs und alle meine Papiere kontrollieren, was in fünf bis zehn Minuten erledigt ist, dann kurzer Abschied von Nyima und:

Zàijiàn 再见 tsai tien auf Wiedersehen China.

Etwa 200 Meter weiter wartet Pablo im Niemandsland am Straßenrand, auf geht's zu neuen Abenteuern. Vor uns liegen weitere 2 000 Kilometer durch Laos und Kambodscha. Auch in diesen Ländern nimmt der chinesische Einfluss zu, in der Bevölkerung sind Chinesen allerdings sehr unbeliebt. Wir produzieren unseren ersten und einzigen (kleinen) Unfallschaden, besuchen spektakuläre Wasserfälle im Urwald und die Tempelanlagen von Angkor Wat. Schlussendlich landen wir auf einer Trauminsel mit Palmenstränden und Meeresleuchten und spenden das Wohnmobil an eine kambodschanische Nichtregierungsorganisation. Aber das erzähle ich vielleicht ein andermal.

Danksagungen

Mein größter Dank gilt meinem Neffen und Mitfahrer Pablo. Er hat so toll zugearbeitet, besser geht es nicht. Bei einer Panne konnte ich gar nicht so schnell gucken, wie er wieder mal unter das Auto krabbelte, bewaffnet mit Draht und Schraubenschlüssel. So eine Fahrt ist eine intensive Prüfung auch bester Freundschaften. Wir beide haben bei anderen Reisenden Freundschaften zerbrechen sehen, auch manche Paare haben der Belastung nicht standgehalten und die Leute sind einzeln nach Hause gereist.

Wir haben es uns ein wenig leichter gemacht, indem wir weitere Leute mitgenommen haben, das entlastet manchmal und kann eine enorme Bereicherung sein. Danke dafür an Fabio und Elias aus Graz, Anne und Felix aus Wuppertal, Tehila aus Israel, Andrea aus Neuseeland, Yan und Yi-Jeng aus Hongkong, Jörg aus der Schweiz, Nursultan aus Moskau, Vera und Julius aus Leipzig/Berlin, die Weltbürger Silke und Jan und an Matthes, meinen Nachbarn, der drei Wochen mitreiste und sich in der restlichen Zeit total zuverlässig um meine Post kümmerte.

Mein Dank geht auch an unsere Gastgeber und Freunde unterwegs für Gastfreundschaft, Hilfe, Sightseeing und gute Gespräche: Familie Badura in Wien, Familie Boriskov in Kiew, Vitali in Odessa, Mindia in Batumi, Reiner in Tiflis, Orxhan in Baku, Yasur sowie Anwar und seine Familie in Taschkent, Hanna und Timo in Altyn-Emel in Kasachstan, Ermek in Karakol und Bischkek, Familie Yang in Chengdu.

Danke an Udo Schiefner MdB und sein Bundestagsbüro für die

tatkräftige Unterstützung. Ohne sie würde ich entweder noch vor der Botschaft in Taschkent auf Einlass warten oder ohne Pass in Kasachstan versauern.

Danke für Hilfe und Beratung an die beiden Meisterschrauber Ülle und Manni, die Apotheke am Berg in Wuppertal für die Reiseapotheke, die Buchhandlung Baedeker, ebenfalls Wuppertal, für Kartenmaterial und Reiseliteratur und Michael Ruland von der Gesellschaft für deutsch-chinesische Freundschaftsgesellschaft Düsseldorf für Rat und Hilfe.

Danke an Malte fürs Gegenlesen und an Silke für die Hilfe beim Hirnsturm für den Titel.

Großer Dank geht auch an den Westend Verlag, insbesondere an meine derzeitigen Lieblingswestis Viviane und Rüdiger-Hannibal. Der Verlag hat mein Projekt bereits vor Fahrtantritt und während der Fahrt unterstützt. Als unsere Pässe irgendwo auf dem Dienstweg zwischen DHL und dem deutschen Zoll gestrandet waren, hat Rüdiger beharrlich Tag für Tag so lange herumtelefoniert, bis das Problem gelöst war. Da stand das gesamte Projekt Spitz auf Knopf, noch vier Tage länger und unsere Einreise nach China wäre gefährdet gewesen.

Zum Schluss möchte ich all denen danken, die virtuell mitgereist sind und mich durch Fragen und Rückmeldungen in Gesichtsbuch und woz äpp zu diesem Buch ermuntert haben.

Wolfram
Elsner

ISBN: 978-3-86489-261-5
384 Seiten
Auch als E-Book erhältlich

Die neue Nummer eins ist anders

China ist in aller Munde. Zu Recht! Denn China ist in vielerlei
Hinsicht das führende Land des 21. Jahrhunderts. Es hat in
kürzester Zeit den einzigartigen Aufstieg von einem der ärmsten
Entwicklungsländer zu einem Land mit mittlerem Pro-Kopf-
Einkommen gemeistert. Doch seine Leistungen gehen weit über das
Wirtschaftswachstum hinaus. Wolfram Elsner liefert erstaunliche
und oftmals unbekannte Einblicke in das alltägliche Leben und in
fast alle Entwicklungsbereiche und Politikfelder eines Systems, das
einfach anders funktioniert. Um zu verstehen, was in China und
mit China in der Welt gerade passiert, müssen wir die westliche
Brille abnehmen und uns von vorgestanzten Vorstellungen lösen.
Unser Bild von China ist verzerrt und unterbelichtet.

Wolfram Elsner plädiert für einen offenen Dialog sowie
verlässliche, langfristige und selbstbewusste Kooperation mit
der neuen Nummer eins.